HEBREO
VOCABULARIO

PALABRAS MÁS USADAS

ESPAÑOL-HEBREO

Las palabras más útiles
Para expandir su vocabulario y refinar
sus habilidades lingüísticas

9000 palabras

Vocabulario Español-Hebreo - 9000 palabras más usadas
por Andrey Taranov

Los vocabularios de T&P Books buscan ayudar en el aprendizaje, la memorización y la revisión de palabras de idiomas extranjeros. El diccionario se divide por temas, cubriendo toda la esfera de las actividades cotidianas, de negocios, ciencias, cultura, etc.

El proceso de aprendizaje de palabras utilizando los diccionarios temáticos de T&P Books le proporcionará a usted las siguientes ventajas:

- La información del idioma secundario está organizada claramente y predetermina el éxito para las etapas subsiguientes en la memorización de palabras.
- Las palabras derivadas de la misma raíz se agrupan, lo cual permite la memorización de grupos de palabras en vez de palabras aisladas.
- Las unidades pequeñas de palabras facilitan el proceso de reconocimiento de enlaces de asociación que se necesitan para la cohesión del vocabulario.
- De este modo, se puede estimar el número de palabras aprendidas y así también el nivel de conocimiento del idioma.

T&P Books Publishing
www.tpbooks.com

Este libro está disponible en formato electrónico o de E-Book también.
Visite www.tpbooks.com o las librerías electrónicas más destacadas en la Red.

VOCABULARIO HEBREO
palabras más usadas

Los vocabularios de T&P Books buscan ayudar al aprendiz a aprender, memorizar y repasar palabras de idiomas extranjeros. Los vocabularios contienen más de 9000 palabras comúnmente usadas y organizadas de manera temática.

- El vocabulario contiene las palabras corrientes más usadas.
- Se recomienda como ayuda adicional a cualquier curso de idiomas.
- Capta las necesidades de aprendices de nivel principiante y avanzado.
- Es conveniente para uso cotidiano, prácticas de revisión y actividades de auto-evaluación.
- Facilita la evaluación del vocabulario.

Aspectos claves del vocabulario

- Las palabras se organizan según el significado, no según el orden alfabético.
- Las palabras se presentan en tres columnas para facilitar los procesos de repaso y auto-evaluación.
- Los grupos de palabras se dividen en pequeñas secciones para facilitar el proceso de aprendizaje.
- El vocabulario ofrece una transcripción sencilla y conveniente de cada palabra extranjera.

El vocabulario contiene 256 temas que incluyen lo siguiente:

Conceptos básicos, números, colores, meses, estaciones, unidades de medidas, ropa y accesorios, comida y nutrición, restaurantes, familia nuclear, familia extendida, características de personalidad, sentimientos, emociones, enfermedades, la ciudad y el pueblo, exploración del paisaje, compras, finanzas, la casa, el hogar, la oficina, el trabajo en oficina, importación y exportación, promociones, búsqueda de trabajo, deportes, educación, computación, la red, herramientas, la naturaleza, los países, las nacionalidades y más ...

TABLA DE CONTENIDO

Guía de pronunciación 11
Abreviaturas 12

CONCEPTOS BÁSICOS 13
Conceptos básicos. Unidad 1 13

1. Los pronombres 13
2. Saludos. Salutaciones. Despedidas 13
3. Modos del trato: Como dirigirse a otras personas 14
4. Números cardinales. Unidad 1 14
5. Números cardinales. Unidad 2 15
6. Números ordinales 16
7. Números. Fracciones 16
8. Números. Operaciones básicas 16
9. Números. Miscelánea 17
10. Los verbos más importantes. Unidad 1 17
11. Los verbos más importantes. Unidad 2 18
12. Los verbos más importantes. Unidad 3 19
13. Los verbos más importantes. Unidad 4 20
14. Los colores 21
15. Las preguntas 21
16. Las preposiciones 22
17. Las palabras útiles. Los adverbios. Unidad 1 22
18. Las palabras útiles. Los adverbios. Unidad 2 24

Conceptos básicos. Unidad 2 26

19. Los opuestos 26
20. Los días de la semana 28
21. Las horas. El día y la noche 28
22. Los meses. Las estaciones 29
23. La hora. Miscelánea 30
24. Las líneas y las formas 31
25. Las unidades de medida 32
26. Contenedores 33
27. Materiales 34
28. Los metales 35

EL SER HUMANO 36
El ser humano. El cuerpo 36

29. El ser humano. Conceptos básicos 36
30. La anatomía humana 36

31. La cabeza 37
32. El cuerpo 38

La ropa y los accesorios 39

33. La ropa exterior. Los abrigos 39
34. Ropa de hombre y mujer 39
35. La ropa. La ropa interior 40
36. Gorras 40
37. El calzado 40
38. Los textiles. Las telas 41
39. Accesorios personales 41
40. La ropa. Miscelánea 42
41. Productos personales. Cosméticos 42
42. Las joyas 43
43. Los relojes 44

La comida y la nutrición 45

44. La comida 45
45. Las bebidas 46
46. Las verduras 47
47. Las frutas. Las nueces 48
48. El pan. Los dulces 49
49. Los platos 49
50. Las especias 50
51. Las comidas 51
52. Los cubiertos 52
53. El restaurante 52

La familia nuclear, los parientes y los amigos 53

54. La información personal. Los formularios 53
55. Los familiares. Los parientes 53
56. Los amigos. Los compañeros del trabajo 54
57. El hombre. La mujer 55
58. La edad 55
59. Los niños 56
60. Los matrimonios. La vida familiar 57

Las características de personalidad. Los sentimientos 58

61. Los sentimientos. Las emociones 58
62. El carácter. La personalidad 59
63. El sueño. Los sueños 60
64. El humor. La risa. La alegría 61
65. La discusión y la conversación. Unidad 1 61
66. La discusión y la conversación. Unidad 2 62
67. La discusión y la conversación. Unidad 3 64
68. El acuerdo. El rechazo 64
69. El éxito. La buena suerte. El fracaso 65
70. Las discusiones. Las emociones negativas 66

La medicina 68

71. Las enfermedades 68
72. Los síntomas. Los tratamientos. Unidad 1 69
73. Los síntomas. Los tratamientos. Unidad 2 70
74. Los síntomas. Los tratamientos. Unidad 3 71
75. Los médicos 72
76. La medicina. Las drogas. Los accesorios 72
77. El fumar. Los productos del tabaco 73

EL AMBIENTE HUMANO 74
La ciudad 74

78. La ciudad. La vida en la ciudad 74
79. Las instituciones urbanas 75
80. Los avisos 76
81. El transporte urbano 77
82. La exploración del paisaje 78
83. Las compras 79
84. El dinero 80
85. La oficina de correos 81

La vivienda. La casa. El hogar 82

86. La casa. La vivienda 82
87. La casa. La entrada. El ascensor 83
88. La casa. La electricidad 83
89. La casa. Las puertas. Los candados 83
90. La casa de campo 84
91. La villa. La mansión 84
92. El castillo. El palacio 85
93. El apartamento 85
94. El apartamento. La limpieza 86
95. Los muebles. El interior 86
96. Los accesorios de cama 87
97. La cocina 87
98. El baño 88
99. Los aparatos domésticos 89
100. Los arreglos. La renovación 89
101. La plomería 90
102. El fuego. El incendio 90

LAS ACTIVIDADES DE LA GENTE 92
El trabajo. Los negocios. Unidad 1 92

103. La oficina. El trabajo de oficina 92
104. Los procesos de negocio. Unidad 1 93
105. Los procesos de negocio. Unidad 2 94
106. La producción. Los trabajos 95
107. El contrato. El acuerdo 96
108. Importación y exportación 97

109. Las finanzas 97
110. La mercadotecnia 98
111. La publicidad 99
112. La banca 99
113. El teléfono. Las conversaciones telefónicas 100
114. El teléfono celular 101
115. Los artículos de escritorio 101
116. Diversos tipos de documentación 102
117. Tipos de negocios 103

El trabajo. Los negocios. Unidad 2 105

118. El espectáculo. La exhibición 105
119. Los medios masivos 106
120. La agricultura 107
121. La construcción. El proceso de construcción 108
122. La ciencia. La investigación. Los científicos 109

Las profesiones y los oficios 110

123. La búsqueda de trabajo. El despido del trabajo 110
124. Los negociantes 110
125. Los trabajos de servicio 111
126. La profesión militar y los rangos 112
127. Los oficiales. Los sacerdotes 113
128. Las profesiones agrícolas 113
129. Las profesiones artísticas 114
130. Profesiones diversas 114
131. Los trabajos. El estatus social 116

Los deportes 117

132. Tipos de deportes. Deportistas 117
133. Tipos de deportes. Miscelánea 118
134. El gimnasio 118
135. El hóckey 119
136. El fútbol 119
137. El esquí 121
138. El tenis. El golf 121
139. El ajedrez 122
140. El boxeo 122
141. Los deportes. Miscelánea 123

La educación 125

142. La escuela 125
143. Los institutos. La Universidad 126
144. Las ciencias. Las disciplinas 127
145. Los sistemas de escritura. La ortografía 127
146. Los idiomas extranjeros 128

147. Los personajes de los cuentos de hadas 129
148. Los signos de zodiaco 130

El arte 131

149. El teatro 131
150. El cine 132
151. La pintura 133
152. La literatura y la poesía 134
153. El circo 134
154. La música. La música popular 135

Los restaurantes. El entretenimiento. El viaje 137

155. El viaje. Viajar 137
156. El hotel 137
157. Los libros. La lectura 138
158. La caza. La pesca 140
159. Los juegos. El billar 141
160. Los juegos. Las cartas 141
161. El casino. La ruleta 141
162. El descanso. Los juegos. Miscelánea 142
163. La fotografía 142
164. La playa. La natación 143

EL EQUIPO TÉCNICO. EL TRANSPORTE 145
El equipo técnico 145

165. El computador 145
166. El internet. El correo electrónico 146
167. La electricidad 147
168. Las herramientas 147

El transporte 150

169. El avión 150
170. El tren 151
171. El barco 152
172. El aeropuerto 153
173. La bicicleta. La motocicleta 154

Los coches 155

174. Tipos de carros 155
175. Los carros. Taller de pintura 155
176. Los carros. El compartimento de pasajeros 156
177. Los carros. El motor 157
178. Los carros. Los choques. La reparación 158
179. Los carros. La calle 159
180. Las señales de tráfico 160

LA GENTE. ACONTECIMIENTOS DE LA VIDA 161

181. Los días festivos. Los eventos 161
182. Los funerales. El entierro 162
183. La guerra. Los soldados 162
184. La guerra. El ámbito militar. Unidad 1 163
185. La guerra. El ámbito militar. Unidad 2 165
186. Las armas 166
187. Los pueblos antiguos 168
188. La edad media 168
189. El líder. El jefe. Las autoridades 170
190. La calle. El camino. Las direcciones 171
191. Violar la ley. Los criminales. Unidad 1 172
192. Violar la ley. Los criminales. Unidad 2 173
193. La policía. La ley. Unidad 1 174
194. La policía. La ley. Unidad 2 175

LA NATURALEZA 177
La tierra. Unidad 1 177

195. El espacio 177
196. La tierra 178
197. Los puntos cardinales 179
198. El mar. El océano 179
199. Los nombres de los mares y los océanos 180
200. Las montañas 181
201. Los nombres de las montañas 182
202. Los ríos 182
203. Los nombres de los ríos 183
204. El bosque 183
205. Los recursos naturales 184

La tierra. Unidad 2 186

206. El tiempo 186
207. Los eventos climáticos severos. Los desastres naturales 187
208. Los ruidos. Los sonidos 187
209. El invierno 188

La fauna 190

210. Los mamíferos. Los predadores 190
211. Los animales salvajes 190
212. Los animales domésticos 191
213. Los perros. Las razas de perros 192
214. Los sonidos de los animales 193
215. Los animales jóvenes 193
216. Los pájaros 194
217. Los pájaros. El canto y los sonidos 195
218. Los peces. Los animales marinos 195
219. Los anfibios. Los reptiles 196
220. Los insectos 197

221. Los animales. Las partes del cuerpo 197
222. Las costumbres de los animales 198
223. Los animales. El hábitat 199
224. El cuidado de los animales 199
225. Los animales. Miscelánea 200
226. Los caballos 200

La flora 202

227. Los árboles 202
228. Los arbustos 202
229. Los hongos 203
230. Las frutas. Las bayas 203
231. Las flores. Las plantas 204
232. Los cereales, los granos 205
233. Los vegetales. Las verduras 206

GEOGRAFÍA REGIONAL 207

234. Europa occidental 207
235. Europa central y oriental 209
236. Los países de la antes Unión Soviética 210
237. Asia 211
238. América del Norte 213
239. Centroamérica y Sudamérica 213
240. África 214
241. Australia. Oceanía 215
242. Las ciudades 215
243. La política. El gobierno. Unidad 1 216
244. La política. El gobierno. Unidad 2 218
245. Los países. Miscelánea 219
246. Grupos religiosos principales. Las confesiones 219
247. Las religiones. Los sacerdotes 221
248. La fé. El cristianismo. El islamismo 221

MISCELÁNEA 224

249. Varias palabras útiles 224
250. Los modificadores. Los adjetivos. Unidad 1 225
251. Los modificadores. Los adjetivos. Unidad 2 227

LOS 500 VERBOS PRINCIPALES 230

252. Los verbos A-C 230
253. Los verbos D-E 233
254. Los verbos F-M 235
255. Los verbos N-R 237
256. Los verbos S-V 239

GUÍA DE PRONUNCIACIÓN

El nombre de la letra	La letra	Ejemplo hebreo	T&P alfabeto fonético	Ejemplo español
Alef	א	אריה	[ɑ], [ɑ:]	altura
	א	אחד	[ɛ], [ɛ:]	buceo
	א	מֵאָה	['] (hamza)	oclusiva glotal sorda
Bet	ב	בית	[b]	en barco
Guímel	ג	גמל	[g]	jugada
Guímel+geresh	ג'	ג'ונגֶל	[ʤ]	jazz
Dálet	ד	דג	[d]	desierto
Hei	ה	הר	[h]	registro
Vav	ו	וסת	[v]	travieso
Zayn	ז	זאב	[z]	desde
Zayn+geresh	ז'	ז'ורנָל	[ʒ]	adyacente
Jet	ח	חוט	[χ]	reloj
Tet	ט	טוב	[t]	torre
Yod	י	יום	[j]	asiento
Kaf	ך כ	בריש	[k]	charco
Lámed	ל	לחם	[l]	lira
Mem	ם מ	מלך	[m]	nombre
Nun	ן נ	נר	[n]	número
Sámaj	ס	סוס	[s]	salva
Ayin	ע	עין	[ɑ], [ɑ:]	altura
	ע	תְשעִים	['] (ayn)	fricativa faríngea sonora
Pei	ף פ	פיל	[p]	precio
Tzadi	ץ צ	צעצוע	[ʦ]	tsunami
Tzadi+geresh	צ'ץ'	צֶ'ק	[ʧ]	mapache
Qof	ק	קוף	[k]	charco
Resh	ר	רכבת	[r]	R francesa (gutural)
Shin	ש	שלחן, עֶשׂרִים	[s], [ʃ]	salva, shopping
Taf	ת	תפוז	[t]	torre

ABREVIATURAS usadas en el vocabulario

Abreviatura en español

adj	-	adjetivo
adv	-	adverbio
anim.	-	animado
conj	-	conjunción
etc.	-	etcétera
f	-	sustantivo femenino
f pl	-	femenino plural
fam.	-	uso familiar
fem.	-	femenino
form.	-	uso formal
inanim.	-	inanimado
innum.	-	innumerable
m	-	sustantivo masculino
m pl	-	masculino plural
m, f	-	masculino, femenino
masc.	-	masculino
mat	-	matemáticas
mil.	-	militar
num.	-	numerable
p.ej.	-	por ejemplo
pl	-	plural
pron	-	pronombre
sg	-	singular
v aux	-	verbo auxiliar
vi	-	verbo intransitivo
vi, vt	-	verbo intransitivo, verbo transitivo
vr	-	verbo reflexivo
vt	-	verbo transitivo

Abreviatura en hebreo

ז	-	masculino
ז"ר	-	masculino plural
ז, נ	-	masculino, femenino
נ	-	femenino
נ"ר	-	femenino plural

CONCEPTOS BÁSICOS

Conceptos básicos. Unidad 1

1. Los pronombres

yo	ani	אֲנִי (ז, נ)
tú (masc.)	ata	אַתָּה (ז)
tú (fem.)	at	אַתְּ (נ)
él	hu	הוּא (ז)
ella	hi	הִיא (נ)
nosotros, -as	a'naχnu	אֲנַחנוּ (ז, נ)
vosotros	atem	אַתֶּם (ז"ר)
vosotras	aten	אַתֶּן (נ"ר)
Usted	ata, at	אַתָּה (ז), אַתְּ (נ)
Ustedes	atem, aten	אַתֶּם (ז"ר), אַתֶּן (נ"ר)
ellos	hem	הֵם (ז"ר)
ellas	hen	הֵן (נ"ר)

2. Saludos. Salutaciones. Despedidas

¡Hola! (fam.)	ʃalom!	שָׁלוֹם!
¡Hola! (form.)	ʃalom!	שָׁלוֹם!
¡Buenos días!	'boker tov!	בּוֹקֶר טוֹב!
¡Buenas tardes!	tsaha'rayim tovim!	צָהֳרַיִים טוֹבִים!
¡Buenas noches!	'erev tov!	עֶרֶב טוֹב!
decir hola	lomar ʃalom	לוֹמַר שָׁלוֹם
¡Hola! (a un amigo)	hai!	הַיי!
saludo (m)	ahlan	אַהלַן
saludar (vt)	lomar ʃalom	לוֹמַר שָׁלוֹם
¿Cómo estáis?	ma ʃlomeχ?, ma ʃlomχa?	מַה שלוֹמֵך? (נ), מַה שלוֹמךָ? (ז)
¿Cómo estás?	ma niʃma?	מַה נִשמָע?
¿Qué hay de nuevo?	ma χadaʃ?	מַה חָדָש?
¡Hasta la vista! (form.)	lehitra'ot!	לְהִתרָאוֹת!
¡Hasta la vista! (fam.)	bai!	בַּיי!
¡Hasta pronto!	lehitra'ot bekarov!	לְהִתרָאוֹת בְּקָרוֹב!
¡Adiós!	lehitra'ot!	לְהִתרָאוֹת!
despedirse (vr)	lomar lehitra'ot	לוֹמַר לְהִתרָאוֹת
¡Hasta luego!	bai!	בַּיי!
¡Gracias!	toda!	תוֹדָה!
¡Muchas gracias!	toda raba!	תוֹדָה רַבָּה!
De nada	bevakaʃa	בְּבַקָשָׁה

No hay de qué	al lo davar	עַל לֹא דָבָר
De nada	ein be'ad ma	אֵין בְּעַד מָה
¡Disculpa! ¡Disculpe!	sliχa!	סלִיחָה!
disculpar (vt)	lis'loaχ	לִסלוֹחַ
disculparse (vr)	lehitnatsel	לְהִתנַצֵל
Mis disculpas	ani mitnatsel, ani mitna'tselet	אֲנִי מִתנַצֵל (ז), אֲנִי מִתנַצֶלֶת (נ)
¡Perdóneme!	ani mitsta'er, ani mitsta"eret	אֲנִי מִצטַעֵר (ז), אֲנִי מִצטַעֶרֶת (נ)
perdonar (vt)	lis'loaχ	לִסלוֹחַ
¡No pasa nada!	lo nora	לֹא נוֹרָא
por favor	bevakaʃa	בְּבַקָשָׁה
¡No se le olvide!	al tiʃkaχ!	אַל תִשכַּח! (ז)
¡Ciertamente!	'betaχ!	בֶּטַח!
¡Claro que no!	'betaχ ʃelo!	בֶּטַח שֶׁלֹא!
¡De acuerdo!	okei!	אוֹקֵיי!
¡Basta!	maspik!	מַספִּיק!

3. Modos del trato: Como dirigirse a otras personas

¡Perdóneme!	sliχa!	סלִיחָה!
señor	adon	אָדוֹן
señora	gvirti	גבִרתִי
señorita	'gveret	גבֶרֶת
joven	baχur tsa'ir	בָּחוּר צָעִיר
niño	'yeled	יֶלֶד
niña	yalda	יַלדָה

4. Números cardinales. Unidad 1

cero	'efes	אֶפֶס (ז)
uno	eχad	אֶחָד (ז)
una	aχat	אַחַת (נ)
dos	'ʃtayim	שתַיִים (נ)
tres	ʃaloʃ	שָׁלוֹש (נ)
cuatro	arba	אַרבַּע (נ)
cinco	χameʃ	חָמֵש (נ)
seis	ʃeʃ	שֵׁש (נ)
siete	'ʃeva	שֶׁבַע (נ)
ocho	'ʃmone	שמוֹנֶה (נ)
nueve	'teʃa	תֵשַׁע (נ)
diez	'eser	עֶשֶׂר (נ)
once	aχat esre	אַחַת־עֶשׂרֵה (נ)
doce	ʃteim esre	שתֵים־עֶשׂרֵה (נ)
trece	ʃloʃ esre	שלוֹש־עֶשׂרֵה (נ)
catorce	arba esre	אַרְבַּע־עֶשׂרֵה (נ)
quince	χameʃ esre	חֲמֵש־עֶשׂרֵה (נ)
dieciséis	ʃeʃ esre	שֵׁש־עֶשׂרֵה (נ)

diecisiete	ʃva esre	שְׁבַע־עֶשְׂרֵה (נ)
dieciocho	ʃmone esre	שְׁמוֹנֶה־עֶשְׂרֵה (נ)
diecinueve	tʃa esre	תְּשַׁע־עֶשְׂרֵה (נ)
veinte	esrim	עֶשְׂרִים
veintiuno	esrim veʾeχad	עֶשְׂרִים וְאֶחָד
veintidós	esrim u'ʃnayim	עֶשְׂרִים ושנַיִים
veintitrés	esrim uʃloʃa	עֶשְׂרִים ושלוֹשָׁה
treinta	ʃloʃim	שלוֹשִׁים
treinta y uno	ʃloʃim veʾeχad	שלוֹשִׁים וְאֶחָד
treinta y dos	ʃloʃim u'ʃnayim	שלוֹשִׁים ושנַיִים
treinta y tres	ʃloʃim uʃloʃa	שלוֹשִׁים ושלוֹשָׁה
cuarenta	arbaʿim	אַרבָּעִים
cuarenta y uno	arbaʿim veʾeχad	אַרבָּעִים וְאֶחָד
cuarenta y dos	arbaʿim u'ʃnayim	אַרבָּעִים ושנַיִים
cuarenta y tres	arbaʿim uʃloʃa	אַרבָּעִים ושלוֹשָׁה
cincuenta	χamiʃim	חֲמִישִׁים
cincuenta y uno	χamiʃim veʾeχad	חֲמִישִׁים וְאֶחָד
cincuenta y dos	χamiʃim u'ʃnayim	חֲמִישִׁים ושנַיִים
cincuenta y tres	χamiʃim uʃloʃa	חֲמִישִׁים ושלוֹשָׁה
sesenta	ʃiʃim	שִׁישִׁים
sesenta y uno	ʃiʃim veʾeχad	שִׁישִׁים וְאֶחָד
sesenta y dos	ʃiʃim u'ʃnayim	שִׁישִׁים ושנַיִים
sesenta y tres	ʃiʃim uʃloʃa	שִׁישִׁים ושלוֹשָׁה
setenta	ʃivʿim	שִׁבעִים
setenta y uno	ʃivʿim veʾeχad	שִׁבעִים וְאֶחָד
setenta y dos	ʃivʿim u'ʃnayim	שִׁבעִים ושנַיִים
setenta y tres	ʃivʿim uʃloʃa	שִׁבעִים ושלוֹשָׁה
ochenta	ʃmonim	שמוֹנִים
ochenta y uno	ʃmonim veʾeχad	שמוֹנִים וְאֶחָד
ochenta y dos	ʃmonim u'ʃnayim	שמוֹנִים ושנַיִים
ochenta y tres	ʃmonim uʃloʃa	שמוֹנִים ושלוֹשָׁה
noventa	tiʃʿim	תִשעִים
noventa y uno	tiʃʿim veʾeχad	תִשעִים וְאֶחָד
noventa y dos	tiʃʿim u'ʃayim	תִשעִים ושנַיִים
noventa y tres	tiʃʿim uʃloʃa	תִשעִים ושלוֹשָׁה

5. Números cardinales. Unidad 2

cien	'meʾa	מֵאָה (נ)
doscientos	ma'tayim	מָאתַיִים
trescientos	ʃloʃ meʾot	שלוֹשׁ מֵאוֹת (נ)
cuatrocientos	arba meʾot	אַרבַּע מֵאוֹת (נ)
quinientos	χameʃ meʾot	חֲמֵשׁ מֵאוֹת (נ)
seiscientos	ʃeʃ meʾot	שֵׁשׁ מֵאוֹת (נ)
setecientos	ʃva meʾot	שבַע מֵאוֹת (נ)

ochocientos	ʃmone me'ot	שמוֹנֶה מֵאוֹת (נ)
novecientos	tʃa me'ot	תשַע מֵאוֹת (נ)
mil	'elef	אֶלֶף (ז)
dos mil	al'payim	אַלפַּיִים (ז)
tres mil	'ʃloʃet alafim	שלוֹשֶת אֲלָפִים (ז)
diez mil	a'seret alafim	עֲשֶׂרֶת אֲלָפִים (ז)
cien mil	'me'a 'elef	מֵאָה אֶלֶף (ז)
millón (m)	milyon	מִיליוֹן (ז)
mil millones	milyard	מִיליַארד (ז)

6. Números ordinales

primero (adj)	riʃon	רִאשוֹן
segundo (adj)	ʃeni	שֵנִי
tercero (adj)	ʃliʃi	שלִישִי
cuarto (adj)	revi'i	רְבִיעִי
quinto (adj)	χamiʃi	חֲמִישִי
sexto (adj)	ʃiʃi	שִישִי
séptimo (adj)	ʃvi'i	שבִיעִי
octavo (adj)	ʃmini	שמִינִי
noveno (adj)	tʃi'i	תשִיעִי
décimo (adj)	asiri	עֲשִׂירִי

7. Números. Fracciones

fracción (f)	'ʃever	שֶבֶר (ז)
un medio	'χetsi	חֵצִי (ז)
un tercio	ʃliʃ	שלִיש (ז)
un cuarto	'reva	רֶבַע (ז)
un octavo	ʃminit	שמִינִית (נ)
un décimo	asirit	עֲשִׂירִית (נ)
dos tercios	ʃnei ʃliʃim	שנֵי שלִישִים (ז)
tres cuartos	'ʃloʃet riv'ei	שלוֹשֶת רִבעֵי

8. Números. Operaciones básicas

sustracción (f)	χisur	חִיסוּר (ז)
sustraer (vt)	leχaser	לְחַסֵר
división (f)	χiluk	חִילוּק (ז)
dividir (vt)	leχalek	לְחַלֵק
adición (f)	χibur	חִיבּוּר (ז)
sumar (totalizar)	leχaber	לְחַבֵּר
adicionar (vt)	leχaber	לְחַבֵּר
multiplicación (f)	'kefel	כֶּפֶל (ז)
multiplicar (vt)	lehaχpil	לְהַכפִּיל

9. Números. Miscelánea

cifra (f)	sifra	סִפְרָה (נ)
número (m) (~ cardinal)	mispar	מִסְפָּר (ז)
numeral (m)	ʃem mispar	שֵׁם מִסְפָּר (ז)
menos (m)	'minus	מִינוּס (ז)
más (m)	plus	פְּלוּס (ז)
fórmula (f)	nusχa	נוּסְחָה (נ)

cálculo (m)	χiʃuv	חִישׁוּב (ז)
contar (vt)	lispor	לִסְפּוֹר
calcular (vt)	leχaʃev	לְחַשֵׁב
comparar (vt)	lehaʃvot	לְהַשְׁווֹת

¿Cuánto?	'kama?	כַּמָה?
suma (f)	sχum	סְכוּם (ז)
resultado (m)	toʦa'a	תּוֹצָאָה (נ)
resto (m)	ʃe'erit	שְׁאֵרִית (נ)

algunos, algunas …	'kama	כַּמָה
poco (adv)	kʦat	קְצָת
poco (innum.)	me'at	מְעַט
poco (num.)	me'at	מְעַט
resto (m)	ʃe'ar	שְׁאָר (ז)
uno y medio	eχad va'χeʦi	אֶחָד וָחֵצִי (ז)
docena (f)	tresar	תְּרֵיסָר (ז)

en dos	'χeʦi 'χeʦi	חֲצִי חֲצִי
en partes iguales	ʃave beʃave	שָׁווֶה בְּשָׁווֶה
mitad (f)	'χeʦi	חֲצִי (ז)
vez (f)	'pa'am	פַּעַם (נ)

10. Los verbos más importantes. Unidad 1

abrir (vt)	lif'toaχ	לִפְתוֹחַ
acabar, terminar (vt)	lesayem	לְסַיֵים
aconsejar (vt)	leya'eʦ	לְיַיעֵץ
adivinar (vt)	lenaχeʃ	לְנַחֵשׁ
advertir (vt)	lehazhir	לְהַזְהִיר
alabarse, jactarse (vr)	lehitravrev	לְהִתְרַבְרֵב

almorzar (vi)	le'eχol aruχat ʦaha'rayim	לֶאֱכוֹל אֲרוּחַת צָהֳרַיִים
alquilar (~ una casa)	liskor	לִשְׂכּוֹר
amenazar (vt)	le'ayem	לְאַיֵים
arrepentirse (vr)	lehitsta'er	לְהִצְטַעֵר
ayudar (vt)	la'azor	לַעֲזוֹר
bañarse (vr)	lehitraχeʦ	לְהִתְרַחֵץ

bromear (vi)	lehitba'deaχ	לְהִתְבַּדֵחַ
buscar (vt)	leχapes	לְחַפֵּשׂ
caer (vi)	lipol	לִיפּוֹל
callarse (vr)	liʃtok	לִשְׁתוֹק
cambiar (vt)	leʃanot	לְשַׁנוֹת

castigar, punir (vt)	leha'aniʃ	לְהַעֲנִיש
cavar (vt)	laχpor	לַחפּוֹר
cazar (vi, vt)	latsud	לָצוּד
cenar (vi)	le'eχol aruχat 'erev	לֶאֱכוֹל אֲרוּחַת עֶרֶב
cesar (vt)	lehafsik	לְהַפסִיק
coger (vt)	litfos	לִתפּוֹס
comenzar (vt)	lehatχil	לְהַתחִיל
comparar (vt)	lehaʃvot	לְהַשווֹת
comprender (vt)	lehavin	לְהָבִין
confiar (vt)	liv'toaχ	לִבטוֹחַ
confundir (vt)	lehitbalbel	לְהִתבַּלבֵּל
conocer (~ a alguien)	lehakir et	לְהַכִּיר אֶת
contar (vt) (enumerar)	lispor	לִספּוֹר
contar con ...	lismoχ al	לִסמוֹך עַל
continuar (vt)	lehamʃiχ	לְהַמשִיך
controlar (vt)	liʃlot	לִשלוֹט
correr (vi)	laruts	לָרוּץ
costar (vt)	la'alot	לַעֲלוֹת
crear (vt)	litsor	לִיצוֹר

11. Los verbos más importantes. Unidad 2

dar (vt)	latet	לָתֵת
dar una pista	lirmoz	לִרמוֹז
decir (vt)	lomar	לוֹמַר
decorar (para la fiesta)	lekaʃet	לְקַשֵט
defender (vt)	lehagen	לְהָגֵן
dejar caer	lehapil	לְהַפִּיל
desayunar (vi)	le'eχol aruχat 'boker	לֶאֱכוֹל אֲרוּחַת בּוֹקֶר
descender (vi)	la'redet	לָרֶדֶת
dirigir (administrar)	lenahel	לְנַהֵל
disculpar (vt)	lis'loaχ	לִסלוֹחַ
disculparse (vr)	lehitnatsel	לְהִתנַצֵל
discutir (vt)	ladun	לָדוּן
dudar (vt)	lefakpek	לְפַקפֵּק
encontrar (hallar)	limtso	לִמצוֹא
engañar (vi, vt)	leramot	לְרַמוֹת
entrar (vi)	lehikanes	לְהִיכָּנֵס
enviar (vt)	liʃloaχ	לִשלוֹחַ
equivocarse (vr)	lit'ot	לִטעוֹת
escoger (vt)	livχor	לִבחוֹר
esconder (vt)	lehastir	לְהַסתִיר
escribir (vt)	liχtov	לִכתוֹב
esperar (aguardar)	lehamtin	לְהַמתִין
esperar (tener esperanza)	lekavot	לְקַווֹת
estar (vi)	lihyot	לִהיוֹת
estar de acuerdo	lehaskim	לְהַסכִּים

estudiar (vt)	lilmod	לִלמוֹד
exigir (vt)	lidroʃ	לִדרוֹש
existir (vi)	lehitkayem	לְהִתקַייֵם
explicar (vt)	lehasbir	לְהַסבִּיר
faltar (a las clases)	lehaχsir	לְהַחסִיר
firmar (~ el contrato)	laχtom	לַחתוֹם
girar (~ a la izquierda)	lifnot	לִפנוֹת
gritar (vi)	litsʿok	לִצעוֹק
guardar (conservar)	liʃmor	לִשמוֹר
gustar (vi)	limtso χen beʿei'nayim	לִמצוֹא חֵן בְּעֵינַיִים
hablar (vi, vt)	ledaber	לְדַבֵּר
hacer (vt)	laʿasot	לַעֲשׂוֹת
informar (vt)	leho'dia	לְהוֹדִיעַ
insistir (vi)	lehitʿakeʃ	לְהִתעַקֵש
insultar (vt)	lehaʿaliv	לְהַעֲלִיב
interesarse (vr)	lehitʿanyen be...	לְהִתעַניֵין בְּ...
invitar (vt)	lehazmin	לְהַזמִין
ir (a pie)	la'leχet	לָלֶכֶת
jugar (divertirse)	lesaχek	לְשַׂחֵק

12. Los verbos más importantes. Unidad 3

leer (vi, vt)	likro	לִקרוֹא
liberar (ciudad, etc.)	leʃaχrer	לְשַחרֵר
llamar (por ayuda)	likro	לִקרוֹא
llegar (vi)	leha'giʿa	לְהַגִיעַ
llorar (vi)	livkot	לִבכּוֹת
matar (vt)	laharog	לַהֲרוֹג
mencionar (vt)	lehazkir	לְהַזכִּיר
mostrar (vt)	leharʾot	לְהַראוֹת
nadar (vi)	lisχot	לִשׂחוֹת
negarse (vr)	lesarev	לְסָרֵב
objetar (vt)	lehitnaged	לְהִתנַגֵד
observar (vt)	litspot, lehaʃkif	לִצפּוֹת, לְהַשקִיף
oír (vt)	liʃmoʿa	לִשמוֹעַ
olvidar (vt)	liʃkoaχ	לִשכּוֹחַ
orar (vi)	lehitpalel	לְהִתפַּלֵל
ordenar (mil.)	lifkod	לִפקוֹד
pagar (vi, vt)	leʃalem	לְשַלֵם
pararse (vr)	laʿatsor	לַעֲצוֹר
participar (vi)	lehiʃtatef	לְהִשתַתֵף
pedir (ayuda, etc.)	levakeʃ	לְבַקֵש
pedir (en restaurante)	lehazmin	לְהַזמִין
pensar (vi, vt)	laχʃov	לַחשוֹב
percibir (ver)	lasim lev	לָשִׂים לֵב
perdonar (vt)	lis'loaχ	לִסלוֹחַ

permitir (vt)	leharʃot	לְהַרשׁוֹת
pertenecer a …	lehiʃtayeχ	לְהִשתַיֵיך
planear (vt)	letaχnen	לְתַכנֵן
poder (v aux)	yaχol	יָכוֹל
poseer (vt)	lihyot 'baʿal ʃel	לִהיוֹת בַּעַל שֶל
preferir (vt)	lehaʿadif	לְהַעֲדִיף
preguntar (vt)	liʃʾol	לִשאוֹל
preparar (la cena)	levaʃel	לְבַשֵל
prever (vt)	laχazot	לַחֲזוֹת
probar, tentar (vt)	lenasot	לְנַסוֹת
prometer (vt)	lehav'tiaχ	לְהַבטִיחַ
pronunciar (vt)	levate	לְבַטֵא
proponer (vt)	leha'tsiʿa	לְהַצִיעַ
quebrar (vt)	liʃbor	לִשבּוֹר
quejarse (vr)	lehitlonen	לְהִתלוֹנֵן
querer (amar)	leʾehov	לֶאֱהוֹב
querer (desear)	lirtsot	לִרצוֹת

13. Los verbos más importantes. Unidad 4

recomendar (vt)	lehamlits	לְהַמלִיץ
regañar, reprender (vt)	linzof	לִנזוֹף
reírse (vr)	litsχok	לִצחוֹק
repetir (vt)	laχazor al	לַחֲזוֹר עַל
reservar (~ una mesa)	lehazmin meroʃ	לְהַזמִין מֵרֹאש
responder (vi, vt)	laʿanot	לַעֲנוֹת
robar (vt)	lignov	לִגנוֹב
saber (~ algo mas)	la'daʿat	לָדַעַת
salir (vi)	latset	לָצֵאת
salvar (vt)	lehatsil	לְהַצִיל
seguir …	laʿakov aχarei	לַעֲקוֹב אַחֲרֵי
sentarse (vr)	lehityaʃev	לְהִתיַישֵב
ser (vi)	lihyot	לִהיוֹת
ser necesario	lehidareʃ	לְהִידָרֵש
significar (vt)	lomar	לוֹמַר
sonreír (vi)	leχayeχ	לְחַייֵך
sorprenderse (vr)	lehitpale	לְהִתפַּלֵא
subestimar (vt)	lehamʿit beʿereχ	לְהַמעִיט בְּעֵרֶך
tener (vt)	lehaχzik	לְהַחזִיק
tener hambre	lihyot raʿev	לִהיוֹת רָעֵב
tener miedo	lefaχed	לְפַחֵד
tener prisa	lemaher	לְמַהֵר
tener sed	lihyot tsame	לִהיוֹת צָמֵא
tirar, disparar (vi)	lirot	לִירוֹת
tocar (con las manos)	la'gaʿat	לָגַעַת
tomar (vt)	la'kaχat	לָקַחַת
tomar nota	lirʃom	לִרשוֹם

trabajar (vi)	la'avod	לַעֲבוֹד
traducir (vt)	letargem	לְתַרגֵם
unir (vt)	le'axed	לְאַחֵד
vender (vt)	limkor	לִמכּוֹר
ver (vt)	lir'ot	לִראוֹת
volar (pájaro, avión)	la'uf	לָעוּף

14. Los colores

color (m)	'tseva	צֶבַע (ז)
matiz (m)	gavan	גָוָון (ז)
tono (m)	gavan	גָוָון (ז)
arco (m) iris	'keʃet	קֶשֶת (נ)
blanco (adj)	lavan	לָבָן
negro (adj)	ʃaxor	שָחוֹר
gris (adj)	afor	אָפוֹר
verde (adj)	yarok	יָרוֹק
amarillo (adj)	tsahov	צָהוֹב
rojo (adj)	adom	אָדוֹם
azul (adj)	kaxol	כָּחוֹל
azul claro (adj)	taxol	תָכוֹל
rosa (adj)	varod	וָרוֹד
naranja (adj)	katom	כָּתוֹם
violeta (adj)	segol	סָגוֹל
marrón (adj)	xum	חוּם
dorado (adj)	zahov	זָהוֹב
argentado (adj)	kasuf	כָּסוּף
beige (adj)	beʒ	בֶּז'
crema (adj)	be'tseva krem	בְּצֶבַע קרֶם
turquesa (adj)	turkiz	טוּרקִיז
rojo cereza (adj)	bordo	בּוֹרדוֹ
lila (adj)	segol	סָגוֹל
carmesí (adj)	patol	פָּטוֹל
claro (adj)	bahir	בָּהִיר
oscuro (adj)	kehe	כֵּהֶה
vivo (adj)	bohek	בּוֹהֵק
de color (lápiz ~)	tsiv'oni	צִבעוֹנִי
en colores (película ~)	tsiv'oni	צִבעוֹנִי
blanco y negro (adj)	ʃaxor lavan	שָחוֹר־לָבָן
unicolor (adj)	xad tsiv'i	חַד־צִבעִי
multicolor (adj)	sasgoni	סַסגוֹנִי

15. Las preguntas

¿Quién?	mi?	מִי?
¿Qué?	ma?	מָה?

¿Dónde?	'eifo?	?אֵיפֹה
¿Adónde?	le'an?	?לְאָן
¿De dónde?	me"eifo?	?מֵאֵיפֹה
¿Cuándo?	matai?	?מָתַי
¿Para qué?	'lama?	?לָמָה
¿Por qué?	ma'du'a?	?מַדוּעַ
¿Por qué razón?	biʃvil ma?	?בִּשְבִיל מָה
¿Cómo?	eiχ, keitsad?	?כֵּיצַד? אֵיך
¿Qué ...? (~ color)	'eize?	?אֵיזֶה
¿Cuál?	'eize?	?אֵיזֶה
¿A quién?	lemi?	?לְמִי
¿De quién? (~ hablan ...)	al mi?	?עַל מִי
¿De qué?	al ma?	?עַל מַה
¿Con quién?	im mi?	?עִם מִי
¿Cuánto?	'kama?	?כַּמָה
¿De quién?	ʃel mi?	?שֶל מִי

16. Las preposiciones

con ... (~ algn)	im	עִם
sin ... (~ azúcar)	bli, lelo	בְּלִי, לְלֹא
a ... (p.ej. voy a México)	le...	...לְ
de ... (hablar ~)	al	עַל
antes de ...	lifnei	לִפנֵי
delante de ...	lifnei	לִפנֵי
debajo de ...	mi'taχat le...	...מִתַחַת לְ
sobre ..., encima de ...	me'al	מֵעַל
en, sobre (~ la mesa)	al	עַל
de (origen)	mi, me	מִ, מֵ
de (fabricado de)	mi, me	מִ, מֵ
dentro de ...	toχ	תוֹך
encima de ...	'dereχ	דֶרֶך

17. Las palabras útiles. Los adverbios. Unidad 1

¿Dónde?	'eifo?	?אֵיפֹה
aquí (adv)	po, kan	פֹּה, כָּאן
allí (adv)	ʃam	שָם
en alguna parte	'eifo ʃehu	אֵיפֹה שֶהוּא
en ninguna parte	beʃum makom	בְּשוּם מָקוֹם
junto a ...	leyad ...	... לְיַד
junto a la ventana	leyad haχalon	לְיַד הַחַלוֹן
¿A dónde?	le'an?	?לְאָן
aquí (venga ~)	'hena, lekan	הֵנָה; לְכָאן

allí (vendré ~)	leʃam	לְשָׁם
de aquí (adv)	mikan	מִכָּאן
de allí (adv)	miʃam	מִשָׁם
cerca (no lejos)	karov	קָרוֹב
lejos (adv)	raχok	רָחוֹק
cerca de ...	leyad	לְיַד
al lado (de ...)	karov	קָרוֹב
no lejos (adv)	lo raχok	לֹא רָחוֹק
izquierdo (adj)	smali	שׂמָאלִי
a la izquierda (situado ~)	mismol	מִשׂמֹאל
a la izquierda (girar ~)	'smola	שׂמֹאלָה
derecho (adj)	yemani	יְמָנִי
a la derecha (situado ~)	miyamin	מִיָמִין
a la derecha (girar)	ya'mina	יָמִינָה
delante (yo voy ~)	mika'dima	מִקָדִימָה
delantero (adj)	kidmi	קִדמִי
adelante (movimiento)	ka'dima	קָדִימָה
detrás de ...	me'aχor	מֵאָחוֹר
desde atrás	me'aχor	מֵאָחוֹר
atrás (da un paso ~)	a'χora	אָחוֹרָה
centro (m), medio (m)	'emtsa	אֶמצַע (ז)
en medio (adv)	ba''emtsa	בָּאֶמצַע
de lado (adv)	mehatsad	מֵהַצַד
en todas partes	beχol makom	בְּכָל מָקוֹם
alrededor (adv)	misaviv	מִסָבִיב
de dentro (adv)	mibifnim	מִבִּפנִים
a alguna parte	le'an ʃehu	לְאָן שֶהוּא
todo derecho (adv)	yaʃar	יָשָר
atrás (muévelo para ~)	baχazara	בַּחֲזָרָה
de alguna parte (adv)	me'ei ʃam	מֵאֵי שָם
no se sabe de dónde	me'ei ʃam	מֵאֵי שָם
primero (adv)	reʃit	רֵאשִית
segundo (adv)	ʃenit	שֵנִית
tercero (adv)	ʃliʃit	שלִישִית
de súbito (adv)	pit'om	פִּתאוֹם
al principio (adv)	behatslaχa	בַּהַתחָלָה
por primera vez	lariʃona	לָרִאשוֹנָה
mucho tiempo antes ...	zman rav lifnei ...	... זמַן רַב לִפנֵי
de nuevo (adv)	meχadaʃ	מֵחָדָש
para siempre (adv)	letamid	לְתָמִיד
jamás, nunca (adv)	af 'pa'am, me'olam	מֵעוֹלָם, אַף פַּעַם
de nuevo (adv)	ʃuv	שוּב
ahora (adv)	aχʃav, ka'et	עַכשָיו, כָּעֵת

frecuentemente (adv)	le'itim krovot	לְעִיתִים קרוֹבוֹת
entonces (adv)	az	אָז
urgentemente (adv)	bidχifut	בִּדְחִיפוּת
usualmente (adv)	be'dereχ klal	בְּדֶרֶךְ כְּלָל

a propósito, …	'dereχ 'agav	דֶרֶךְ אַגַב
es probable	efʃari	אֶפְשָׁרִי
probablemente (adv)	kanir'e	כַּנִרְאֶה
tal vez	ulai	אוּלַי
además …	χuts mize …	חוּץ מִזֶה …
por eso …	laχen	לָכֵן
a pesar de …	lamrot …	לַמרוֹת …
gracias a …	hodot le…	הוֹדוֹת לְ…

qué (pron)	ma	מָה
que (conj)	ʃe	שֶ
algo (~ le ha pasado)	'maʃehu	מַשֶׁהוּ
algo (~ así)	'maʃehu	מַשֶׁהוּ
nada (f)	klum	כּלוּם

quien	mi	מִי
alguien (viene ~)	'miʃehu, 'miʃehi	מִישֶׁהוּ (ז), מִישֶׁהִי (נ)
alguien (¿ha llamado ~?)	'miʃehu, 'miʃehi	מִישֶׁהוּ (ז), מִישֶׁהִי (נ)

nadie	af eχad, af aχat	אַף אֶחָד (ז), אַף אַחַת (נ)
a ninguna parte	leʃum makom	לְשׁוּם מָקוֹם
de nadie	lo ʃayaχ le'af eχad	לֹא שַׁיָיךְ לְאַף אֶחָד
de alguien	ʃel 'miʃehu	שֶׁל מִישֶׁהוּ

tan, tanto (adv)	kol kaχ	כָּל־כָּךְ
también (~ habla francés)	gam	גַם
también (p.ej. Yo ~)	gam	גַם

18. Las palabras útiles. Los adverbios. Unidad 2

¿Por qué?	ma'du‘a?	מַדוּעַ?
no se sabe porqué	miʃum ma	מִשׁוּם־מָה
porque …	miʃum ʃe	מִשׁוּם שֶ
por cualquier razón (adv)	lematara 'kolʃehi	לְמַטָרָה כָּלשֶׁהִי

y (p.ej. uno y medio)	ve …	וְ …
o (p.ej. té o café)	o	אוֹ
pero (p.ej. me gusta, ~)	aval, ulam	אֲבָל, אוּלָם
para (p.ej. es para ti)	biʃvil	בִּשׁבִיל

demasiado (adv)	yoter midai	יוֹתֵר מִדַי
sólo, solamente (adv)	rak	רַק
exactamente (adv)	bediyuk	בְּדִיוּק
unos …, cerca de … (~ 10 kg)	be"ereχ	בְּעֵרֶךְ

aproximadamente	be"ereχ	בְּעֵרֶךְ
aproximado (adj)	meʃo'ar	מְשׁוֹעָר
casi (adv)	kim'at	כָּמעַט

resto (m)	ʃe'ar	שְאָר (ז)
el otro (adj)	aχer	אַחֵר
otro (p.ej. el otro día)	aχer	אַחֵר
cada (adj)	kol	כֹּל
cualquier (adj)	kolʃehu	כָּלשֶהוּ
mucho (adv)	harbe	הַרבֵּה
muchos (mucha gente)	harbe	הַרבֵּה
todos	kulam	כּוּלָם
a cambio de ...	tmurat ...	תמוּרַת ...
en cambio (adv)	bitmura	בִּתמוּרָה
a mano (hecho ~)	bayad	בַּיָד
poco probable	safek im	סָפֵק אִם
probablemente	karov levadai	קָרוֹב לְווַדַאי
a propósito (adv)	'davka	דַווקָא
por accidente (adv)	bemikre	בְּמִקרֶה
muy (adv)	me'od	מְאוֹד
por ejemplo (adv)	lemaʃal	לְמָשָל
entre (~ nosotros)	bein	בֵּין
entre (~ otras cosas)	be'kerev	בְּקֶרֶב
tanto (~ gente)	kol kaχ harbe	כָּל־כָּך הַרבֵּה
especialmente (adv)	bimyuχad	בִּמיוּחָד

Conceptos básicos. Unidad 2

19. Los opuestos

rico (adj)	aʃir	עָשִׁיר
pobre (adj)	ani	עָנִי
enfermo (adj)	χole	חוֹלֶה
sano (adj)	bari	בָּרִיא
grande (adj)	gadol	גָדוֹל
pequeño (adj)	katan	קָטָן
rápidamente (adv)	maher	מַהֵר
lentamente (adv)	le'at	לְאַט
rápido (adj)	mahir	מָהִיר
lento (adj)	iti	אִיטִי
alegre (adj)	sa'meaχ	שָׂמֵחַ
triste (adj)	atsuv	עָצוּב
juntos (adv)	be'yaχad	בְּיַחַד
separadamente	levad	לְבַד
en voz alta	bekol ram	בְּקוֹל רָם
en silencio	belev, be'ʃeket	בְּלֵב, בְּשֶׁקֶט
alto (adj)	ga'voha	גָבוֹהַ
bajo (adj)	namuχ	נָמוּך
profundo (adj)	amok	עָמוֹק
poco profundo (adj)	radud	רָדוּד
sí	ken	כֵּן
no	lo	לֹא
lejano (adj)	raχok	רָחוֹק
cercano (adj)	karov	קָרוֹב
lejos (adv)	raχok	רָחוֹק
cerco (adv)	samuχ	סָמוּך
largo (adj)	aroχ	אָרוֹך
corto (adj)	katsar	קָצָר
bueno (de buen corazón)	tov lev	טוֹב לֵב
malvado (adj)	raʃa	רָשָׁע

casado (adj)	nasui	נָשׂוּי
soltero (adj)	ravak	רַווָק
prohibir (vt)	le'esor al	לֶאֱסוֹר עַל
permitir (vt)	leharʃot	לְהַרשוֹת
fin (m)	sof	סוֹף (ז)
principio (m)	hatχala	הַתחָלָה (נ)
izquierdo (adj)	smali	שׂמָאלִי
derecho (adj)	yemani	יְמָנִי
primero (adj)	riʃon	רִאשוֹן
último (adj)	aχaron	אַחֲרוֹן
crimen (m)	'peʃa	פֶּשַע (ז)
castigo (m)	'oneʃ	עוֹנֶש (ז)
ordenar (vt)	letsavot	לְצַווֹת
obedecer (vi, vt)	letsayet	לְצַייֵת
recto (adj)	yaʃar	יָשָר
curvo (adj)	me'ukal	מְעוּקָל
paraíso (m)	gan 'eden	גַן עֵדֶן (ז)
infierno (m)	gehinom	גֵיהִינוֹם (ז)
nacer (vi)	lehivaled	לְהִיווָלֵד
morir (vi)	lamut	לָמוּת
fuerte (adj)	χazak	חָזָק
débil (adj)	χalaʃ	חַלָש
viejo (adj)	zaken	זָקֵן
joven (adj)	tsa'ir	צָעִיר
viejo (adj)	yaʃan	יָשָן
nuevo (adj)	χadaʃ	חָדָש
duro (adj)	kaʃe	קָשֶה
blando (adj)	raχ	רַך
tibio (adj)	χamim	חָמִים
frío (adj)	kar	קַר
gordo (adj)	ʃamen	שָמֵן
delgado (adj)	raze	רָזֶה
estrecho (adj)	tsar	צַר
ancho (adj)	raχav	רָחָב
bueno (adj)	tov	טוֹב
malo (adj)	ra	רַע
valiente (adj)	amits	אַמִיץ
cobarde (adj)	paχdani	פַּחדָנִי

20. Los días de la semana

lunes (m)	yom ʃeni	יוֹם שֵׁנִי (ז)
martes (m)	yom ʃliʃi	יוֹם שלִישִׁי (ז)
miércoles (m)	yom reviʿi	יוֹם רְבִיעִי (ז)
jueves (m)	yom χamiʃi	יוֹם חֲמִישִׁי (ז)
viernes (m)	yom ʃiʃi	יוֹם שִׁישִׁי (ז)
sábado (m)	ʃabat	שַׁבָּת (נ)
domingo (m)	yom riʃon	יוֹם רִאשׁוֹן (ז)
hoy (adv)	hayom	הַיוֹם
mañana (adv)	maχar	מָחָר
pasado mañana	maχara'tayim	מָחֳרָתַיִים
ayer (adv)	etmol	אֶתמוֹל
anteayer (adv)	ʃilʃom	שִׁלשׁוֹם
día (m)	yom	יוֹם (ז)
día (m) de trabajo	yom avoda	יוֹם עֲבוֹדָה (ז)
día (m) de fiesta	yom χag	יוֹם חַג (ז)
día (m) de descanso	yom menuχa	יוֹם מְנוּחָה (ז)
fin (m) de semana	sof ʃa'vuʿa	סוֹף שָׁבוּעַ
todo el día	kol hayom	כָּל הַיוֹם
al día siguiente	lamaχarat	לַמָחֳרָת
dos días atrás	lifnei yo'mayim	לִפנֵי יוֹמַיִים
en vísperas (adv)	'erev	עֶרֶב
diario (adj)	yomyomi	יוֹמיוֹמִי
cada día (adv)	midei yom	מִדֵי יוֹם
semana (f)	ʃa'vua	שָׁבוּעַ (ז)
semana (f) pasada	baʃa'vuʿa ʃe'avar	בַּשָׁבוּעַ שֶׁעָבַר
semana (f) que viene	baʃa'vuʿa haba	בַּשָׁבוּעַ הַבָּא
semanal (adj)	ʃvuʿi	שבוּעִי
cada semana (adv)	kol ʃa'vuʿa	כָּל שָׁבוּעַ
2 veces por semana	paʿa'mayim beʃa'vuʿa	פַּעֲמַיִים בְּשָׁבוּעַ
todos los martes	kol yom ʃliʃi	כָּל יוֹם שלִישִׁי

21. Las horas. El día y la noche

mañana (f)	'boker	בּוֹקֶר (ז)
por la mañana	ba'boker	בַּבּוֹקֶר
mediodía (m)	tsaha'rayim	צָהֳרַיִים (ז"ר)
por la tarde	aχar hatsaha'rayim	אַחַר הַצָהֳרַיִים
noche (f)	'erev	עֶרֶב (ז)
por la noche	ba"erev	בָּעֶרֶב
noche (f) (p.ej. 2:00 a.m.)	'laila	לַיְלָה (ז)
por la noche	ba'laila	בַּלַיְלָה
medianoche (f)	χatsot	חֲצוֹת (נ)
segundo (m)	ʃniya	שנִייָה (נ)
minuto (m)	daka	דַקָּה (נ)
hora (f)	ʃaʿa	שָׁעָה (נ)

media hora (f)	χatsi ʃaʿa	חֲצִי שָׁעָה (נ)
cuarto (m) de hora	'reva ʃaʿa	רֶבַע שָׁעָה (ז)
quince minutos	χameʃ esre dakot	חֲמֵשׁ עֶשׂרֵה דַקוֹת
veinticuatro horas	yemama	יְמָמָה (נ)
salida (f) del sol	zriχa	זרִיחָה (נ)
amanecer (m)	'ʃaχar	שַׁחַר (ז)
madrugada (f)	'ʃaχar	שַׁחַר (ז)
puesta (f) del sol	ʃkiʿa	שקִיעָה (נ)
de madrugada	mukdam ba'boker	מוּקדָם בַּבּוֹקֶר
esta mañana	ha'boker	הַבּוֹקֶר
mañana por la mañana	maχar ba'boker	מָחָר בַּבּוֹקֶר
esta tarde	hayom aχarei hatzahaʿrayim	הַיוֹם אַחֲרֵי הַצָהֳרַיִים
por la tarde	aχar hatsaha'rayim	אַחַר הַצָהֳרַיִים
mañana por la tarde	maχar aχarei hatsaha'rayim	מָחָר אַחֲרֵי הַצָהֳרַיִים
esta noche (p.ej. 8:00 p.m.)	ha"ʿerev	הָעֶרֶב
mañana por la noche	maχar ba"ʿerev	מָחָר בָּעֶרֶב
a las tres en punto	baʃaʿa ʃaloʃ bediyuk	בְּשָׁעָה שָׁלוֹשׁ בְּדִיוּק
a eso de las cuatro	bisvivot arba	בִּסבִיבוֹת אַרבַּע
para las doce	ad ʃteim esre	עַד שתֵים־עֶשׂרֵה
dentro de veinte minutos	beʿod esrim dakot	בְּעוֹד עֶשׂרִים דַקוֹת
dentro de una hora	beʿod ʃaʿa	בְּעוֹד שָׁעָה
a tiempo (adv)	bazman	בַּזמַן
… menos cuarto	'reva le…	רֶבַע לְ...
durante una hora	toχ ʃaʿa	תוֹך שָׁעָה
cada quince minutos	kol 'reva ʃaʿa	כָּל רֶבַע שָׁעָה
día y noche	misaviv laʃaʿon	מִסָבִיב לַשָׁעוֹן

22. Los meses. Las estaciones

enero (m)	'yanuʾar	יָנוּאָר (ז)
febrero (m)	'februʾar	פֶבּרוּאָר (ז)
marzo (m)	merts	מֶרץ (ז)
abril (m)	april	אַפּרִיל (ז)
mayo (m)	mai	מַאי (ז)
junio (m)	'yuni	יוּנִי (ז)
julio (m)	'yuli	יוּלִי (ז)
agosto (m)	'ogust	אוֹגוּסט (ז)
septiembre (m)	sep'tember	סֶפּטֶמבֶּר (ז)
octubre (m)	ok'tober	אוֹקטוֹבֶּר (ז)
noviembre (m)	no'vember	נוֹבֶמבֶּר (ז)
diciembre (m)	de'tsember	דֶצֶמבֶּר (ז)
primavera (f)	aviv	אָבִיב (ז)
en primavera	baʾaviv	בַּאָבִיב
de primavera (adj)	avivi	אֲבִיבִי
verano (m)	'kayits	קַיִץ (ז)

| en verano | ba'kayits | בַּקַּיִץ |
| de verano (adj) | ketsi | קֵיצִי |

otoño (m)	stav	סְתָיו (ז)
en otoño	bestav	בְּסְתָיו
de otoño (adj)	stavi	סְתָוִוי

invierno (m)	'χoref	חוֹרֶף (ז)
en invierno	ba'χoref	בַּחוֹרֶף
de invierno (adj)	χorpi	חוֹרְפִּי
mes (m)	'χodeʃ	חוֹדֶשׁ (ז)
este mes	ha'χodeʃ	הַחוֹדֶשׁ
al mes siguiente	ba'χodeʃ haba	בַּחוֹדֶשׁ הַבָּא
el mes pasado	ba'χodeʃ ʃe'avar	בַּחוֹדֶשׁ שֶׁעָבַר

hace un mes	lifnei 'χodeʃ	לִפְנֵי חוֹדֶשׁ
dentro de un mes	be'od 'χodeʃ	בְּעוֹד חוֹדֶשׁ
dentro de dos meses	be'od χod'ʃayim	בְּעוֹד חוֹדְשַׁיִים
todo el mes	kol ha'χodeʃ	כָּל הַחוֹדֶשׁ
todo un mes	kol ha'χodeʃ	כָּל הַחוֹדֶשׁ

mensual (adj)	χodʃi	חוֹדְשִׁי
mensualmente (adv)	χodʃit	חוֹדְשִׁית
cada mes	kol 'χodeʃ	כָּל חוֹדֶשׁ
dos veces por mes	pa'a'mayim be'χodeʃ	פַּעֲמַיִים בְּחוֹדֶשׁ

año (m)	ʃana	שָׁנָה (נ)
este año	haʃana	הַשָּׁנָה
el próximo año	baʃana haba'a	בְּשָׁנָה הַבָּאָה
el año pasado	baʃana ʃe'avra	בְּשָׁנָה שֶׁעָבְרָה
hace un año	lifnei ʃana	לִפְנֵי שָׁנָה
dentro de un año	be'od ʃana	בְּעוֹד שָׁנָה
dentro de dos años	be'od ʃna'tayim	בְּעוֹד שְׁנָתַיִים
todo el año	kol haʃana	כָּל הַשָּׁנָה
todo un año	kol haʃana	כָּל הַשָּׁנָה

cada año	kol ʃana	כָּל שָׁנָה
anual (adj)	ʃnati	שְׁנָתִי
anualmente (adv)	midei ʃana	מִדֵּי שָׁנָה
cuatro veces por año	arba pa'amim be'χodeʃ	אַרְבַּע פְּעָמִים בְּחוֹדֶשׁ

fecha (f) (la ~ de hoy es ...)	ta'ariχ	תַּאֲרִיךְ (ז)
fecha (f) (~ de entrega)	ta'ariχ	תַּאֲרִיךְ (ז)
calendario (m)	'luaχ ʃana	לוּחַ שָׁנָה (ז)

medio año (m)	χatsi ʃana	חֲצִי שָׁנָה (ז)
seis meses	ʃiʃa χodaʃim, χatsi ʃana	חֲצִי שָׁנָה, שִׁישָׁה חוֹדָשִׁים
estación (f)	ona	עוֹנָה (נ)
siglo (m)	'me'a	מֵאָה (נ)

23. La hora. Miscelánea

| tiempo (m) | zman | זְמַן (ז) |
| momento (m) | 'rega | רֶגַע (ז) |

instante (m)	'rega	רֶגַע (ז)
instantáneo (adj)	miyadi	מִיָדִי
lapso (m) de tiempo	tkufa	תקוּפָה (נ)
vida (f)	χayim	חַיִים (ז"ר)
eternidad (f)	'netsaχ	נֶצַח (ז)
época (f)	idan	עִידָן (ז)
era (f)	idan	עִידָן (ז)
ciclo (m)	maχzor	מַחזוֹר (ז)
período (m)	tkufa	תקוּפָה (נ)
plazo (m) (~ de tres meses)	tkufa	תקוּפָה (נ)
futuro (m)	atid	עָתִיד (ז)
futuro (adj)	haba	הַבָּא
la próxima vez	ba'pa'am haba'a	בַּפַּעַם הַבָּאָה
pasado (m)	avar	עָבָר (ז)
pasado (adj)	ʃe'avar	שֶעָבַר
la última vez	ba'pa'am hako'demet	בַּפַּעַם הַקוֹדֶמֶת
más tarde (adv)	me'uχar yoter	מְאוּחָר יוֹתֵר
después	aχarei	אַחֲרֵי
actualmente (adv)	kayom	כַּיוֹם
ahora (adv)	aχʃav, ka'et	עַכשָיו, כָּעֵת
inmediatamente	miyad	מִיָד
pronto (adv)	bekarov	בְּקָרוֹב
de antemano (adv)	meroʃ	מֵרֹאש
hace mucho tiempo	mizman	מִזמַן
hace poco (adv)	lo mizman	לא מִזמַן
destino (m)	goral	גוֹרָל (ז)
recuerdos (m pl)	ziχronot	זִיכרוֹנוֹת (ז"ר)
archivo (m)	arχiyon	אַרכִיוֹן (ז)
durante ...	bezman ʃel ...	בְּזמַן שֶל ...
mucho tiempo (adv)	zman rav	זמַן רַב
poco tiempo (adv)	lo zman rav	לא זמַן רַב
temprano (adv)	mukdam	מוּקדָם
tarde (adv)	me'uχar	מְאוּחָר
para siempre (adv)	la'netsaχ	לָנֶצַח
comenzar (vt)	lehatχil	לְהַתחִיל
aplazar (vt)	lidχot	לִדחוֹת
simultáneamente	bo zmanit	בּוֹ זמַנִית
permanentemente	bikvi'ut	בִּקבִיעוּת
constante (ruido, etc.)	ka'vu'a	קָבוּעַ
temporal (adj)	zmani	זמַנִי
a veces (adv)	lif'amim	לִפעָמִים
raramente (adv)	le'itim reχokot	לְעִיתִים רְחוֹקוֹת
frecuentemente	le'itim krovot	לְעִיתִים קרוֹבוֹת

24. Las líneas y las formas

cuadrado (m)	ri'bu'a	רִיבּוּעַ (ז)
cuadrado (adj)	meruba	מְרוּבָּע

círculo (m)	maʿagal, igul	מַעֲגָל, עִיגוּל (ז)
redondo (adj)	agol	עָגוֹל
triángulo (m)	meʃulaʃ	מְשוּלָש (ז)
triangular (adj)	meʃulaʃ	מְשוּלָש
óvalo (m)	e'lipsa	אֶלִיפְּסָה (נ)
oval (adj)	e'lipti	אֶלִיפְּטִי
rectángulo (m)	malben	מַלבֵּן (ז)
rectangular (adj)	malbeni	מַלבֵּנִי
pirámide (f)	pira'mida	פִּירָמִידָה (נ)
rombo (m)	meʿuyan	מְעוּיָן (ז)
trapecio (m)	trapez	טרַפֶּז (ז)
cubo (m)	kubiya	קוּבִּייָה (נ)
prisma (m)	minsara	מִנסָרָה (נ)
circunferencia (f)	maʿagal	מַעֲגָל (ז)
esfera (f)	sfira	ספִירָה (נ)
globo (m)	kadur	כַּדוּר (ז)
diámetro (m)	'koter	קוֹטֶר (ז)
radio (f)	'radyus	רַדיוּס (ז)
perímetro (m)	hekef	הֶיקֵף (ז)
centro (m)	merkaz	מֶרכָּז (ז)
horizontal (adj)	ofki	אוֹפקִי
vertical (adj)	anaχi	אֲנָכִי
paralela (f)	kav makbil	קַו מַקבִּיל (ז)
paralelo (adj)	makbil	מַקבִּיל
línea (f)	kav	קַו (ז)
trazo (m)	kav	קַו (ז)
recta (f)	kav yaʃar	קַו יָשָר (ז)
curva (f)	akuma	עֲקוּמָה (נ)
fino (la ~a línea)	dak	דַק
contorno (m)	mitʾar	מִתאָר (ז)
intersección (f)	χituχ	חִיתוּך (ז)
ángulo (m) recto	zavit yaʃara	זָווִית יְשָרָה (נ)
segmento (m)	mikta	מִקטָע (ז)
sector (m)	gizra	גִזרָה (נ)
lado (m)	'tsela	צֶלַע (ז)
ángulo (m)	zavit	זָווִית (נ)

25. Las unidades de medida

peso (m)	miʃkal	מִשקָל (ז)
longitud (f)	'oreχ	אוֹרֶך (ז)
anchura (f)	'roχav	רוֹחַב (ז)
altura (f)	'gova	גוֹבַה (ז)
profundidad (f)	'omek	עוֹמֶק (ז)
volumen (m)	'nefaχ	נֶפַח (ז)
área (f)	'ʃetaχ	שֶטַח (ז)
gramo (m)	gram	גרַם (ז)
miligramo (m)	miligram	מִילִיגרַם (ז)

kilogramo (m)	kilogram	קִילוֹגְרָם (ז)
tonelada (f)	ton	טוֹן (ז)
libra (f)	'pa'und	פָּאוּנד (ז)
onza (f)	'unkiya	אוּנקִיָּה (נ)
metro (m)	'meter	מֶטֶר (ז)
milímetro (m)	mili'meter	מִילִימֶטֶר (ז)
centímetro (m)	senti'meter	סֶנטִימֶטֶר (ז)
kilómetro (m)	kilo'meter	קִילוֹמֶטֶר (ז)
milla (f)	mail	מַייל (ז)
pulgada (f)	intʃ	אִינץ' (ז)
pie (m)	'regel	רֶגֶל (נ)
yarda (f)	yard	יַרד (ז)
metro (m) cuadrado	'meter ra'vu'a	מֶטֶר רָבוּעַ (ז)
hectárea (f)	hektar	הֶקטָר (ז)
litro (m)	litr	לִיטר (ז)
grado (m)	ma'ala	מַעֲלָה (נ)
voltio (m)	volt	ווֹלט (ז)
amperio (m)	amper	אַמפֶּר (ז)
caballo (m) de fuerza	'koaχ sus	כּוֹחַ סוּס (ז)
cantidad (f)	kamut	כַּמוּת (נ)
un poco de ...	ktsat ...	קצָת ...
mitad (f)	'χetsi	חֵצִי (ז)
docena (f)	tresar	תרֵיסָר (ז)
pieza (f)	yeχida	יְחִידָה (נ)
dimensión (f)	'godel	גוֹדֶל (ז)
escala (f) (del mapa)	kne mida	קנֵה מִידָה (ז)
mínimo (adj)	mini'mali	מִינִימָאלִי
el más pequeño (adj)	hakatan beyoter	הַקָטָן בְּיוֹתֵר
medio (adj)	memutsa	מְמוּצָע
máximo (adj)	maksi'mali	מַקסִימָלִי
el más grande (adj)	hagadol beyoter	הַגָדוֹל בְּיוֹתֵר

26. Contenedores

tarro (m) de vidrio	tsin'tsenet	צִנצֶנֶת (נ)
lata (f) de hojalata	paχit	פַּחִית (נ)
cubo (m)	dli	דלִי (ז)
barril (m)	χavit	חָבִית (נ)
palangana (f)	gigit	גִיגִית (נ)
tanque (m)	meiχal	מֵיכָל (ז)
petaca (f) (de alcohol)	meimiya	מֵימִיָּה (נ)
bidón (m) de gasolina	'dʒerikan	ג'ֶרִיקָן (ז)
cisterna (f)	meχalit	מֵיכָלִית (נ)
taza (f) (mug de cerámica)	'sefel	סֵפֶל (ז)
taza (f) (~ de café)	'sefel	סֵפֶל (ז)

platillo (m)	taχtit	תַחתִית (נ)
vaso (m) (~ de agua)	kos	כּוֹס (נ)
copa (f) (~ de vino)	ga'viʿa	גָבִיעַ (ז)
olla (f)	sir	סִיר (ז)
botella (f)	bakbuk	בַּקבּוּק (ז)
cuello (m) de botella	ʦavar habakbuk	צַוואר הַבַּקבּוּק (ז)
garrafa (f)	kad	כַּד (ז)
jarro (m) (~ de agua)	kankan	קַנקַן (ז)
recipiente (m)	kli	כּלִי (ז)
tarro (m)	sir 'χeres	סִיר חֶרֶס (ז)
florero (m)	agartal	אֲגַרטָל (ז)
frasco (m) (~ de perfume)	ʦloχit	צלוֹחִית (נ)
frasquito (m)	bakbukon	בַּקבּוּקוֹן (ז)
tubo (m)	ʃfo'feret	שפוֹפֶרֶת (נ)
saco (m) (~ de azúcar)	sak	שַׂק (ז)
bolsa (f) (~ plástica)	sakit	שַׂקִית (נ)
paquete (m) (~ de cigarrillos)	χafisa	חֲפִיסָה (נ)
caja (f)	kufsa	קוּפסָה (נ)
cajón (m) (~ de madera)	argaz	אַרגָז (ז)
cesta (f)	sal	סַל (ז)

27. Materiales

material (f)	'χomer	חוֹמֶר (ז)
madera (f)	eʦ	עֵץ (ז)
de madera (adj)	meʿeʦ	מֵעֵץ
vidrio (m)	zχuχit	זכוּכִית (נ)
de vidrio (adj)	mizχuχit	מִזכוּכִית
piedra (f)	'even	אֶבֶן (נ)
de piedra (adj)	me''even	מֵאֶבֶן
plástico (m)	'plastik	פּלַסטִיק (ז)
de plástico (adj)	mi'plastik	מִפּלַסטִיק
goma (f)	'gumi	גוּמִי (ז)
de goma (adj)	mi'gumi	מִגוּמִי
tela (m)	bad	בַּד (ז)
de tela (adj)	mibad	מִבַּד
papel (m)	neyar	נְייָר (ז)
de papel (adj)	mineyar	מִנְייָר
cartón (m)	karton	קַרטוֹן (ז)
de cartón (adj)	mikarton	מִקַרטוֹן
polietileno (m)	'nailon	נַיילוֹן (ז)
celofán (m)	ʦelofan	צֶלוֹפָן (ז)

linóleo (m)	li'noleʾum	לִינוֹלֵיאוּם (ז)
contrachapado (m)	dikt	דִיקט (ז)
porcelana (f)	χar'sina	חַרסִינָה (נ)
de porcelana (adj)	meχar'sina	מֵחַרסִינָה
arcilla (f), barro (m)	χarsit	חַרסִית (נ)
de barro (adj)	me'χeres	מֵחֶרֶס
cerámica (f)	ke'ramika	קֶרָמִיקָה (נ)
de cerámica (adj)	ke'rami	קֶרָמִי

28. Los metales

metal (m)	ma'teχet	מַתֶכֶת (נ)
metálico (adj)	mataχti	מַתַכתִי
aleación (f)	sag'soget	סַגסוֹגֶת (נ)
oro (m)	zahav	זָהָב (ז)
de oro (adj)	mizahav, zahov	מִזָהָב, זָהוֹב
plata (f)	'kesef	כֶּסֶף (ז)
de plata (adj)	kaspi	כַּספִי
hierro (m)	barzel	בַּרזֶל (ז)
de hierro (adj)	mibarzel	מִבַּרזֶל
acero (m)	plada	פלָדָה (נ)
de acero (adj)	miplada	מִפלָדָה
cobre (m)	ne'χoʃet	נְחוֹשֶת (נ)
de cobre (adj)	mine'χoʃet	מִנְחוֹשֶת
aluminio (m)	alu'minyum	אָלוּמִיניוּם (ז)
de aluminio (adj)	meʾalu'minyum	מֵאָלוּמִיניוּם
bronce (m)	arad	אָרָד (ז)
de bronce (adj)	meʾarad	מֵאָרָד
latón (m)	pliz	פלִיז (ז)
níquel (m)	'nikel	נִיקֶל (ז)
platino (m)	'platina	פלָטִינָה (נ)
mercurio (m)	kaspit	כַּספִית (נ)
estaño (m)	bdil	בּדִיל (ז)
plomo (m)	o'feret	עוֹפֶרֶת (נ)
zinc (m)	avats	אָבָץ (ז)

EL SER HUMANO

El ser humano. El cuerpo

29. El ser humano. Conceptos básicos

ser (m) humano	ben adam	בֶּן אָדָם (ז)
hombre (m) (varón)	'gever	גֶבֶר (ז)
mujer (f)	iʃa	אִשָׁה (נ)
niño -a (m, f)	'yeled	יֶלֶד (ז)
niña (f)	yalda	יַלדָה (נ)
niño (m)	'yeled	יֶלֶד (ז)
adolescente (m)	'naʿar	נַעַר (ז)
viejo, anciano (m)	zaken	זָקֵן (ז)
vieja, anciana (f)	zkena	זקֵנָה (נ)

30. La anatomía humana

organismo (m)	guf ha'adam	גוּף הָאָדָם (ז)
corazón (m)	lev	לֵב (ז)
sangre (f)	dam	דָם (ז)
arteria (f)	'orek	עוֹרֵק (ז)
vena (f)	vrid	ורִיד (ז)
cerebro (m)	'moaχ	מוֹחַ (ז)
nervio (m)	atsav	עָצָב (ז)
nervios (m pl)	atsabim	עֲצַבִּים (ז"ר)
vértebra (f)	χulya	חוּליָה (נ)
columna (f) vertebral	amud haʃidra	עַמוּד הַשִדרָה (ז)
estómago (m)	keiva	קֵיבָה (נ)
intestinos (m pl)	me'ʿayim	מֵעַיִים (ז"ר)
intestino (m)	meʿi	מְעִי (ז)
hígado (m)	kaved	כָּבֵד (ז)
riñón (m)	kilya	כִּליָה (נ)
hueso (m)	'etsem	עֶצֶם (נ)
esqueleto (m)	'ʃeled	שֶלֶד (ז)
costilla (f)	'tsela	צֶלַע (ז)
cráneo (m)	gul'golet	גוּלגוֹלֶת (נ)
músculo (m)	ʃrir	שרִיר (ז)
bíceps (m)	ʃrir du raʃi	שרִיר דו־רָאשִי (ז)
tríceps (m)	ʃrir tlat raʃi	שרִיר תלָת־רָאשִי (ז)
tendón (m)	gid	גִיד (ז)
articulación (f)	'perek	פֶּרֶק (ז)

pulmones (m pl)	re'ot	רֵיאוֹת (נ"ר)
genitales (m pl)	evrei min	אֵבְרֵי מִין (ז"ר)
piel (f)	or	עוֹר (ז)

31. La cabeza

cabeza (f)	roʃ	רֹאשׁ (ז)
cara (f)	panim	פָּנִים (ז"ר)
nariz (f)	af	אַף (ז)
boca (f)	pe	פֶּה (ז)
ojo (m)	'ayin	עַיִן (נ)
ojos (m pl)	ei'nayim	עֵינַיִים (נ"ר)
pupila (f)	iʃon	אִישׁוֹן (ז)
ceja (f)	gaba	גַּבָּה (נ)
pestaña (f)	ris	רִיס (ז)
párpado (m)	afʿaf	עַפְעַף (ז)
lengua (f)	laʃon	לָשׁוֹן (נ)
diente (m)	ʃen	שֵׁן (נ)
labios (m pl)	sfa'tayim	שְׂפָתַיִים (נ"ר)
pómulos (m pl)	atsamot leχa'yayim	עַצְמוֹת לְחָיַיִם (נ"ר)
encía (f)	χani'χayim	חֲנִיכַיִים (ז"ר)
paladar (m)	χeχ	חֵךְ (ז)
ventanas (f pl)	neχi'rayim	נְחִירַיִים (ז"ר)
mentón (m)	santer	סַנְטֵר (ז)
mandíbula (f)	'leset	לֶסֶת (נ)
mejilla (f)	'leχi	לֶחִי (נ)
frente (f)	'metsaχ	מֵצַח (ז)
sien (f)	raka	רַקָּה (נ)
oreja (f)	'ozen	אוֹזֶן (נ)
nuca (f)	'oref	עוֹרֶף (ז)
cuello (m)	tsavar	צַוָּואר (ז)
garganta (f)	garon	גָּרוֹן (ז)
pelo, cabello (m)	seʿar	שֵׂיעָר (ז)
peinado (m)	tis'roket	תִּסְרוֹקֶת (נ)
corte (m) de pelo	tis'poret	תִּסְפּוֹרֶת (נ)
peluca (f)	pe'a	פֵּאָה (נ)
bigote (m)	safam	שָׂפָם (ז)
barba (f)	zakan	זָקָן (ז)
tener (~ la barba)	legadel	לְגַדֵּל
trenza (f)	tsama	צַמָּה (נ)
patillas (f pl)	pe'ot leχa'yayim	פֵּאוֹת לְחָיַיִם (נ"ר)
pelirrojo (adj)	'dʒindʒi	ג'ינג'י
gris, canoso (adj)	kasuf	כָּסוּף
calvo (adj)	ke'reaχ	קֵירֵחַ
calva (f)	ka'raχat	קָרַחַת (נ)
cola (f) de caballo	'kuku	קוּקוּ (ז)
flequillo (m)	'poni	פוֹנִי (ז)

32. El cuerpo

mano (f)	kaf yad	כַּף יָד (נ)
brazo (m)	yad	יָד (נ)
dedo (m)	'etsba	אֶצבַּע (נ)
dedo (m) del pie	'bohen	בּוֹהֶן (נ)
dedo (m) pulgar	agudal	אֲגוּדָל (ז)
dedo (m) meñique	'zeret	זֶרֶת (נ)
uña (f)	tsi'poren	צִיפּוֹרֶן (ז)
puño (m)	egrof	אֶגרוֹף (ז)
palma (f)	kaf yad	כַּף יָד (נ)
muñeca (f)	'ʃoreʃ kaf hayad	שׁוֹרֶשׁ כַּף הַיָד (ז)
antebrazo (m)	ama	אַמָה (ז)
codo (m)	marpek	מַרפֵּק (ז)
hombro (m)	katef	כָּתֵף (נ)
pierna (f)	'regel	רֶגֶל (נ)
planta (f)	kaf 'regel	כַּף רֶגֶל (נ)
rodilla (f)	'berex	בֶּרֶך (נ)
pantorrilla (f)	ʃok	שׁוֹק (ז)
cadera (f)	yarex	יָרֵך (ז)
talón (m)	akev	עָקֵב (ז)
cuerpo (m)	guf	גוּף (ז)
vientre (m)	'beten	בֶּטֶן (נ)
pecho (m)	xaze	חָזֶה (ז)
seno (m)	ʃad	שָׁד (ז)
lado (m), costado (m)	tsad	צַד (ז)
espalda (f)	gav	גַב (ז)
zona (f) lumbar	mot'nayim	מוֹתנַיִים (ז"ר)
cintura (f), talle (m)	'talya	טַליָה (נ)
ombligo (m)	tabur	טַבּוּר (ז)
nalgas (f pl)	axo'rayim	אֲחוֹרַיִים (ז"ר)
trasero (m)	yaʃvan	יַשבָן (ז)
lunar (m)	nekudat xen	נְקוּדַת חֵן (נ)
marca (f) de nacimiento	'ketem leida	כֶּתֶם לֵידָה (ז)
tatuaje (m)	kaʿa'kuʿa	קַעֲקוּעַ (ז)
cicatriz (f)	tsa'leket	צַלֶקֶת (נ)

La ropa y los accesorios

33. La ropa exterior. Los abrigos

ropa (f), vestido (m)	bgadim	בְּגָדִים (ז"ר)
ropa (f) de calle	levuʃ elyon	לְבוּשׁ עֶלְיוֹן (ז)
ropa (f) de invierno	bigdei 'χoref	בִּגדֵי חוֹרֶף (ז"ר)
abrigo (m)	me'il	מְעִיל (ז)
abrigo (m) de piel	me'il parva	מְעִיל פַּרווָה (ז)
abrigo (m) corto de piel	me'il parva katsar	מְעִיל פַּרווָה קָצָר (ז)
plumón (m)	me'il puχ	מְעִיל פוּך (ז)
cazadora (f)	me'il katsar	מְעִיל קָצָר (ז)
impermeable (m)	me'il 'geʃem	מְעִיל גֶשֶׁם (ז)
impermeable (adj)	amid be'mayim	עָמִיד בְּמַיִם

34. Ropa de hombre y mujer

camisa (f)	χultsa	חוּלצָה (נ)
pantalones (m pl)	miχna'sayim	מִכנָסַיִים (ז"ר)
jeans, vaqueros (m pl)	miχnesei 'dʒins	מִכנְסֵי ג'ינְס (ז"ר)
chaqueta (f), saco (m)	ʒaket	זָ'קֶט (ז)
traje (m)	χalifa	חֲלִיפָה (נ)
vestido (m)	simla	שִׂמלָה (נ)
falda (f)	χatsa'it	חֲצָאִית (נ)
blusa (f)	χultsa	חוּלצָה (נ)
rebeca (f), chaqueta (f) de punto	ʒaket 'tsemer	זָ'קֶט צֶמֶר (ז)
chaqueta (f)	ʒaket	זָ'קֶט (ז)
camiseta (f) (T-shirt)	ti ʃert	טִי שֶׁרט (ז)
shorts (m pl)	miχna'sayim ktsarim	מִכנָסַיִים קצָרִים (ז"ר)
traje (m) deportivo	'trening	טרֶנִינג (ז)
bata (f) de baño	χaluk raχatsa	חֲלוּק רַחְצָה (ז)
pijama (f)	pi'dʒama	פִּיגָ'מָה (נ)
jersey (m), suéter (m)	'sveder	סוֶודֶר (ז)
pulóver (m)	afuda	אֲפוּדָה (נ)
chaleco (m)	vest	וֶסט (ז)
frac (m)	frak	פרָאק (ז)
esmoquin (m)	tuk'sido	טוּקסִידוֹ (ז)
uniforme (m)	madim	מַדִים (ז"ר)
ropa (f) de trabajo	bigdei avoda	בִּגדֵי עֲבוֹדָה (ז"ר)
mono (m)	sarbal	סַרבָּל (ז)
bata (f) (p. ej. ~ blanca)	χaluk	חָלוּק (ז)

35. La ropa. La ropa interior

ropa (f) interior	levanim	לְבָנִים (ז"ר)
bóxer (m)	taχtonim	תַחתוֹנִים (ז"ר)
bragas (f pl)	taχtonim	תַחתוֹנִים (ז"ר)
camiseta (f) interior	gufiya	גוּפִייָה (נ)
calcetines (m pl)	gar'bayim	גַרבַּיִים (ז"ר)
camisón (m)	'ktonet 'laila	כּתוֹנֶת לַילָה (נ)
sostén (m)	χaziya	חֲזִייָה (נ)
calcetines (m pl) altos	birkon	בִּרכּוֹן (ז)
pantimedias (f pl)	garbonim	גַרבּוֹנִים (ז"ר)
medias (f pl)	garbei 'nailon	גַרבֵּי נַיילוֹן (ז"ר)
traje (m) de baño	'beged yam	בֶּגֶד יָם (ז)

36. Gorras

gorro (m)	'kova	כּוֹבַע (ז)
sombrero (m) de fieltro	'kova 'leved	כּוֹבַע לֶבֶד (ז)
gorra (f) de béisbol	'kova 'beisbol	כּוֹבַע בֵּייסבּוֹל (ז)
gorra (f) plana	'kova mitsχiya	כּוֹבַע מִצחִייָה (ז)
boina (f)	baret	בָּרֶט (ז)
capuchón (m)	bardas	בַּרדָס (ז)
panamá (m)	'kova 'tembel	כּוֹבַע טֶמבֶּל (ז)
gorro (m) de punto	'kova 'gerev	כּוֹבַע גֶרֶב (ז)
pañuelo (m)	mit'paχat	מִטפַּחַת (נ)
sombrero (m) de mujer	'kova	כּוֹבַע (ז)
casco (m) (~ protector)	kasda	קַסדָה (נ)
gorro (m) de campaña	kumta	כּוּמתָה (נ)
casco (m) (~ de moto)	kasda	קַסדָה (נ)
bombín (m)	mig'ba'at me'u'gelet	מִגבַּעַת מְעוּגֶלֶת (נ)
sombrero (m) de copa	tsi'linder	צִילִינדֶר (ז)

37. El calzado

calzado (m)	han'ala	הַנְעָלָה (נ)
botas (f pl)	na'a'layim	נַעֲלַיִים (נ"ר)
zapatos (m pl) (~ de tacón bajo)	na'a'layim	נַעֲלַיִים (נ"ר)
botas (f pl) altas	maga'fayim	מַגָפַיִים (ז"ר)
zapatillas (f pl)	na'alei 'bayit	נַעֲלֵי בַּיִת (נ"ר)
tenis (m pl)	na'alei sport	נַעֲלֵי ספּוֹרט (נ"ר)
zapatillas (f pl) de lona	na'alei sport	נַעֲלֵי ספּוֹרט (נ"ר)
sandalias (f pl)	sandalim	סַנדָלִים (ז"ר)
zapatero (m)	sandlar	סַנדלָר (ז)
tacón (m)	akev	עָקֵב (ז)

par (m)	zug	זוּג (ז)
cordón (m)	sroχ	שׂרוֹך (ז)
encordonar (vt)	lisroχ	לִשׂרוֹך
calzador (m)	kaf na'a'layim	כַּף נַעֲלַיִים (נ)
betún (m)	miʃχat na'a'layim	מִשחַת נַעֲלַיִים (נ)

38. Los textiles. Las telas

algodón (m)	kutna	כּוּתנָה (נ)
de algodón (adj)	mikutna	מִכּוּתנָה
lino (m)	piʃtan	פִּשתָן (ז)
de lino (adj)	mipiʃtan	מִפִּשתָן
seda (f)	'meʃi	מֶשִי (ז)
de seda (adj)	miʃyi	מִשיִי
lana (f)	'tsemer	צֶמֶר (ז)
de lana (adj)	tsamri	צַמרִי
terciopelo (m)	ktifa	קטִיפָה (נ)
gamuza (f)	zamʃ	זַמש (ז)
pana (f)	'korderoi	קוֹרדֶרוֹי (ז)
nilón (m)	'nailon	נַיילוֹן (ז)
de nilón (adj)	mi'nailon	מִנַיילוֹן
poliéster (m)	poli''ester	פּוֹלִיאֶסטֶר (ז)
de poliéster (adj)	mipoli''ester	מִפּוֹלִיאֶסטֶר
piel (f) (cuero)	or	עוֹר (ז)
de piel (de cuero)	me'or	מֵעוֹר
piel (f) (~ de zorro, etc.)	parva	פַּרווָה (נ)
de piel (abrigo ~)	miparva	מִפַּרווָה

39. Accesorios personales

guantes (m pl)	kfafot	כּפָפוֹת (נ"ר)
manoplas (f pl)	kfafot	כּפָפוֹת (נ"ר)
bufanda (f)	tsa'if	צָעִיף (ז)
gafas (f pl)	miʃka'fayim	מִשקָפַיִים (ז"ר)
montura (f)	mis'geret	מִסגֶרֶת (נ)
paraguas (m)	mitriya	מִטרִייָה (נ)
bastón (m)	makel haliχa	מַקֵל הֲלִיכָה (ז)
cepillo (m) de pelo	miv'reʃet se'ar	מִברֶשֶת שֵׂיעָר (נ)
abanico (m)	menifa	מְנִיפָה (נ)
corbata (f)	aniva	עֲנִיבָה (נ)
pajarita (f)	anivat parpar	עֲנִיבַת פַּרפַּר (נ)
tirantes (m pl)	ktefiyot	כּתֵפִיוֹת (נ"ר)
moquero (m)	mimχata	מִמחָטָה (נ)
peine (m)	masrek	מַסרֵק (ז)
pasador (m) de pelo	sikat roʃ	סִיכַּת רֹאש (נ)

horquilla (f)	sikat seʿar	סִיכַּת שֵׂעָר (נ)
hebilla (f)	avzam	אַבזָם (ז)
cinturón (m)	χagora	חֲגוֹרָה (נ)
correa (f) (de bolso)	retsuʿat katef	רְצוּעַת כָּתֵף (נ)
bolsa (f)	tik	תִיק (ז)
bolso (m)	tik	תִיק (ז)
mochila (f)	tarmil	תַרמִיל (ז)

40. La ropa. Miscelánea

moda (f)	ofna	אוֹפנָה (נ)
de moda (adj)	ofnati	אוֹפנָתִי
diseñador (m) de moda	meʿatsev ofna	מְעַצֵב אוֹפנָה (ז)
cuello (m)	tsavaron	צַווָארוֹן (ז)
bolsillo (m)	kis	כִּיס (ז)
de bolsillo (adj)	ʃel kis	שֶל כִּיס
manga (f)	ʃarvul	שַרווּל (ז)
presilla (f)	mitle	מִתלֶה (ז)
bragueta (f)	χanut	חֲנוּת (נ)
cremallera (f)	roχsan	רוֹכסָן (ז)
cierre (m)	'keres	קֶרֶס (ז)
botón (m)	kaftor	כַּפתוֹר (ז)
ojal (m)	lula'a	לוּלָאָה (נ)
saltar (un botón)	lehitaleʃ	לְהִיתָלֵש
coser (vi, vt)	litpor	לִתפּוֹר
bordar (vt)	lirkom	לִרקוֹם
bordado (m)	rikma	רִקמָה (נ)
aguja (f)	'maχat tfira	מַחַט תפִירָה (נ)
hilo (m)	χut	חוּט (ז)
costura (f)	'tefer	תֶפֶר (ז)
ensuciarse (vr)	lehitlaχleχ	לְהִתלַכלֵך
mancha (f)	'ketem	כֶּתֶם (ז)
arrugarse (vr)	lehitkamet	לְהִתקַמֵט
rasgar (vt)	lik'roʿa	לִקרוֹעַ
polilla (f)	aʃ	עָש (ז)

41. Productos personales. Cosméticos

pasta (f) de dientes	miʃχat ʃi'nayim	מִשחַת שִינַיִים (נ)
cepillo (m) de dientes	miv'reʃet ʃi'nayim	מִברֶשֶת שִינַיִים (נ)
limpiarse los dientes	letsaχ'tseaχ ʃi'nayim	לְצַחצֵחַ שִינַיִים
maquinilla (f) de afeitar	'taʿar	תַעַר (ז)
crema (f) de afeitar	'ketsef gi'luaχ	קֶצֶף גִילוּחַ (ז)
afeitarse (vr)	lehitga'leaχ	לְהִתגַלֵחַ
jabón (m)	sabon	סַבּוֹן (ז)

champú (m)	ʃampu	שַמפּוּ (ז)
tijeras (f pl)	mispa'rayim	מִספָּרַיִים (ז"ר)
lima (f) de uñas	ptsira	פְּצִירָה (נ)
cortaúñas (m pl)	gozez tsipor'nayim	גוֹזֵז צִיפּוֹרנַיִים (ז)
pinzas (f pl)	pin'tseta	פִּינצֶטָה (נ)
cosméticos (m pl)	tamrukim	תַמרוּקִים (ז"ר)
mascarilla (f)	maseχa	מַסֵכָה (נ)
manicura (f)	manikur	מָנִיקוּר (ז)
hacer la manicura	la'asot manikur	לַעֲשׂוֹת מָנִיקוּר
pedicura (f)	pedikur	פֶּדִיקוּר (ז)
neceser (m) de maquillaje	tik ipur	תִיק אִיפּוּר (ז)
polvos (m pl)	'pudra	פּוּדרָה (נ)
polvera (f)	pudriya	פּוּדרִייָה (נ)
colorete (m), rubor (m)	'somek	סוֹמֶק (ז)
perfume (m)	'bosem	בּוֹשֶׂם (ז)
agua (f) perfumada	mei 'bosem	מֵי בּוֹשֶׂם (ז"ר)
loción (f)	mei panim	מֵי פָּנִים (ז"ר)
agua (f) de colonia	mei 'bosem	מֵי בּוֹשֶׂם (ז"ר)
sombra (f) de ojos	tslalit	צלָלִית (נ)
lápiz (m) de ojos	ai 'lainer	אַי לַיינֶר (ז)
rímel (m)	'maskara	מַסקָרָה (נ)
pintalabios (m)	sfaton	שׂפָתוֹן (ז)
esmalte (m) de uñas	'laka letsipor'nayim	לַכָּה לְצִיפּוֹרנַיִים (נ)
fijador (m) (para el pelo)	tarsis lese'ar	תַרסִיס לְשֵׂיעָר (ז)
desodorante (m)	de'odo'rant	דֶאוֹדוֹרַנט (ז)
crema (f)	krem	קרֶם (ז)
crema (f) de belleza	krem panim	קרֶם פָּנִים (ז)
crema (f) de manos	krem ya'dayim	קרֶם יָדַיִים (ז)
crema (f) antiarrugas	krem 'neged kmatim	קרֶם נֶגֶד קמָטִים (ז)
crema (f) de día	krem yom	קרֶם יוֹם (ז)
crema (f) de noche	krem 'laila	קרֶם לַילָה (ז)
de día (adj)	yomi	יוֹמִי
de noche (adj)	leili	לֵילִי
tampón (m)	tampon	טַמפּוֹן (ז)
papel (m) higiénico	neyar tu'alet	נְייַר טוּאָלֶט (ז)
secador (m) de pelo	meyabeʃ se'ar	מְייַבֵּש שֵׂיעָר (ז)

42. Las joyas

joyas (f pl)	taχʃitim	תַכשִיטִים (ז"ר)
precioso (adj)	yekar 'ereχ	יְקַר עֵרֶך
contraste (m)	tav tsorfim, bχina	תַו צוֹרפִים (ז), בּחִינָה (נ)
anillo (m)	ta'ba'at	טַבַּעַת (נ)
anillo (m) de boda	ta'ba'at nisu'in	טַבַּעַת נִישׂוּאִין (נ)
pulsera (f)	tsamid	צָמִיד (ז)
pendientes (m pl)	agilim	עֲגִילִים (ז"ר)

collar (m) (~ de perlas)	maχ'rozet	מַחֲרוֹזֶת (נ)
corona (f)	'keter	כֶּתֶר (ז)
collar (m) de abalorios	maχ'rozet	מַחֲרוֹזֶת (נ)

diamante (m)	yahalom	יַהֲלוֹם (ז)
esmeralda (f)	ba'reket	בָּרֶקֶת (נ)
rubí (m)	'odem	אוֹדֶם (ז)
zafiro (m)	sapir	סַפִּיר (ז)
perla (f)	pnina	פְּנִינָה (נ)
ámbar (m)	inbar	עִנְבָּר (ז)

43. Los relojes

reloj (m)	ʃeʻon yad	שְׁעוֹן יָד (ז)
esfera (f)	'luaχ ʃaʻon	לוּחַ שָׁעוֹן (ז)
aguja (f)	maχog	מָחוֹג (ז)
pulsera (f)	tsamid	צָמִיד (ז)
correa (f) (del reloj)	retsuʻa leʃaʻon	רְצוּעָה לְשָׁעוֹן (נ)

pila (f)	solela	סוֹלְלָה (נ)
descargarse (vr)	lehitroken	לְהִתְרוֹקֵן
cambiar la pila	lehaχlif	לְהַחֲלִיף
adelantarse (vr)	lemaher	לְמַהֵר
retrasarse (vr)	lefager	לְפַגֵּר

reloj (m) de pared	ʃeʻon kir	שְׁעוֹן קִיר (ז)
reloj (m) de arena	ʃeʻon χol	שְׁעוֹן חוֹל (ז)
reloj (m) de sol	ʃeʻon 'ʃemeʃ	שְׁעוֹן שֶׁמֶשׁ (ז)
despertador (m)	ʃaʻon meʻorer	שְׁעוֹן מְעוֹרֵר (ז)
relojero (m)	ʃaʻan	שָׁעָן (ז)
reparar (vt)	letaken	לְתַקֵּן

La comida y la nutrición

44. La comida

carne (f)	basar	בָּשָׂר (ז)
gallina (f)	of	עוֹף (ז)
pollo (m)	pargit	פַּרגִית (נ)
pato (m)	barvaz	בַּרווָז (ז)
ganso (m)	avaz	אֲווָז (ז)
caza (f) menor	'tsayid	צַיִד (ז)
pava (f)	'hodu	הוֹדוּ (ז)
carne (f) de cerdo	basar χazir	בְּשַׂר חֲזִיר (ז)
carne (f) de ternera	basar 'egel	בְּשַׂר עֵגֶל (ז)
carne (f) de carnero	basar 'keves	בְּשַׂר כֶּבֶש (ז)
carne (f) de vaca	bakar	בָּקָר (ז)
conejo (m)	arnav	אַרנָב (ז)
salchichón (m)	naknik	נַקנִיק (ז)
salchicha (f)	naknikiya	נַקנִיקִייָה (נ)
beicon (m)	'kotel χazir	קוֹתֶל חֲזִיר (ז)
jamón (m)	basar χazir meʿuʃan	בְּשַׂר חֲזִיר מְעוּשָן (ז)
jamón (m) fresco	'kotel χazir meʿuʃan	קוֹתֶל חֲזִיר מְעוּשָן (ז)
paté (m)	pate	פָּטֶה (ז)
hígado (m)	kaved	כָּבֵד (ז)
carne (f) picada	basar taχun	בָּשָׂר טָחוּן (ז)
lengua (f)	laʃon	לָשוֹן (נ)
huevo (m)	beitsa	בֵּיצָה (נ)
huevos (m pl)	beitsim	בֵּיצִים (נ"ר)
clara (f)	χelbon	חֶלבּוֹן (ז)
yema (f)	χelmon	חֶלמוֹן (ז)
pescado (m)	dag	דָג (ז)
mariscos (m pl)	perot yam	פֵּירוֹת יָם (ז"ר)
crustáceos (m pl)	sartana'im	סַרטָנָאִים (ז"ר)
caviar (m)	kavyar	קַווִיָאר (ז)
cangrejo (m) de mar	sartan yam	סַרטַן יָם (ז)
camarón (m)	ʃrimps	שרִימפּס (ז"ר)
ostra (f)	tsidpat ma'aχal	צִדפַּת מַאֲכָל (נ)
langosta (f)	'lobster kotsani	לוֹבּסטֶר קוֹצָנִי (ז)
pulpo (m)	tamnun	תַמנוּן (ז)
calamar (m)	kala'mari	קָלָמָארִי (ז)
esturión (m)	basar haχidkan	בְּשַׂר הַחִדקָן (ז)
salmón (m)	'salmon	סַלמוֹן (ז)
fletán (m)	putit	פּוּטִית (נ)
bacalao (m)	ʃibut	שִיבּוּט (ז)

caballa (f)	kolyas	קוֹלְיָיס (ז)
atún (m)	'tuna	טוּנָה (נ)
anguila (f)	tslofaχ	צלוֹפָח (ז)
trucha (f)	forel	פוֹרֶל (ז)
sardina (f)	sardin	סַרדִין (ז)
lucio (m)	ze'ev 'mayim	זְאֵב מַיִם (ז)
arenque (m)	ma'liaχ	מָלִיחַ (ז)
pan (m)	'leχem	לֶחֶם (ז)
queso (m)	gvina	גבִינָה (נ)
azúcar (m)	sukar	סוּכָּר (ז)
sal (f)	'melaχ	מֶלַח (ז)
arroz (m)	'orez	אוֹרֶז (ז)
macarrones (m pl)	'pasta	פַּסטָה (נ)
tallarines (m pl)	irtiyot	אִטרִיוֹת (נ"ר)
mantequilla (f)	χem'a	חֶמאָה (נ)
aceite (m) vegetal	'ʃemen tsimχi	שֶמֶן צִמחִי (ז)
aceite (m) de girasol	'ʃemen χamaniyot	שֶמֶן חַמָנִיוֹת (ז)
margarina (f)	marga'rina	מַרגָרִינָה (נ)
olivas (f pl)	zeitim	זֵיתִים (ז"ר)
aceite (m) de oliva	'ʃemen 'zayit	שֶמֶן זַיִת (ז)
leche (f)	χalav	חָלָב (ז)
leche (f) condensada	χalav merukaz	חָלָב מְרוּכָּז (ז)
yogur (m)	'yogurt	יוֹגוּרט (ז)
nata (f) agria	ʃa'menet	שַמֶנֶת (נ)
nata (f) líquida	ʃa'menet	שַמֶנֶת (נ)
mayonesa (f)	mayonez	מָיוֹנֵז (ז)
crema (f) de mantequilla	ka'tsefet χem'a	קַצֶפֶת חֶמאָה (נ)
cereal molido grueso	grisim	גרִיסִים (ז"ר)
harina (f)	'kemaχ	קֶמַח (ז)
conservas (f pl)	ʃimurim	שִימוּרִים (ז"ר)
copos (m pl) de maíz	ptitei 'tiras	פתִיתֵי תִירָס (ז"ר)
miel (f)	dvaʃ	דבַש (ז)
confitura (f)	riba	רִיבָּה (נ)
chicle (m)	'mastik	מַסטִיק (ז)

45. Las bebidas

agua (f)	'mayim	מַיִם (ז"ר)
agua (f) potable	mei ʃtiya	מֵי שתִייָה (ז"ר)
agua (f) mineral	'mayim mine'raliyim	מַיִם מִינֶרָלִיִים (ז"ר)
sin gas	lo mugaz	לא מוּגָז
gaseoso (adj)	mugaz	מוּגָז
con gas	mugaz	מוּגָז
hielo (m)	'keraχ	קֶרַח (ז)

con hielo	im 'keraχ	עִם קֶרַח
sin alcohol	natul alkohol	נָטוּל אַלכּוֹהוֹל
bebida (f) sin alcohol	maʃke kal	מַשקֶה קַל (ז)
refresco (m)	maʃke mera'anen	מַשקֶה מְרַעֲנֵן (ז)
limonada (f)	limo'nada	לִימוֹנָדָה (נ)
bebidas (f pl) alcohólicas	maʃka'ot χarifim	מַשקָאוֹת חָרִיפִים (ז"ר)
vino (m)	'yayin	יַיִן (ז)
vino (m) blanco	'yayin lavan	יַיִן לָבָן (ז)
vino (m) tinto	'yayin adom	יַיִן אָדוֹם (ז)
licor (m)	liker	לִיקֶר (ז)
champaña (f)	ʃam'panya	שַמפַּנִיָה (נ)
vermú (m)	'vermut	וֶרמוּט (ז)
whisky (m)	'viski	וִיסקִי (ז)
vodka (m)	'vodka	ווֹדקָה (נ)
ginebra (f)	dʒin	ג'ִין (ז)
coñac (m)	'konyak	קוֹנִיָאק (ז)
ron (m)	rom	רוֹם (ז)
café (m)	kafe	קָפֶה (ז)
café (m) solo	kafe ʃaχor	קָפֶה שָחוֹר (ז)
café (m) con leche	kafe hafuχ	קָפֶה הָפוּך (ז)
capuchino (m)	kapu'ʧino	קָפּוּצִ'ינוֹ (ז)
café (m) soluble	kafe names	קָפֶה נָמֵס (ז)
leche (f)	χalav	חָלָב (ז)
cóctel (m)	kokteil	קוֹקטֵיל (ז)
batido (m)	'milkʃeik	מִילקשֵייק (ז)
zumo (m), jugo (m)	mits	מִיץ (ז)
jugo (m) de tomate	mits agvaniyot	מִיץ עַגבָנִיוֹת (ז)
zumo (m) de naranja	mits tapuzim	מִיץ תַפּוּזִים (ז)
zumo (m) fresco	mits saχut	מִיץ סָחוּט (ז)
cerveza (f)	'bira	בִּירָה (נ)
cerveza (f) rubia	'bira bahira	בִּירָה בָּהִירָה (נ)
cerveza (f) negra	'bira keha	בִּירָה כֵּהָה (נ)
té (m)	te	תֵה (ז)
té (m) negro	te ʃaχor	תֵה שָחוֹר (ז)
té (m) verde	te yarok	תֵה יָרוֹק (ז)

46. Las verduras

legumbres (f pl)	yerakot	יְרָקוֹת (ז"ר)
verduras (f pl)	'yerek	יֶרֶק (ז)
tomate (m)	agvaniya	עַגבָנִייָה (נ)
pepino (m)	melafefon	מְלָפְפוֹן (ז)
zanahoria (f)	'gezer	גֶזֶר (ז)
patata (f)	ta'puaχ adama	תַפּוּחַ אֲדָמָה (ז)
cebolla (f)	batsal	בָּצָל (ז)

ajo (m)	ʃum	שׁוּם (ז)
col (f)	kruv	כּרוּב (ז)
coliflor (f)	kruvit	כּרוּבִית (נ)
col (f) de Bruselas	kruv nitsanim	כּרוּב נִצָנִים (ז)
brócoli (m)	'brokoli	בּרוֹקוֹלִי (ז)
remolacha (f)	'selek	סֶלֶק (ז)
berenjena (f)	χatsil	חָצִיל (ז)
calabacín (m)	kiʃu	קִישׁוּא (ז)
calabaza (f)	'dlaʿat	דלַעַת (נ)
nabo (m)	'lefet	לֶפֶת (נ)
perejil (m)	petro'zilya	פֶּטרוֹזִילִיָה (נ)
eneldo (m)	ʃamir	שָׁמִיר (ז)
lechuga (f)	'χasa	חַסָה (נ)
apio (m)	'seleri	סֶלֶרִי (ז)
espárrago (m)	aspa'ragos	אַספָּרָגוֹס (ז)
espinaca (f)	'tered	תֶרֶד (ז)
guisante (m)	afuna	אֲפוּנָה (נ)
habas (f pl)	pol	פּוֹל (ז)
maíz (m)	'tiras	תִירָס (ז)
fréjol (m)	ʃuʿit	שְׁעוּעִית (נ)
pimentón (m)	'pilpel	פִּלפֵּל (ז)
rábano (m)	tsnonit	צנוֹנִית (נ)
alcachofa (f)	artiʃok	אַרטִישׁוֹק (ז)

47. Las frutas. Las nueces

fruto (m)	pri	פּרִי (ז)
manzana (f)	ta'puaχ	תַפּוּחַ (ז)
pera (f)	agas	אַגָס (ז)
limón (m)	limon	לִימוֹן (ז)
naranja (f)	tapuz	תַפּוּז (ז)
fresa (f)	tut sade	תוּת שָׂדֶה (ז)
mandarina (f)	klemen'tina	קלֶמֶנטִינָה (נ)
ciruela (f)	ʃezif	שְׁזִיף (ז)
melocotón (m)	afarsek	אֲפַרסֵק (ז)
albaricoque (m)	'miʃmeʃ	מִשׁמֵשׁ (ז)
frambuesa (f)	'petel	פֶּטֶל (ז)
ananás (m)	'ananas	אָנָנָס (ז)
banana (f)	ba'nana	בָּנָנָה (נ)
sandía (f)	ava'tiaχ	אֲבַטִיחַ (ז)
uva (f)	anavim	עֲנָבִים (ז"ר)
guinda (f)	duvdevan	דוּבדְבָן (ז)
cereza (f)	gudgedan	גוּדגְדָן (ז)
melón (m)	melon	מֶלוֹן (ז)
pomelo (m)	eʃkolit	אֶשׁכּוֹלִית (נ)
aguacate (m)	avo'kado	אָבוֹקָדוֹ (ז)
papaya (m)	pa'paya	פַּפָּאיָה (נ)

mango (m)	'mango	מַנגוֹ (ז)
granada (f)	rimon	רִימוֹן (ז)
grosella (f) roja	dumdemanit aduma	דוּמדְמָנִית אֲדוּמָה (נ)
grosella (f) negra	dumdemanit ʃxora	דוּמדְמָנִית שחוֹרָה (נ)
grosella (f) espinosa	xazarzar	חֲזַרזָר (ז)
arándano (m)	uxmanit	אוּכמָנִית (נ)
zarzamoras (f pl)	'petel ʃaxor	פֶּטֶל שָחוֹר (ז)
pasas (f pl)	tsimukim	צִימוּקִים (ז"ר)
higo (m)	te'ena	תְאֵנָה (נ)
dátil (m)	tamar	תָמָר (ז)
cacahuete (m)	botnim	בּוֹטנִים (ז"ר)
almendra (f)	ʃaked	שָקֵד (ז)
nuez (f)	egoz 'melex	אֱגוֹז מֶלֶך (ז)
avellana (f)	egoz ilsar	אֱגוֹז אִלְסָר (ז)
nuez (f) de coco	'kokus	קוֹקוֹס (ז)
pistachos (m pl)	'fistuk	פִיסטוּק (ז)

48. El pan. Los dulces

pasteles (m pl)	mutsrei kondi'torya	מוּצרֵי קוֹנדִיטוֹרִיָה (ז"ר)
pan (m)	'lexem	לֶחֶם (ז)
galletas (f pl)	ugiya	עוּגִיָה (נ)
chocolate (m)	'ʃokolad	שוֹקוֹלָד (ז)
de chocolate (adj)	mi'ʃokolad	מִשוֹקוֹלָד
caramelo (m)	sukariya	סוּכָּרִייָה (נ)
tarta (f) (pequeña)	uga	עוּגָה (נ)
tarta (f) (~ de cumpleaños)	uga	עוּגָה (נ)
pastel (m) (~ de manzana)	pai	פַּאי (ז)
relleno (m)	milui	מִילוּי (ז)
confitura (f)	riba	רִיבָּה (נ)
mermelada (f)	marme'lada	מַרמֶלָדָה (נ)
gofre (m)	'vaflim	וַפלִים (ז"ר)
helado (m)	'glida	גלִידָה (נ)
pudín (f)	'puding	פּוּדִינג (ז)

49. Los platos

plato (m)	mana	מָנָה (נ)
cocina (f)	mitbax	מִטבָּח (ז)
receta (f)	matkon	מַתכּוֹן (ז)
porción (f)	mana	מָנָה (נ)
ensalada (f)	salat	סָלָט (ז)
sopa (f)	marak	מָרָק (ז)
caldo (m)	marak tsax, tsir	מָרָק צַח, צִיר (ז)
bocadillo (m)	karix	כָּרִיך (ז)

huevos (m pl) fritos	beiʦat ain	בֵּיצַת עַיִן (נ)
hamburguesa (f)	'hamburger	הַמְבּוּרְגֶר (ז)
bistec (m)	umʦa, steik	אוּמְצָה (נ), סְטֵייק (ז)

guarnición (f)	to'sefet	תּוֹסֶפֶת (נ)
espagueti (m)	spa'geti	סְפָּגֶטִי (ז)
puré (m) de patatas	meχit tapuχei adama	מְחִית תַּפּוּחֵי אֲדָמָה (נ)
pizza (f)	'piʦa	פִּיצָה (נ)
gachas (f pl)	daysa	דַּייְסָה (נ)
tortilla (f) francesa	χavita	חֲבִיתָה (נ)

cocido en agua (adj)	mevuʃal	מְבוּשָׁל
ahumado (adj)	me'uʃan	מְעוּשָׁן
frito (adj)	metugan	מְטוּגָן
seco (adj)	meyubaʃ	מְיוּבָּשׁ
congelado (adj)	kafu	קָפוּא
marinado (adj)	kavuʃ	כָּבוּשׁ

azucarado (adj)	matok	מָתוֹק
salado (adj)	ma'luaχ	מָלוּחַ
frío (adj)	kar	קַר
caliente (adj)	χam	חַם
amargo (adj)	marir	מָרִיר
sabroso (adj)	ta'im	טָעִים

cocer en agua	levaʃel be'mayim rotχim	לְבַשֵׁל בְּמַיִם רוֹתְחִים
preparar (la cena)	levaʃel	לְבַשֵׁל
freír (vt)	letagen	לְטַגֵּן
calentar (vt)	leχamem	לְחַמֵּם

salar (vt)	leham'liaχ	לְהַמְלִיחַ
poner pimienta	lefalpel	לְפַלְפֵּל
rallar (vt)	lerasek	לְרַסֵק
piel (f)	klipa	קְלִיפָּה (נ)
pelar (vt)	lekalef	לְקַלֵּף

50. Las especias

sal (f)	'melaχ	מֶלַח (ז)
salado (adj)	ma'luaχ	מָלוּחַ
salar (vt)	leham'liaχ	לְהַמְלִיחַ

pimienta (f) negra	'pilpel ʃaχor	פִּלְפֵּל שָׁחוֹר (ז)
pimienta (f) roja	'pilpel adom	פִּלְפֵּל אָדוֹם (ז)
mostaza (f)	χardal	חַרְדָּל (ז)
rábano (m) picante	χa'zeret	חֲזֶרֶת (נ)

condimento (m)	'rotev	רוֹטֶב (ז)
especia (f)	tavlin	תַּבְלִין (ז)
salsa (f)	'rotev	רוֹטֶב (ז)
vinagre (m)	'χomeʦ	חוֹמֶץ (ז)

| anís (m) | kamnon | כַּמְנוֹן (ז) |
| albahaca (f) | reχan | רֵיחָן (ז) |

clavo (m)	tsi'poren	צִיפּוֹרֶן (ז)
jengibre (m)	'dʒindʒer	ג'ינג'ר (ז)
cilantro (m)	'kusbara	כּוּסבָּרָה (נ)
canela (f)	kinamon	קִינָמוֹן (ז)
sésamo (m)	'ʃumʃum	שומשום (ז)
hoja (f) de laurel	ale dafna	עָלֶה דַפנָה (ז)
paprika (f)	'paprika	פַּפּרִיקָה (נ)
comino (m)	'kimel	קִימֶל (ז)
azafrán (m)	ze'afran	זְעַפרָן (ז)

51. Las comidas

comida (f)	'oχel	אוֹכֶל (ז)
comer (vi, vt)	le'eχol	לֶאֱכוֹל
desayuno (m)	aruχat 'boker	אֲרוּחַת בּוֹקֶר (נ)
desayunar (vi)	le'eχol aruχat 'boker	לֶאֱכוֹל אֲרוּחַת בּוֹקֶר
almuerzo (m)	aruχat tsaha'rayim	אֲרוּחַת צָהֳרַיִים (נ)
almorzar (vi)	le'eχol aruχat tsaha'rayim	לֶאֱכוֹל אֲרוּחַת צָהֳרַיִים
cena (f)	aruχat 'erev	אֲרוּחַת עֶרֶב (נ)
cenar (vi)	le'eχol aruχat 'erev	לֶאֱכוֹל אֲרוּחַת עֶרֶב
apetito (m)	te'avon	תֵיאָבוֹן (ז)
¡Que aproveche!	betei'avon!	בְּתֵיאָבוֹן!
abrir (vt)	lif'toaχ	לִפתוֹחַ
derramar (líquido)	liʃpoχ	לִשפּוֹך
derramarse (líquido)	lehiʃapeχ	לְהִישָפֵך
hervir (vi)	lir'toaχ	לִרתוֹחַ
hervir (vt)	lehar'tiaχ	לְהַרתִיחַ
hervido (agua ~a)	ra'tuaχ	רָתוּחַ
enfriar (vt)	lekarer	לְקָרֵר
enfriarse (vr)	lehitkarer	לְהִתקָרֵר
sabor (m)	'ta'am	טַעַם (ז)
regusto (m)	'ta'am levai	טַעַם לְוַואי (ז)
adelgazar (vi)	lirzot	לִרזוֹת
dieta (f)	di"eta	דִיאֶטָה (נ)
vitamina (f)	vitamin	וִיטָמִין (ז)
caloría (f)	ka'lorya	קָלוֹרִיָה (נ)
vegetariano (m)	tsimχoni	צִמחוֹנִי (ז)
vegetariano (adj)	tsimχoni	צִמחוֹנִי
grasas (f pl)	ʃumanim	שוּמָנִים (ז"ר)
proteínas (f pl)	χelbonim	חֶלבּוֹנִים (ז"ר)
carbohidratos (m pl)	paχmema	פַּחמֵימָה (נ)
loncha (f)	prusa	פּרוּסָה (נ)
pedazo (m)	χatiχa	חֲתִיכָה (נ)
miga (f)	perur	פֵּירוּר (ז)

52. Los cubiertos

cuchara (f)	kaf	כַּף (נ)
cuchillo (m)	sakin	סַכִּין (ז, נ)
tenedor (m)	mazleg	מַזלֵג (ז)
taza (f)	'sefel	סֵפֶל (ז)
plato (m)	tsa'laχat	צַלַחַת (נ)
platillo (m)	taχtit	תַחתִית (נ)
servilleta (f)	mapit	מַפִּית (נ)
mondadientes (m)	keisam ʃi'nayim	קֵיסָם שִינַיִים (ז)

53. El restaurante

restaurante (m)	misʿada	מִסעָדָה (נ)
cafetería (f)	beit kafe	בֵּית קָפֶה (ז)
bar (m)	bar, pab	בָּר, פָּאבּ (ז)
salón (m) de té	beit te	בֵּית תֵה (ז)
camarero (m)	meltsar	מֶלצַר (ז)
camarera (f)	meltsarit	מֶלצָרִית (נ)
barman (m)	'barmen	בַּרמֶן (ז)
carta (f), menú (m)	tafrit	תַפרִיט (ז)
carta (f) de vinos	reʃimat yeynot	רְשִימַת יֵינוֹת (נ)
reservar una mesa	lehazmin ʃulχan	לְהַזמִין שוּלחָן
plato (m)	mana	מָנָה (נ)
pedir (vt)	lehazmin	לְהַזמִין
hacer el pedido	lehazmin	לְהַזמִין
aperitivo (m)	maʃke meta'aven	מַשקֶה מְתַאֲבֵן (ז)
entremés (m)	meta'aven	מְתַאֲבֵן (ז)
postre (m)	ki'nuaχ	קִינוּחַ (ז)
cuenta (f)	χeʃbon	חֶשבּוֹן (ז)
pagar la cuenta	leʃalem	לְשַלֵם
dar la vuelta	latet 'odef	לָתֵת עוֹדֶף
propina (f)	tip	טִיפ (ז)

La familia nuclear, los parientes y los amigos

54. La información personal. Los formularios

nombre (m)	ʃem	שֵׁם (ז)
apellido (m)	ʃem miʃpaχa	שֵׁם מִשפָּחָה (ז)
fecha (f) de nacimiento	ta'ariχ leda	תַאֲרִיך לֵידָה (ז)
lugar (m) de nacimiento	mekom leda	מְקוֹם לֵידָה (ז)
nacionalidad (f)	le'om	לְאוֹם (ז)
domicilio (m)	mekom megurim	מְקוֹם מְגוּרִים (ז)
país (m)	medina	מְדִינָה (נ)
profesión (f)	mik'ʦo'a	מִקצוֹעַ (ז)
sexo (m)	min	מִין (ז)
estatura (f)	'gova	גוֹבַה (ז)
peso (m)	miʃkal	מִשקָל (ז)

55. Los familiares. Los parientes

madre (f)	em	אֵם (נ)
padre (m)	av	אָב (ז)
hijo (m)	ben	בֵּן (ז)
hija (f)	bat	בַּת (נ)
hija (f) menor	habat haktana	הַבַּת הַקטַנָה (נ)
hijo (m) menor	haben hakatan	הַבֵּן הַקָטַן (ז)
hija (f) mayor	habat habχora	הַבַּת הַבּכוֹרָה (נ)
hijo (m) mayor	haben habχor	הַבֵּן הַבּכוֹר (ז)
hermano (m)	aχ	אָח (ז)
hermano (m) mayor	aχ gadol	אָח גָדוֹל (ז)
hermano (m) menor	aχ katan	אָח קָטָן (ז)
hermana (f)	aχot	אָחוֹת (נ)
hermana (f) mayor	aχot gdola	אָחוֹת גדוֹלָה (נ)
hermana (f) menor	aχot ktana	אָחוֹת קטַנָה (נ)
primo (m)	ben dod	בֶּן דוֹד (ז)
prima (f)	bat 'doda	בַּת דוֹדָה (נ)
mamá (f)	'ima	אִמָא (נ)
papá (m)	'aba	אַבָּא (ז)
padres (m pl)	horim	הוֹרִים (ז"ר)
niño -a (m, f)	'yeled	יֶלֶד (ז)
niños (m pl)	yeladim	יְלָדִים (ז"ר)
abuela (f)	'savta	סַבתָא (נ)
abuelo (m)	'saba	סַבָּא (ז)
nieto (m)	'neχed	נֶכֶד (ז)

nieta (f)	neχda	נֶכדָה (נ)
nietos (m pl)	neχadim	נְכָדִים (ז"ר)
tío (m)	dod	דוֹד (ז)
tía (f)	'doda	דוֹדָה (נ)
sobrino (m)	aχyan	אַחייָן (ז)
sobrina (f)	aχyanit	אַחייָנִית (נ)
suegra (f)	χamot	חָמוֹת (נ)
suegro (m)	χam	חָם (ז)
yerno (m)	χatan	חָתָן (ז)
madrastra (f)	em χoreget	אֵם חוֹרֶגֶת (נ)
padrastro (m)	av χoreg	אָב חוֹרֵג (ז)
niño (m) de pecho	tinok	תִינוֹק (ז)
bebé (m)	tinok	תִינוֹק (ז)
chico (m)	pa'ot	פָּעוֹט (ז)
mujer (f)	iʃa	אִישָה (נ)
marido (m)	'ba'al	בַּעַל (ז)
esposo (m)	ben zug	בֶּן זוּג (ז)
esposa (f)	bat zug	בַּת זוּג (נ)
casado (adj)	nasui	נָשׂוּי
casada (adj)	nesu'a	נְשׂוּאָה
soltero (adj)	ravak	רַווָק
soltero (m)	ravak	רַווָק (ז)
divorciado (adj)	garuʃ	גָרוּש
viuda (f)	almana	אַלמָנָה (נ)
viudo (m)	alman	אַלמָן (ז)
pariente (m)	karov miʃpaχa	קָרוֹב מִשפָּחָה (ז)
pariente (m) cercano	karov miʃpaχa	קָרוֹב מִשפָּחָה (ז)
pariente (m) lejano	karov raχok	קָרוֹב רָחוֹק (ז)
parientes (m pl)	krovei miʃpaχa	קרוֹבֵי מִשפָּחָה (ז"ר)
huérfano (m)	yatom	יָתוֹם (ז)
huérfana (f)	yetoma	יְתוֹמָה (נ)
tutor (m)	apo'tropos	אַפּוֹטרוֹפּוֹס (ז)
adoptar (un niño)	le'amets	לְאַמֵץ
adoptar (una niña)	le'amets	לְאַמֵץ

56. Los amigos. Los compañeros del trabajo

amigo (m)	χaver	חָבֵר (ז)
amiga (f)	χavera	חֲבֵרָה (נ)
amistad (f)	yedidut	יְדִידוּת (נ)
ser amigo	lihyot yadidim	לִהיוֹת יָדִידִים
amigote (m)	χaver	חָבֵר (ז)
amiguete (f)	χavera	חֲבֵרָה (נ)
compañero (m)	ʃutaf	שוּתָף (ז)
jefe (m)	menahel, roʃ	מְנַהֵל (ז), רֹאש (ז)
superior (m)	memune	מְמוּנֶה (ז)

propietario (m)	be'alim	בְּעָלִים (ז)
subordinado (m)	kafuf le	כָּפוּף ל (ז)
colega (m, f)	amit	עָמִית (ז)
conocido (m)	makar	מַכָּר (ז)
compañero (m) de viaje	ben levaya	בֶּן לְוָויָה (ז)
condiscípulo (m)	χaver lekita	חָבֵר לְכִּיתָה (ז)
vecino (m)	ʃaχen	שָׁכֵן (ז)
vecina (f)	ʃχena	שכֵנָה (נ)
vecinos (m pl)	ʃχenim	שכֵנִים (ז"ר)

57. El hombre. La mujer

mujer (f)	iʃa	אִשָּׁה (נ)
muchacha (f)	baχura	בַּחוּרָה (נ)
novia (f)	kala	כַּלָּה (נ)
guapa (adj)	yafa	יָפָה
alta (adj)	gvoha	גבוֹהָה
esbelta (adj)	tmira	תמִירָה
de estatura mediana	namuχ	נָמוּך
rubia (f)	blon'dinit	בּלוֹנדִינִית (נ)
morena (f)	bru'netit	בּרוּנֶטִית (נ)
de señora (adj)	ʃel naʃim	שֶׁל נָשִׁים
virgen (f)	betula	בְּתוּלָה (נ)
embarazada (adj)	hara	הָרָה
hombre (m) (varón)	'gever	גֶּבֶר (ז)
rubio (m)	blon'dini	בּלוֹנדִינִי (ז)
moreno (m)	ʃχarχar	שחַרחַר
alto (adj)	ga'voha	גָבוֹהַ
de estatura mediana	namuχ	נָמוּך
grosero (adj)	gas	גַס
rechoncho (adj)	guʦ	גוּץ
robusto (adj)	χason	חָסוֹן
fuerte (adj)	χazak	חָזָק
fuerza (f)	'koaχ	כּוֹחַ (ז)
gordo (adj)	ʃamen	שָׁמֵן
moreno (adj)	ʃaχum	שָׁחוּם
esbelto (adj)	tamir	תָמִיר
elegante (adj)	ele'ganti	אֶלֶגַנטִי

58. La edad

edad (f)	gil	גִּיל (ז)
juventud (f)	ne'urim	נְעוּרִים (ז"ר)
joven (adj)	ʦa'ir	צָעִיר

menor (adj)	tsa'ir yoter	צָעִיר יוֹתֵר
mayor (adj)	mevugar yoter	מְבוּגָר יוֹתֵר
joven (m)	baχur	בָּחוּר (ז)
adolescente (m)	'na'ar	נַעַר (ז)
muchacho (m)	baχur	בָּחוּר (ז)
anciano (m)	zaken	זָקֵן (ז)
anciana (f)	zkena	זקֵנָה (נ)
adulto	mevugar	מְבוּגָר (ז)
de edad media (adj)	bagil ha'amida	בְּגִיל הָעֲמִידָה
de edad, anciano (adj)	zaken	זָקֵן
viejo (adj)	zaken	זָקֵן
jubilación (f)	'pensya	פֶּנסִיָה (נ)
jubilarse	latset legimla'ot	לָצֵאת לְגִימלָאוֹת
jubilado (m)	pensyoner	פֶּנסיוֹנֶר (ז)

59. Los niños

niño -a (m, f)	'yeled	יֶלֶד (ז)
niños (m pl)	yeladim	יְלָדִים (ז"ר)
gemelos (m pl)	te'omim	תְאוֹמִים (ז"ר)
cuna (f)	arisa	עֲרִיסָה (נ)
sonajero (m)	ra'aʃan	רַעֲשָׁן (ז)
pañal (m)	χitul	חִיתוּל (ז)
chupete (m)	motsets	מוֹצֵץ (ז)
cochecito (m)	agala	עֲגָלָה (נ)
jardín (m) de infancia	gan yeladim	גַן יְלָדִים (ז)
niñera (f)	beibi'siter	בֵּיבִּיסִיטֶר (ז, נ)
infancia (f)	yaldut	יַלדוּת (נ)
muñeca (f)	buba	בּוּבָּה (נ)
juguete (m)	tsa'a'tsu'a	צַעֲצוּעַ (ז)
mecano (m)	misχak harkava	מִשֹחַק הַרכָּבָה (ז)
bien criado (adj)	meχunaχ	מְחוּנָך
malcriado (adj)	lo meχunaχ	לֹא מְחוּנָך
mimado (adj)	mefunak	מְפוּנָק
hacer travesuras	lehiʃtovev	לְהִשתוֹבֵב
travieso (adj)	ʃovav	שוֹבָב
travesura (f)	ma'ase 'kundes	מַעֲשֶׂה קוּנדֵס (ז)
travieso (m)	'yeled ʃovav	יֶלֶד שוֹבָב (ז)
obediente (adj)	tsaytan	צַייְתָן
desobediente (adj)	lo memuʃma	לֹא מְמוּשמָע
dócil (adj)	ka'nu'a	כָּנוּעַ
inteligente (adj)	χaχam	חָכָם
niño (m) prodigio	'yeled 'pele	יֶלֶד פֶּלֶא (ז)

60. Los matrimonios. La vida familiar

besar (vt)	lenaʃek	לְנַשֵּׁק
besarse (vi)	lehitnaʃek	לְהִתנַשֵּׁק
familia (f)	miʃpaχa	מִשפָּחָה (נ)
familiar (adj)	miʃpaχti	מִשפַּחתִי
pareja (f)	zug	זוּג (ז)
matrimonio (m)	nisuʾim	נִישׂוּאִים (ז"ר)
hogar (m) familiar	aχ, ken	אָח (נ), קֵן (ז)
dinastía (f)	ʃo'ʃelet	שׁוֹשֶׁלֶת (נ)
cita (f)	deit	דֵייט (ז)
beso (m)	neʃika	נְשִׁיקָה (נ)
amor (m)	ahava	אַהֲבָה (נ)
querer (amar)	leʾehov	לֶאֱהוֹב
querido (adj)	ahuv	אָהוּב
ternura (f)	roχ	רוֹך (ז)
tierno (afectuoso)	adin, raχ	עָדִין, רַך
fidelidad (f)	neʾemanut	נֶאֱמָנוּת (נ)
fiel (adj)	masur	מָסוּר
cuidado (m)	deʾaga	דְאָגָה (נ)
cariñoso (un padre ~)	doʾeg	דוֹאֵג
recién casados (pl)	zug tsaʿir	זוּג צָעִיר (ז)
luna (f) de miel	ya'reaχ dvaʃ	יָרֵחַ דבַש (ז)
estar casada	lehitχaten	לְהִתחַתֵן
casarse (con una mujer)	lehitχaten	לְהִתחַתֵן
boda (f)	χatuna	חֲתוּנָה (נ)
bodas (f pl) de oro	χatunat hazahav	חֲתוּנַת הַזָהָב (נ)
aniversario (m)	yom nisuʾin	יוֹם נִישׂוּאִין (ז)
amante (m)	meʾahev	מְאַהֵב (ז)
amante (f)	mea'hevet	מְאַהֶבֶת (נ)
adulterio (m)	bgida	בּגִידָה (נ)
cometer adulterio	livgod be...	לִבגוֹד בְּ...
celoso (adj)	kanai	קַנַאי
tener celos	lekane	לְקַנֵא
divorcio (m)	geruʃin	גֵרוּשִין (ז"ר)
divorciarse (vr)	lehitgareʃ mi...	לְהִתגָרֵש מִ...
reñir (vi)	lariv	לָרִיב
reconciliarse (vr)	lehitpayes	לְהִתפַּייֵס
juntos (adv)	be'yaχad	בְּיַחַד
sexo (m)	min	מִין (ז)
felicidad (f)	'oʃer	אוֹשֶר (ז)
feliz (adj)	meʾuʃar	מְאוּשָר
desgracia (f)	ason	אָסוֹן (ז)
desgraciado (adj)	umlal	אוּמלָל

Las características de personalidad. Los sentimientos

61. Los sentimientos. Las emociones

sentimiento (m)	'regeʃ	רֶגֶשׁ (ז)
sentimientos (m pl)	regaʃot	רְגָשׁוֹת (ז"ר)
sentir (vt)	lehargiʃ	לְהַרגִישׁ
hambre (f)	'raʿav	רָעָב (ז)
tener hambre	lihyot raʿev	לִהיוֹת רָעֵב
sed (f)	ʦimaʾon	צִמָאוֹן (ז)
tener sed	lihyot ʦame	לִהיוֹת צָמֵא
somnolencia (f)	yaʃnuniyut	יַשְׁנוּנִיוּת (נ)
tener sueño	lirʦot liʃon	לִרצוֹת לִישוֹן
cansancio (m)	ayefut	עֲייֵפוּת (נ)
cansado (adj)	ayef	עָייֵף
estar cansado	lehitʿayef	לְהִתעַייֵף
humor (m) (de buen ~)	maʦav 'ruaχ	מַצַב רוּחַ (ז)
aburrimiento (m)	ʃiʿamum	שִׁעָמוּם (ז)
aburrirse (vr)	lehiʃtaʿamem	לְהִשתַעֲמֵם
soledad (f)	hitbodedut	הִתבּוֹדְדוּת (נ)
aislarse (vr)	lehitboded	לְהִתבּוֹדֵד
inquietar (vt)	lehadʾig	לְהַדאִיג
inquietarse (vr)	lidʾog	לִדאוֹג
inquietud (f)	deʾaga	דְאָגָה (נ)
preocupación (f)	χarada	חֲרָדָה (נ)
preocupado (adj)	mutrad	מוּטרָד
estar nervioso	lihyot aʦbani	לִהיוֹת עַצבָּנִי
darse al pánico	lehibahel	לְהִיבָּהֵל
esperanza (f)	tikva	תִקווָה (נ)
esperar (tener esperanza)	lekavot	לְקַווֹת
seguridad (f)	vadaʾut	וַדָאוּת (נ)
seguro (adj)	vadaʾi	וַדָאִי
inseguridad (f)	i vadaʾut	אִי וַדָאוּת (נ)
inseguro (adj)	lo ba'tuaχ	לֹא בָּטוּחַ
borracho (adj)	ʃikor	שִיכּוֹר
sobrio (adj)	pi'keaχ	פִּיכֵּחַ
débil (adj)	χalaʃ	חַלָש
feliz (adj)	meʾuʃar	מְאוּשָר
asustar (vt)	lehafχid	לְהַפחִיד
furia (f)	teruf	טֵירוּף
rabia (f)	'zaʿam	זַעַם (ז)
depresión (f)	dikaʾon	דִיכָּאוֹן (ז)
incomodidad (f)	i noχut	אִי נוֹחוּת (נ)

comodidad (f)	noχut	נוֹחוּת (נ)
arrepentirse (vr)	lehitsta'er	לְהִצטַעֵר
arrepentimiento (m)	χarata	חֲרָטָה (נ)
mala suerte (f)	'χoser mazal	חוֹסֶר מַזָל (ז)
tristeza (f)	'etsev	עֶצֶב (ז)
vergüenza (f)	buʃa	בּוּשָׁה (נ)
júbilo (m)	simχa	שִׂמְחָה (נ)
entusiasmo (m)	hitlahavut	הִתלַהֲבוּת (נ)
entusiasta (m)	mitlahev	מִתלַהֵב
mostrar entusiasmo	lehitlahev	לְהִתלַהֵב

62. El carácter. La personalidad

carácter (m)	'ofi	אוֹפִי (ז)
defecto (m)	pgam be''ofi	פּגָם בְּאוֹפִי (ז)
mente (f)	'seχel	שֵׂכֶל (ז)
razón (f)	bina	בִּינָה (נ)
consciencia (f)	matspun	מַצפּוּן (ז)
hábito (m)	hergel	הֶרגֵל (ז)
habilidad (f)	ye'χolet	יְכוֹלֶת (נ)
poder (nadar, etc.)	la'da'at	לָדַעַת
paciente (adj)	savlan	סַבלָן
impaciente (adj)	χasar savlanut	חֲסַר סַבלָנוּת
curioso (adj)	sakran	סַקרָן
curiosidad (f)	sakranut	סַקרָנוּת (נ)
modestia (f)	tsni'ut	צנִיעוּת (נ)
modesto (adj)	tsa'nu'a	צָנוּעַ
inmodesto (adj)	lo tsa'nu'a	לֹא צָנוּעַ
pereza (f)	atslut	עַצלוּת (נ)
perezoso (adj)	atsel	עָצֵל
perezoso (m)	atslan	עַצלָן (ז)
astucia (f)	armumiyut	עַרמוּמִיוּת (נ)
astuto (adj)	armumi	עַרמוּמִי
desconfianza (f)	'χoser emun	חוֹסֶר אֵמוּן (ז)
desconfiado (adj)	χadʃani	חַדשָׁנִי
generosidad (f)	nedivut	נְדִיבוּת (נ)
generoso (adj)	nadiv	נָדִיב
talentoso (adj)	muχʃar	מוּכשָׁר
talento (m)	kiʃaron	כִּישָׁרוֹן (ז)
valiente (adj)	amits	אַמִיץ
coraje (m)	'omets	אוֹמֶץ (ז)
honesto (adj)	yaʃar	יָשָׁר
honestidad (f)	'yoʃer	יוֹשֶׁר (ז)
prudente (adj)	zahir	זָהִיר
valeroso (adj)	amits	אַמִיץ

serio (adj)	retsini	רְצִינִי
severo (adj)	χamur	חָמוּר
decidido (adj)	neχrats	נֶחרָץ
indeciso (adj)	hasesan	הַסְסָן
tímido (adj)	baiʃan	בַּיישָן
timidez (f)	baiʃanut	בַּיישָנוּת (נ)
confianza (f)	emun	אֵמוּן (ז)
creer (créeme)	leha'amin	לְהַאֲמִין
confiado (crédulo)	tam	תָם
sinceramente (adv)	beχenut	בְּכֵנוּת
sincero (adj)	ken	כֵּן
sinceridad (f)	kenut	כֵּנוּת (נ)
abierto (adj)	pa'tuaχ	פָּתוּחַ
calmado (adj)	ʃalev	שָלֵו
franco (sincero)	glui lev	גלוּי לֵב
ingenuo (adj)	na"ivi	נָאִיבִי
distraído (adj)	mefuzar	מְפוּזָר
gracioso (adj)	matsχik	מַצחִיק
avaricia (f)	ta'avat 'betsa	תַאֲווַת בֶּצַע (נ)
avaro (adj)	rodef 'betsa	רוֹדֵף בֶּצַע
tacaño (adj)	kamtsan	קַמצָן
malvado (adj)	raʃa	רָשָע
terco (adj)	akʃan	עַקשָן
desagradable (adj)	lo na'im	לֹא נָעִים
egoísta (m)	ego'ist	אֶגוֹאִיסט (ז)
egoísta (adj)	anoχi	אָנוֹכִי
cobarde (m)	paχdan	פַחדָן (ז)
cobarde (adj)	paχdani	פַחדָנִי

63. El sueño. Los sueños

dormir (vi)	liʃon	לִישוֹן
sueño (m) (estado)	ʃena	שֵינָה (נ)
sueño (m) (dulces ~s)	χalom	חֲלוֹם (ז)
soñar (vi)	laχalom	לַחֲלוֹם
adormilado (adj)	radum	רָדוּם
cama (f)	mita	מִיטָה (נ)
colchón (m)	mizran	מִזרָן (ז)
manta (f)	smiχa	שמִיכָה (נ)
almohada (f)	karit	כָּרִית (נ)
sábana (f)	sadin	סָדִין (ז)
insomnio (m)	nedudei ʃena	נְדוּדֵי שֵינָה (ז"ר)
de insomnio (adj)	χasar ʃena	חֲסַר שֵינָה
somnífero (m)	kadur ʃena	כַּדוּר שֵינָה (ז)
tomar el somnífero	la'kaχat kadur ʃena	לָקַחַת כַּדוּר שֵינָה
tener sueño	lirtsot liʃon	לִרצוֹת לִישוֹן

bostezar (vi)	lefahek	לְפַהֵק
irse a la cama	la'leχet liʃon	לָלֶכֶת לִישוֹן
hacer la cama	leha'tsi'a mita	לְהַצִיעַ מִיטָה
dormirse (vr)	leheradem	לְהֵירָדֵם
pesadilla (f)	siyut	סִיוּט (ז)
ronquido (m)	neχira	נְחִירָה (נ)
roncar (vi)	linχor	לִנחוֹר
despertador (m)	ʃa'on me'orer	שָעוֹן מְעוֹרֵר (ז)
despertar (vt)	leha'ir	לְהָעִיר
despertarse (vr)	lehit'orer	לְהִתעוֹרֵר
levantarse (vr)	lakum	לָקוּם
lavarse (vr)	lehitraχets	לְהִתרַחֵץ

64. El humor. La risa. La alegría

humor (m)	humor	הוּמוֹר (ז)
sentido (m) del humor	χuʃ humor	חוּש הוּמוֹר (ז)
divertirse (vr)	lehanot	לֵיהָנוֹת
alegre (adj)	sa'meaχ	שָׂמֵחַ
júbilo (m)	alitsut	עֲלִיצוּת (נ)
sonrisa (f)	χiyuχ	חִיוּך (ז)
sonreír (vi)	leχayeχ	לְחַייֵך
echarse a reír	lifrots bitsχok	לִפרוֹץ בִּצחוֹק
reírse (vr)	litsχok	לִצחוֹק
risa (f)	tsχok	צחוֹק (ז)
anécdota (f)	anek'dota	אָנֶקדוֹטָה (נ)
gracioso (adj)	matsχik	מַצחִיק
ridículo (adj)	meʃa'a'ʃe'a	מְשַעֲשֵעַ
bromear (vi)	lehitba'deaχ	לְהִתבַּדֵחַ
broma (f)	bdiχa	בּדִיחָה (נ)
alegría (f) (emoción)	simχa	שִׂמחָה (נ)
alegrarse (vr)	lis'moaχ	לִשׂמוֹחַ
alegre (~ de que ...)	sa'meaχ	שָׂמֵחַ

65. La discusión y la conversación. Unidad 1

comunicación (f)	'keʃer	קֶשֶר (ז)
comunicarse (vr)	letakʃer	לְתַקשֵר
conversación (f)	siχa	שִׂיחָה (נ)
diálogo (m)	du 'siaχ	דו-שִׂיחַ (ז)
discusión (f) (debate)	diyun	דִיוּן (ז)
debate (m)	vi'kuaχ	וִיכּוּחַ (ז)
debatir (vi)	lehitva'keaχ	לְהִתוַוכֵּחַ
interlocutor (m)	ben 'siaχ	בֶּן שִׂיחַ (ז)
tema (m)	nose	נוֹשֵׂא (ז)

punto (m) de vista	nekudat mabat	נְקוּדַת מַבָּט (נ)
opinión (f)	de'a	דֵעָה (נ)
discurso (m)	ne'um	נְאוּם (ז)
discusión (f) (del informe, etc.)	diyun	דִיוּן (ז)
discutir (vt)	ladun	לָדוּן
conversación (f)	siχa	שִׂיחָה (נ)
conversar (vi)	leso'χeaχ	לְשׂוֹחֵחַ
reunión (f)	pgiʃa	פּגִישָׁה (נ)
encontrarse (vr)	lehipageʃ	לְהִיפָּגֵשׁ
proverbio (m)	pitgam	פִּתגָם (ז)
dicho (m)	pitgam	פִּתגָם (ז)
adivinanza (f)	χida	חִידָה (נ)
contar una adivinanza	laχud χida	לָחוּד חִידָה
contraseña (f)	sisma	סִיסמָה (נ)
secreto (m)	sod	סוֹד (ז)
juramento (m)	ʃvu'a	שבוּעָה (נ)
jurar (vt)	lehiʃava	לְהִישָׁבַע
promesa (f)	havtaχa	הַבטָחָה (נ)
prometer (vt)	lehav'tiaχ	לְהַבטִיחַ
consejo (m)	etsa	עֵצָה (נ)
aconsejar (vt)	leya'ets	לְייַעֵץ
seguir el consejo	lif'ol lefi ha'etsa	לִפעוֹל לְפִי הָעֵצָה
escuchar (a los padres)	lehiʃama	לְהִישָׁמַע
noticias (f pl)	χadaʃot	חֲדָשׁוֹת (נ"ר)
sensación (f)	sen'satsya	סֶנסַציָה (נ)
información (f)	meida	מֵידָע (ז)
conclusión (f)	maskana	מַסקָנָה (נ)
voz (f)	kol	קוֹל (ז)
cumplido (m)	maχma'a	מַחמָאָה (נ)
amable (adj)	adiv	אָדִיב
palabra (f)	mila	מִילָה (נ)
frase (f)	miʃpat	מִשפָּט (ז)
respuesta (f)	tʃuva	תשוּבָה (נ)
verdad (f)	emet	אֱמֶת (נ)
mentira (f)	'ʃeker	שֶׁקֶר (ז)
pensamiento (m)	maχʃava	מַחשָׁבָה (נ)
idea (f)	ra'ayon	רַעֲיוֹן (ז)
fantasía (f)	fan'tazya	פַנטַזיָה (נ)

66. La discusión y la conversación. Unidad 2

respetado (adj)	meχubad	מְכוּבָּד
respetar (vt)	leχabed	לְכַבֵּד
respeto (m)	kavod	כָּבוֹד (ז)
Estimado ...	hayakar ...	הַיָקָר ...
presentar (~ a sus padres)	la'asot hekerut	לַעֲשׂוֹת הֶיכֵּרוּת

conocer a alguien	lehakir	לְהַכִּיר
intención (f)	kavana	כַּוָונָה (נ)
tener intención (de …)	lehitkaven	לְהִתכַּוֵון
deseo (m)	iχul	אִיחוּל (ז)
desear (vt) (~ buena suerte)	le'aχel	לְאַחֵל
sorpresa (f)	hafta'a	הַפתָעָה (נ)
sorprender (vt)	lehaf'ti'a	לְהַפתִיעַ
sorprenderse (vr)	lehitpale	לְהִתפַּלֵא
dar (vt)	latet	לָתֵת
tomar (vt)	la'kaχat	לָקַחַת
devolver (vt)	lehaχzir	לְהַחזִיר
retornar (vt)	lehaʃiv	לְהָשִיב
disculparse (vr)	lehitnatsel	לְהִתנַצֵל
disculpa (f)	hitnatslut	הִתנַצלוּת (נ)
perdonar (vt)	lis'loaχ	לִסלוֹחַ
hablar (vi)	ledaber	לְדַבֵּר
escuchar (vt)	lehakʃiv	לְהַקשִיב
escuchar hasta el final	liʃmo'a	לִשמוֹעַ
comprender (vt)	lehavin	לְהָבִין
mostrar (vt)	lehar'ot	לְהַראוֹת
mirar a …	lehistakel	לְהִסתַכֵּל
llamar (vt)	likro le…	לִקרוֹא לְ...
distraer (molestar)	lehaf'ri'a	לְהַפרִיעַ
molestar (vt)	lehaf'ri'a	לְהַפרִיעַ
pasar (~ un mensaje)	limsor	לִמסוֹר
petición (f)	bakaʃa	בַּקָשָה (נ)
pedir (vt)	levakeʃ	לְבַקֵש
exigencia (f)	driʃa	דְרִישָה (נ)
exigir (vt)	lidroʃ	לִדרוֹש
motejar (vr)	lehitgarot	לְהִתגָרוֹת
burlarse (vr)	lil'og	לִלעוֹג
burla (f)	'la'ag	לַעַג (ז)
apodo (m)	kinui	כִּינוּי (ז)
alusión (f)	'remez	רֶמֶז (ז)
aludir (vi)	lirmoz	לִרמוֹז
sobrentender (vt)	lehitkaven le…	לְהִתכַּוֵון לְ...
descripción (f)	te'ur	תֵיאוּר (ז)
describir (vt)	leta'er	לְתָאֵר
elogio (m)	'ʃevaχ	שֶבַח (ז)
elogiar (vt)	leʃa'beaχ	לְשַבֵּחַ
decepción (f)	aχzava	אַכזָבָה (נ)
decepcionar (vt)	le'aχzev	לְאַכזֵב
estar decepcionado	lehit'aχzev	לְהִתאַכזֵב
suposición (f)	hanaχa	הַנָחָה (נ)
suponer (vt)	leʃa'er	לְשַעֵר

advertencia (f)	azhara	אַזהָרָה (נ)
prevenir (vt)	lehazhir	לְהַזהִיר

67. La discusión y la conversación. Unidad 3

convencer (vt)	leʃaχ'ne'a	לְשַכנֵעַ
calmar (vt)	lehar'gi'a	לְהַרגִיעַ
silencio (m) (~ es oro)	ʃtika	שתִיקָה (נ)
callarse (vr)	liʃtok	לִשתוֹק
susurrar (vi, vt)	lilχoʃ	לִלחוֹש
susurro (m)	leχiʃa	לְחִישָה (נ)
francamente (adv)	beχenut	בְּכֵנוּת
en mi opinión ...	leda'ati ...	לְדַעֲתִי ...
detalle (m) (de la historia)	prat	פּרָט (ז)
detallado (adj)	meforat	מְפוֹרָט
detalladamente (adv)	bimfurat	בִּמפוֹרָט
pista (f)	'remez	רֶמֶז (ז)
dar una pista	lirmoz	לִרמוֹז
mirada (f)	mabat	מַבָּט (ז)
echar una mirada	lehabit	לְהַבִּיט
fija (mirada ~)	kafu	קָפוּא
parpadear (vi)	lematsmets	לְמַצמֵץ
guiñar un ojo	likrots	לִקרוֹץ
asentir con la cabeza	lehanhen	לְהַנהֵן
suspiro (m)	anaχa	אֲנָחָה (נ)
suspirar (vi)	lehe'anaχ	לְהֵיאָנַח
estremecerse (vr)	lir'od	לִרעוֹד
gesto (m)	meχva	מֶחווָה (נ)
tocar (con la mano)	la'ga'at be...	לָגַעַת בְּ...
asir (~ de la mano)	litfos	לִתפוֹס
palmear (~ la espalda)	lit'poaχ	לִטפוֹחַ
¡Cuidado!	zehirut!	זְהִירוּת!
¿De veras?	be'emet?	בֶּאֱמֶת?
¿Estás seguro?	ata ba'tuaχ?	אַתָה בָּטוּחַ?
¡Suerte!	behatslaχa!	בְּהַצלָחָה!
¡Ya veo!	muvan!	מוּבָן!
¡Es una lástima!	χaval!	חֲבָל!

68. El acuerdo. El rechazo

acuerdo (m)	haskama	הַסכָּמָה (נ)
estar de acuerdo	lehaskim	לְהַסכִּים
aprobación (f)	iʃur	אִישוּר (ז)
aprobar (vt)	le'aʃer	לְאַשֵר
rechazo (m)	siruv	סֵירוּב (ז)

negarse (vr)	lesarev	לְסָרֵב
¡Excelente!	metsuyan!	מְצוּיָן!
¡De acuerdo!	tov!	טוֹב!
¡Vale!	be'seder!	בְּסֵדֶר!
prohibido (adj)	asur	אָסוּר
está prohibido	asur	אָסוּר
es imposible	'bilti efʃari	בִּלתִי אֶפשָרִי
incorrecto (adj)	ʃagui	שָגוּי
rechazar (vt)	lidχot	לדחות
apoyar (la decisión)	litmoχ be...	לתמוך בְּ...
aceptar (vt)	lekabel	לְקַבֵּל
confirmar (vt)	le'aʃer	לְאַשֵר
confirmación (f)	iʃur	אִישוּר (ז)
permiso (m)	reʃut	רְשוּת (נ)
permitir (vt)	leharʃot	לְהַרשוֹת
decisión (f)	haχlata	הַחלָטָה (נ)
no decir nada	liʃtok	לשתוק
condición (f)	tnai	תנַאי (ז)
excusa (f) (pretexto)	teruts	תֵירוּץ (ז)
elogio (m)	'ʃevaχ	שֶבַח (ז)
elogiar (vt)	leʃa'beaχ	לְשַבֵּחַ

69. El éxito. La buena suerte. El fracaso

éxito (m)	hatsala	הַצלָחָה (נ)
con éxito (adv)	behatslaχa	בְּהַצלָחָה
exitoso (adj)	mutslaχ	מוּצלָח
suerte (f)	mazal	מַזָל (ז)
¡Suerte!	behatslaχa!	בְּהַצלָחָה!
de suerte (día ~)	mutslaχ	מוּצלָח
afortunado (adj)	bar mazal	בַּר מַזָל
fiasco (m)	kiʃalon	כִּישָלוֹן (ז)
infortunio (m)	'χoser mazal	חוֹסֶר מַזָל (ז)
mala suerte (f)	'χoser mazal	חוֹסֶר מַזָל (ז)
fracasado (adj)	lo mutslaχ	לא מוּצלָח
catástrofe (f)	ason	אָסוֹן (ז)
orgullo (m)	ga'ava	גַאֲוָוה (נ)
orgulloso (adj)	ge'e	גֵאֶה
estar orgulloso	lehitga'ot	לְהִתגָאוֹת
ganador (m)	zoχe	זוֹכֶה (ז)
ganar (vi)	lena'tseaχ	לְנַצֵחַ
perder (vi)	lehafsid	לְהַפסִיד
tentativa (f)	nisayon	נִיסָיוֹן (ז)
intentar (tratar)	lenasot	לְנַסוֹת
chance (f)	hizdamnut	הִזדַמנוּת (נ)

70. Las discusiones. Las emociones negativas

grito (m)	tseʿaka	צְעָקָה (נ)
gritar (vi)	litsʿok	לִצעוֹק
comenzar a gritar	lehatχil litsʿok	לְהַתחִיל לִצעוֹק
disputa (f), riña (f)	riv	רִיב (ז)
reñir (vi)	lariv	לָרִיב
escándalo (m) (riña)	riv	רִיב (ז)
causar escándalo	lariv	לָרִיב
conflicto (m)	siχsuχ	סִכסוּך (ז)
malentendido (m)	i havana	אִי הֲבָנָה (נ)
insulto (m)	elbon	עֶלבּוֹן (ז)
insultar (vt)	lehaʿaliv	לְהַעֲלִיב
insultado (adj)	neʿelav	נֶעֱלָב
ofensa (f)	tina	טִינָה (נ)
ofender (vt)	lifgoʿa	לִפגוֹעַ
ofenderse (vr)	lehipaga	לְהִיפָּגַע
indignación (f)	hitmarmerut	הִתמַרמְרוּת (נ)
indignarse (vr)	lehitraʿem	לְהִתרַעֵם
queja (f)	tluna	תלוּנָה (נ)
quejarse (vr)	lehitlonen	לְהִתלוֹנֵן
disculpa (f)	hitnatslut	הִתנַצלוּת (נ)
disculparse (vr)	lehitnatsel	לְהִתנַצֵל
pedir perdón	levakeʃ sliχa	לְבַקֵש סלִיחָה
crítica (f)	bi'koret	בִּיקוֹרֶת (נ)
criticar (vt)	levaker	לְבַקֵר
acusación (f)	ha'aʃama	הַאֲשָמָה (נ)
acusar (vt)	leha'aʃim	לְהַאֲשִים
venganza (f)	nekama	נְקָמָה (נ)
vengar (vt)	linkom	לִנקוֹם
pagar (vt)	lehaχzir	לְהַחזִיר
desprecio (m)	zilzul	זִלזוּל (ז)
despreciar (vt)	lezalzel be...	לְזַלזֵל בְּ...
odio (m)	sin'a	שִׂנאָה (נ)
odiar (vt)	lisno	לִשׂנוֹא
nervioso (adj)	atsbani	עַצבָּנִי
estar nervioso	lihyot atsbani	לִהיוֹת עַצבָּנִי
enfadado (adj)	kaʿus	כָּעוּס
enfadar (vt)	lehargiz	לְהַרגִיז
humillación (f)	haʃpala	הַשפָּלָה (נ)
humillar (vt)	lehaʃpil	לְהַשפִּיל
humillarse (vr)	lehaʃpil et atsmo	לְהַשפִּיל אֶת עַצמוֹ
choque (m)	'helem	הֶלֶם (ז)
chocar (vi)	lezaʿa'zeʿa	לְזַעֲזֵעַ
molestia (f) (problema)	tsara	צָרָה (נ)

desagradable (adj)	lo na'im	לא נָעִים
miedo (m)	'paχad	פַּחַד (ז)
terrible (tormenta, etc.)	nora	נוֹרָא
de miedo (historia ~)	mafχid	מַפחִיד
horror (m)	zva'a	זווָעָה (נ)
horrible (adj)	ayom	אָיוֹם
empezar a temblar	lehera'ed	לְהֵירָעֵד
llorar (vi)	livkot	לִבכּוֹת
comenzar a llorar	lehatχil livkot	לְהַתחִיל לִבכּוֹת
lágrima (f)	dim'a	דִמעָה (נ)
culpa (f)	aʃma	אַשמָה (נ)
remordimiento (m)	rigʃei aʃam	רִגשֵׁי אָשָׁם (ז"ר)
deshonra (f)	χerpa	חֶרפָּה (נ)
protesta (f)	meχa'a	מְחָאָה (נ)
estrés (m)	'laχats	לַחַץ (ז)
molestar (vt)	lehafri'a	לְהַפרִיעַ
estar furioso	liχ'os	לִכעוֹס
enfadado (adj)	zo'em	זוֹעֵם
terminar (vt)	lesayem	לְסַייֵם
regañar (vt)	lekalel	לְקַלֵל
asustarse (vr)	lehibahel	לְהִיבָּהֵל
golpear (vt)	lehakot	לְהַכּוֹת
pelear (vi)	lehitkotet	לְהִתקוֹטֵט
resolver (~ la discusión)	lehasdir	לְהַסדִיר
descontento (adj)	lo merutse	לא מְרוּצֶה
furioso (adj)	metoraf	מְטוֹרָף
¡No está bien!	ze lo tov!	זֶה לא טוֹב!
¡Está mal!	ze ra!	זֶה רַע!

La medicina

71. Las enfermedades

enfermedad (f)	maχala	מַחֲלָה (נ)
estar enfermo	lihyot χole	לִהיוֹת חוֹלֶה
salud (f)	bri'ut	בּרִיאוּת (נ)
resfriado (m) (coriza)	na'zelet	נַזֶלֶת (נ)
angina (f)	da'leket ʃkedim	דַלֶקֶת שקֵדִים (נ)
resfriado (m)	hitstanenut	הִצטַנְנוּת (נ)
resfriarse (vr)	lehitstanen	לְהִצטַנֵן
bronquitis (f)	bron'χitis	בּרוֹנכִיטִיס (ז)
pulmonía (f)	da'leket re'ot	דַלֶקֶת רֵיאוֹת (נ)
gripe (f)	ʃa'pa'at	שַפַעַת (נ)
miope (adj)	ktsar re'iya	קצַר רְאִייָה
présbita (adj)	reχok re'iya	רְחוֹק־רְאִייָה
estrabismo (m)	pzila	פזִילָה (נ)
estrábico (m) (adj)	pozel	פּוֹזֵל
catarata (f)	katarakt	קָטָרַקט (ז)
glaucoma (f)	gla'u'koma	גלָאוּקוֹמָה (נ)
insulto (m)	ʃavats moχi	שָבָץ מוֹחִי (ז)
ataque (m) cardiaco	hetkef lev	הֶתקֵף לֵב (ז)
infarto (m) de miocardio	'otem ʃrir halev	אוֹטֶם שרִיר הַלֵב (ז)
parálisis (f)	ʃituk	שִיתוּק (ז)
paralizar (vt)	leʃatek	לְשַתֵק
alergia (f)	a'lergya	אָלֶרגִיָה (נ)
asma (f)	'astma, ka'tseret	אַסתמָה, קַצֶרֶת (נ)
diabetes (m)	su'keret	סוּכֶּרֶת (נ)
dolor (m) de muelas	ke'ev ʃi'nayim	כְּאֵב שִינַיִים (ז)
caries (f)	a'ʃeʃet	עַשֶשֶת (נ)
diarrea (f)	ʃilʃul	שִלשוּל (ז)
estreñimiento (m)	atsirut	עֲצִירוּת (נ)
molestia (f) estomacal	kilkul keiva	קִלקוּל קֵיבָה (ז)
envenenamiento (m)	har'alat mazon	הַרעָלַת מָזוֹן (נ)
envenenarse (vr)	laχatof har'alat mazon	לַחֲטוֹף הַרעָלַת מָזוֹן
artritis (f)	da'leket mifrakim	דַלֶקֶת מִפרָקִים (נ)
raquitismo (m)	ra'keχet	רַכֶּכֶת (נ)
reumatismo (m)	ʃigaron	שִיגָרוֹן (ז)
ateroesclerosis (f)	ar'teryo skle'rosis	אַרטֶריוֹ־סקלֶרוֹסִיס (ז)
gastritis (f)	da'leket keiva	דַלֶקֶת קֵיבָה (נ)
apendicitis (f)	da'leket toseftan	דַלֶקֶת תוֹסֶפתָן (נ)

colecistitis (m)	da'leket kis hamara	דַלֶקֶת כִּיס הַמָרָה (נ)
úlcera (f)	'ulkus, kiv	אולקוס, כִּיב (ז)
sarampión (m)	χa'tsevet	חַצֶבֶת (נ)
rubeola (f)	a'demet	אַדֶמֶת (נ)
ictericia (f)	tsa'hevet	צַהֶבֶת (נ)
hepatitis (f)	da'leket kaved	דַלֶקֶת כָּבֵד (נ)
esquizofrenia (f)	sχizo'frenya	סכיזופרֶנִיָה (נ)
rabia (f) (hidrofobia)	ka'levet	כַּלֶבֶת (נ)
neurosis (f)	noi'roza	נוירוזָה (נ)
conmoción (m) cerebral	za'a'zu'a 'moaχ	זַעֲזוּעַ מוֹחַ (ז)
cáncer (m)	sartan	סַרטָן (ז)
esclerosis (f)	ta'reʃet	טָרֶשֶת (נ)
esclerosis (m) múltiple	ta'reʃet nefotsa	טָרֶשֶת נְפוֹצָה (נ)
alcoholismo (m)	alkoholizm	אַלכּוֹהוֹלִיזם (ז)
alcohólico (m)	alkoholist	אַלכּוֹהוֹלִיסט (ז)
sífilis (f)	a'gevet	עַגֶבֶת (נ)
SIDA (f)	eids	אֵיידס (ז)
tumor (m)	gidul	גִידוּל (ז)
maligno (adj)	mam'ir	מַמאִיר
benigno (adj)	ʃapir	שַפִּיר
fiebre (f)	ka'daχat	קַדַחַת (נ)
malaria (f)	ma'larya	מָלַריָה (נ)
gangrena (f)	gan'grena	גַנגרֶנָה (נ)
mareo (m)	maχalat yam	מַחֲלַת יָם (נ)
epilepsia (f)	maχalat hanefila	מַחֲלַת הַנְפִילָה (נ)
epidemia (f)	magefa	מַגֵיפָה (נ)
tifus (m)	'tifus	טִיפוּס (ז)
tuberculosis (f)	ʃa'χefet	שַחֶפֶת (נ)
cólera (f)	ko'lera	כּוֹלֶרָה (נ)
peste (f)	davar	דֶבֶר (ז)

72. Los síntomas. Los tratamientos. Unidad 1

síntoma (m)	simptom	סִימפּטוֹם (ז)
temperatura (f)	χom	חוֹם (ז)
fiebre (f)	χom ga'voha	חוֹם גָבוֹהַ (ז)
pulso (m)	'dofek	דוֹפֶק (ז)
mareo (m) (vértigo)	sχar'χoret	סחַרחוֹרֶת (נ)
caliente (adj)	χam	חַם
escalofrío (m)	tsmar'moret	צמַרמוֹרֶת (נ)
pálido (adj)	χiver	חִיווֵר
tos (f)	ʃi'ul	שִיעוּל (ז)
toser (vi)	lehiʃta'el	לְהִשתַעֵל
estornudar (vi)	lehit'ateʃ	לְהִתעַטֵש
desmayo (m)	ilafon	עִילָפוֹן (ז)

desmayarse (vr)	lehitʿalef	לְהִתעַלֵף
moradura (f)	χabura	חַבּוּרָה (נ)
chichón (m)	blita	בְּלִיטָה (נ)
golpearse (vr)	lekabel maka	לְקַבֵּל מַכָּה
magulladura (f)	maka	מַכָּה (נ)
magullarse (vr)	lekabel maka	לְקַבֵּל מַכָּה
cojear (vi)	lits'loʿa	לִצלוֹעַ
dislocación (f)	'neka	נֶקַע (ז)
dislocar (vt)	lin'koʿa	לִנקוֹעַ
fractura (f)	'ʃever	שֶבֶר (ז)
tener una fractura	liʃbor	לִשבּוֹר
corte (m) (tajo)	χataχ	חָתָך (ז)
cortarse (vr)	lehiχateχ	לְהֵיחָתֵך
hemorragia (f)	dimum	דִימוּם (ז)
quemadura (f)	kviya	כְּווִייָה (נ)
quemarse (vr)	laχatof kviya	לַחֲטוֹף כְּווִייָה
pincharse (el dedo)	lidkor	לִדקוֹר
pincharse (vr)	lehidaker	לְהִידָקֵר
herir (vt)	lif'tsoʿa	לִפצוֹעַ
herida (f)	ptsiʿa	פְּצִיעָה (נ)
lesión (f) (herida)	'petsa	פֶּצַע (ז)
trauma (m)	'traʾuma	טרָאוּמָה (נ)
delirar (vi)	lahazot	לַהֲזוֹת
tartamudear (vi)	legamgem	לְגַמגֵם
insolación (f)	makat 'ʃemeʃ	מַכַּת שֶמֶש (נ)

73. Los síntomas. Los tratamientos. Unidad 2

dolor (m)	keʾev	כְּאֵב (ז)
astilla (f)	kots	קוֹץ (ז)
sudor (m)	zeʿa	זֵיעָה (נ)
sudar (vi)	leha'ziʿa	לְהַזִיעַ
vómito (m)	hakaʾa	הֲקָאָה (נ)
convulsiones (f)	pirkusim	פִּירכּוּסִים (ז"ר)
embarazada (adj)	hara	הָרָה
nacer (vi)	lehivaled	לְהִיווָלֵד
parto (m)	leda	לֵידָה (נ)
dar a luz	la'ledet	לָלֶדֶת
aborto (m)	hapala	הַפָּלָה (נ)
respiración (f)	neʃima	נְשִימָה (נ)
inspiración (f)	ʃeʾifa	שְאִיפָה (נ)
espiración (f)	neʃifa	נְשִיפָה (נ)
espirar (vi)	linʃof	לִנשוֹף
inspirar (vi)	liʃʾof	לִשאוֹף
inválido (m)	naχe	נָכֶה (ז)
mutilado (m)	naχe	נָכֶה (ז)

drogadicto (m)	narkoman	נַרקוֹמָן (ז)
sordo (adj)	χereʃ	חֵירֵש
mudo (adj)	ilem	אִילֵם
sordomudo (adj)	χereʃ-ilem	חֵירֵש־אִילֵם
loco (adj)	meʃuga	מְשוּגָע
loco (m)	meʃuga	מְשוּגָע (ז)
loca (f)	meʃu'ga'at	מְשוּגַעַת (נ)
volverse loco	lehiʃta'geʿa	לְהִשתַגֵעַ
gen (m)	gen	גֶן (ז)
inmunidad (f)	χasinut	חֲסִינוּת (נ)
hereditario (adj)	toraʃti	תוֹרַשתִי
de nacimiento (adj)	mulad	מוּלָד
virus (m)	'virus	וִירוּס (ז)
microbio (m)	χaidak	חַיידַק (ז)
bacteria (f)	bak'terya	בַּקטֶריָה (נ)
infección (f)	zihum	זִיהוּם (ז)

74. Los síntomas. Los tratamientos. Unidad 3

hospital (m)	beit χolim	בֵּית חוֹלִים (ז)
paciente (m)	metupal	מְטוּפָל (ז)
diagnosis (f)	avχana	אַבחָנָה (נ)
cura (f)	ripui	רִיפּוּי (ז)
tratamiento (m)	tipul refu'i	טִיפּוּל רְפוּאִי (ז)
curarse (vr)	lekabel tipul	לְקַבֵּל טִיפּוּל
tratar (vt)	letapel be...	לְטַפֵּל בְּ...
cuidar (a un enfermo)	letapel be...	לְטַפֵּל בְּ...
cuidados (m pl)	tipul	טִיפּוּל (ז)
operación (f)	ni'tuaχ	נִיתוּחַ (ז)
vendar (vt)	laχboʃ	לַחבּוֹש
vendaje (m)	χaviʃa	חֲבִישָה (נ)
vacunación (f)	χisun	חִיסוּן (ז)
vacunar (vt)	leχasen	לְחַסֵן
inyección (f)	zrika	זרִיקָה (נ)
aplicar una inyección	lehazrik	לְהַזרִיק
ataque (m)	hetkef	הֶתקֵף (ז)
amputación (f)	ktiʿa	קטִיעָה (נ)
amputar (vt)	lik'toʿa	לִקטוֹעַ
coma (m)	tar'demet	תַרדֶמֶת (נ)
estar en coma	lihyot betar'demet	לִהיוֹת בְּתַרדֶמֶת
revitalización (f)	tipul nimrats	טִיפּוּל נִמרָץ (ז)
recuperarse (vr)	lehaχlim	לְהַחלִים
estado (m) (de salud)	matsav	מַצָב (ז)
consciencia (f)	hakara	הַכָּרָה (נ)
memoria (f)	zikaron	זִיכָּרוֹן (ז)
extraer (un diente)	laʿakor	לַעֲקוֹר

empaste (m)	stima	סתִימָה (נ)
empastar (vt)	la'asot stima	לַעֲשׂוֹת סתִימָה
hipnosis (f)	hip'noza	הִיפּנוֹזָה (נ)
hipnotizar (vt)	lehapnet	לְהַפּנֵט

75. Los médicos

médico (m)	rofe	רוֹפֵא (ז)
enfermera (f)	aχot	אָחוֹת (נ)
médico (m) personal	rofe iʃi	רוֹפֵא אִישִׁי (ז)
dentista (m)	rofe ʃi'nayim	רוֹפֵא שִׁינַיִים (ז)
oftalmólogo (m)	rofe ei'nayim	רוֹפֵא עֵינַיִים (ז)
internista (m)	rofe pnimi	רוֹפֵא פּנִימִי (ז)
cirujano (m)	kirurg	כִּירוּרג (ז)
psiquiatra (m)	psiχi''ater	פּסִיכִיאָטֶר (ז)
pediatra (m)	rofe yeladim	רוֹפֵא יְלָדִים (ז)
psicólogo (m)	psiχolog	פּסִיכוֹלוֹג (ז)
ginecólogo (m)	rofe naʃim	רוֹפֵא נָשִׁים (ז)
cardiólogo (m)	kardyolog	קַרדִיוֹלוֹג (ז)

76. La medicina. Las drogas. Los accesorios

medicamento (m), droga (f)	trufa	תרוּפָה (נ)
remedio (m)	trufa	תרוּפָה (נ)
prescribir (vt)	lirʃom	לִרשוֹם
receta (f)	mirʃam	מִרשָׁם (ז)
tableta (f)	kadur	כַּדוּר (ז)
ungüento (m)	miʃχa	מִשׁחָה (נ)
ampolla (f)	'ampula	אַמפּוּלָה (נ)
mixtura (f), mezcla (f)	ta'a'rovet	תַּעֲרוֹבֶת (נ)
sirope (m)	sirop	סִירוֹפּ (ז)
píldora (f)	gluya	גלוּיָה (נ)
polvo (m)	avka	אַבקָה (נ)
venda (f)	taχ'boʃet 'gaza	תַחבּוֹשֶׁת גָאזָה (נ)
algodón (m) (discos de ~)	'tsemer 'gefen	צֶמֶר גֶפֶן (ז)
yodo (m)	yod	יוֹד (ז)
tirita (f), curita (f)	'plaster	פּלַסטֶר (ז)
pipeta (f)	taf'tefet	טַפטֶפֶת (נ)
termómetro (m)	madχom	מַדחוֹם (ז)
jeringa (f)	mazrek	מַזרֵק (ז)
silla (f) de ruedas	kise galgalim	כִּיסֵא גַלגַלִים (ז)
muletas (f pl)	ka'bayim	קַבַּיִים (ז"ר)
anestésico (m)	meʃakeχ ke'evim	מְשַׁכֵּך כְּאֵבִים (ז)
purgante (m)	trufa meʃal'ʃelet	תרוּפָה מְשַׁלשֶׁלֶת (נ)

alcohol (m)	'kohal	כּוֹהַל (ז)
hierba (f) medicinal	isvei marpe	עִשׂבֵי מַרפֵא (ז"ר)
de hierbas (té ~)	ʃel asavim	שֶׁל עֲשָׂבִים

77. El fumar. Los productos del tabaco

tabaco (m)	'tabak	טַבָּק (ז)
cigarrillo (m)	si'garya	סִיגַרְיָה (נ)
cigarro (m)	sigar	סִיגָר (ז)
pipa (f)	mik'teret	מִקטֶרֶת (נ)
paquete (m)	χafisa	חֲפִיסָה (נ)
cerillas (f pl)	gafrurim	גַפרוּרִים (ז"ר)
caja (f) de cerillas	kufsat gafrurim	קוּפסַת גַפרוּרִים (נ)
encendedor (m)	maʦit	מַצִית (ז)
cenicero (m)	ma'afera	מַאֲפֵרָה (נ)
pitillera (f)	nartik lesi'garyot	נַרתִיק לְסִיגַריוֹת (ז)
boquilla (f)	piya	פִייָה (נ)
filtro (m)	'filter	פִילטֶר (ז)
fumar (vi, vt)	leʿaʃen	לְעַשֵן
encender un cigarrillo	lehadlik si'garya	לְהַדלִיק סִיגַריָה
tabaquismo (m)	iʃun	עִישוּן (ז)
fumador (m)	meʿaʃen	מְעַשֵן (ז)
colilla (f)	bdal si'garya	בּדַל סִיגַריָה (ז)
humo (m)	aʃan	עָשָן (ז)
ceniza (f)	'efer	אֵפֶר (ז)

EL AMBIENTE HUMANO

La ciudad

78. La ciudad. La vida en la ciudad

ciudad (f)	ir	עִיר (נ)
capital (f)	ir bira	עִיר בִּירָה (נ)
aldea (f)	kfar	כּפָר (ז)
plano (m) de la ciudad	mapat ha'ir	מַפַּת הָעִיר (נ)
centro (m) de la ciudad	merkaz ha'ir	מֶרכַּז הָעִיר (ז)
suburbio (m)	parvar	פַּרווָר (ז)
suburbano (adj)	parvari	פַּרווָרִי
arrabal (m)	parvar	פַּרווָר (ז)
afueras (f pl)	svivot	סבִיבוֹת (נ"ר)
barrio (m)	ʃχuna	שכוּנָה (נ)
zona (f) de viviendas	ʃχunat megurim	שכוּנַת מְגוּרִים (נ)
tráfico (m)	tnu'a	תנוּעָה (נ)
semáforo (m)	ramzor	רַמזוֹר (ז)
transporte (m) urbano	taχbura tsiburit	תַחבּוּרָה צִיבּוּרִית (נ)
cruce (m)	'tsomet	צוֹמֶת (ז)
paso (m) de peatones	ma'avar χatsaya	מַעֲבַר חֲצָיָה (ז)
paso (m) subterráneo	ma'avar tat karka'i	מַעֲבָר תַת־קַרקָעִי (ז)
cruzar (vt)	laχatsot	לַחֲצוֹת
peatón (m)	holeχ 'regel	הוֹלֵך רֶגֶל (ז)
acera (f)	midraχa	מִדרָכָה (נ)
puente (m)	'geʃer	גֶשֶר (ז)
muelle (m)	ta'yelet	טַייֶלֶת (נ)
fuente (f)	mizraka	מִזרָקָה (נ)
alameda (f)	sdera	שׂדֵרָה (נ)
parque (m)	park	פַּארק (ז)
bulevar (m)	sdera	שׂדֵרָה (נ)
plaza (f)	kikar	כִּיכָּר (נ)
avenida (f)	reχov raʃi	רְחוֹב רָאשִי (ז)
calle (f)	reχov	רְחוֹב (ז)
callejón (m)	simta	סִמטָה (נ)
callejón (m) sin salida	mavoi satum	מָבוֹי סָתוּם (ז)
casa (f)	'bayit	בַּיִת (ז)
edificio (m)	binyan	בִּניָין (ז)
rascacielos (m)	gored ʃχakim	גוֹרֵד שחָקִים (ז)
fachada (f)	χazit	חֲזִית (נ)
techo (m)	gag	גַג (ז)

ventana (f)	χalon	חַלּוֹן (ז)
arco (m)	'keʃet	קֶשֶׁת (נ)
columna (f)	amud	עַמּוּד (ז)
esquina (f)	pina	פִּינָה (נ)
escaparate (f)	χalon ra'ava	חַלּוֹן רַאֲוָוה (ז)
letrero (m) (~ luminoso)	'ʃelet	שֶׁלֶט (ז)
cartel (m)	kraza	כְּרָזָה (נ)
cartel (m) publicitario	'poster	פּוֹסְטֶר (ז)
valla (f) publicitaria	'luaχ pirsum	לוּחַ פִּרסוּם (ז)
basura (f)	'zevel	זֶבֶל (ז)
cajón (m) de basura	paχ aʃpa	פַּח אַשׁפָּה (ז)
tirar basura	lelaχleχ	לְלַכלֵך
basurero (m)	mizbala	מִזבָּלָה (נ)
cabina (f) telefónica	ta 'telefon	תָּא טֶלֶפוֹן (ז)
farola (f)	amud panas	עַמּוּד פָּנָס (ז)
banco (m) (del parque)	safsal	סַפסָל (ז)
policía (m)	ʃoter	שׁוֹטֵר (ז)
policía (f) (~ nacional)	miʃtara	מִשׁטָרָה (נ)
mendigo (m)	kabtsan	קַבְּצָן (ז)
persona (f) sin hogar	χasar 'bayit	חֲסַר בַּיִת (ז)

79. Las instituciones urbanas

tienda (f)	χanut	חֲנוּת (נ)
farmacia (f)	beit mir'kaχat	בֵּית מִרקַחַת (ז)
óptica (f)	χanut miʃka'fayim	חֲנוּת מִשׁקָפַיִים (נ)
centro (m) comercial	kanyon	קַניוֹן (ז)
supermercado (m)	super'market	סוּפֶּרמַרקֶט (ז)
panadería (f)	ma'afiya	מַאֲפִייָה (נ)
panadero (m)	ofe	אוֹפֶה (ז)
pastelería (f)	χanut mamtakim	חֲנוּת מַמתָקִים (נ)
tienda (f) de comestibles	ma'kolet	מַכּוֹלֶת (נ)
carnicería (f)	itliz	אִטלִיז (ז)
verdulería (f)	χanut perot viyerakot	חֲנוּת פֵּירוֹת וִירָקוֹת (נ)
mercado (m)	ʃuk	שׁוּק (ז)
cafetería (f)	beit kafe	בֵּית קָפֶה (ז)
restaurante (m)	mis'ada	מִסעָדָה (נ)
cervecería (f)	pab	פָּאבּ (ז)
pizzería (f)	pi'tseriya	פִּיצֶרִייָה (נ)
peluquería (f)	mispara	מִספָּרָה (נ)
oficina (f) de correos	'do'ar	דוֹאַר (ז)
tintorería (f)	nikui yaveʃ	נִיקוּי יָבֵשׁ (ז)
estudio (m) fotográfico	'studyo letsilum	סטוּדִיוֹ לְצִילוּם (ז)
zapatería (f)	χanut na'a'layim	חֲנוּת נַעֲלַיִים (נ)
librería (f)	χanut sfarim	חֲנוּת סְפָרִים (נ)

tienda (f) deportiva	χanut sport	חֲנוּת סְפּוֹרט (נ)
arreglos (m pl) de ropa	χanut tikun bgadim	חֲנוּת תִיקוּן בּגָדִים (נ)
alquiler (m) de ropa	χanut haskarat bgadim	חֲנוּת הַשׂכָּרַת בּגָדִים (נ)
videoclub (m)	χanut haʃalat sratim	חֲנוּת הַשאָלַת סרָטִים (נ)
circo (m)	kirkas	קִרקָס (ז)
zoo (m)	gan hayot	גַן חַיוֹת (ז)
cine (m)	kol'noʿa	קוֹלנוֹעַ (ז)
museo (m)	muzeʾon	מוּזֵיאוֹן (ז)
biblioteca (f)	sifriya	סִפרִייָה (נ)
teatro (m)	teʾatron	תֵיאַטרוֹן (ז)
ópera (f)	beit 'opera	בֵּית אוֹפֶּרָה (ז)
club (m) nocturno	moʿadon 'laila	מוֹעֲדוֹן לַילָה (ז)
casino (m)	ka'zino	קָזִינוֹ (ז)
mezquita (f)	misgad	מִסגָד (ז)
sinagoga (f)	beit 'kneset	בֵּית כְּנֶסֶת (ז)
catedral (f)	kated'rala	קָתֶדרָלָה (נ)
templo (m)	mikdaʃ	מִקדָש (ז)
iglesia (f)	knesiya	כְּנֵסִייָה (נ)
instituto (m)	miχlala	מִכלָלָה (נ)
universidad (f)	uni'versita	אוּנִיבֶרסִיטָה (נ)
escuela (f)	beit 'sefer	בֵּית סֵפֶר (ז)
prefectura (f)	maχoz	מָחוֹז (ז)
alcaldía (f)	iriya	עִירִייָה (נ)
hotel (m)	beit malon	בֵּית מָלוֹן (ז)
banco (m)	bank	בַּנק (ז)
embajada (f)	ʃagrirut	שַגרִירוּת (נ)
agencia (f) de viajes	soχnut nesiʿot	סוֹכנוּת נְסִיעוֹת (נ)
oficina (f) de información	modiʿin	מוֹדִיעִין (ז)
oficina (f) de cambio	misrad hamarat mat'beʿa	מִשׂרַד הֲמָרַת מַטבֵּעַ (ז)
metro (m)	ra'kevet taχtit	רַכֶּבֶת תַחתִית (נ)
hospital (m)	beit χolim	בֵּית חוֹלִים (ז)
gasolinera (f)	taχanat 'delek	תַחֲנַת דֶלֶק (נ)
aparcamiento (m)	migraʃ χanaya	מִגרַש חֲנָיָה (ז)

80. Los avisos

letrero (m) (~ luminoso)	'ʃelet	שֶלֶט (ז)
cartel (m) (texto escrito)	modaʿa	מוֹדָעָה (נ)
pancarta (f)	'poster	פּוֹסטֶר (ז)
signo (m) de dirección	tamrur	תַמרוּר (ז)
flecha (f) (signo)	χets	חֵץ (ז)
advertencia (f)	azhara	אַזהָרָה (נ)
aviso (m)	'ʃelet azhara	שֶלֶט אַזהָרָה (ז)
advertir (vt)	lehazhir	לְהַזהִיר
día (m) de descanso	yom 'χofeʃ	יוֹם חוֹפֶש (ז)

horario (m)	'luaχ zmanim	לוּחַ זמַנִים (ז)
horario (m) de apertura	ʃaʿot avoda	שָעוֹת עֲבוֹדָה (נ"ר)
¡BIENVENIDOS!	bruχim haba'im!	בּרוּכִים הַבָּאִים!
ENTRADA	knisa	כּנִיסָה
SALIDA	yetsi'a	יְצִיאָה
EMPUJAR	dχof	דחוֹף
TIRAR	mʃoχ	משוֹך
ABIERTO	pa'tuaχ	פָּתוּחַ
CERRADO	sagur	סָגוּר
MUJERES	lenaʃim	לְנָשִים
HOMBRES	legvarim	לְגבָרִים
REBAJAS	hanaχot	הֲנָחוֹת
SALDOS	mivtsa	מִבצָע
NOVEDAD	χadaʃ!	חָדָש!
GRATIS	χinam	חִינָם
¡ATENCIÓN!	sim lev!	שִׂים לֵב!
COMPLETO	ein makom panui	אֵין מָקוֹם פָּנוּי
RESERVADO	ʃamur	שָמוּר
ADMINISTRACIÓN	hanhala	הַנהָלָה
SÓLO PERSONAL AUTORIZADO	leʿovdim bilvad	לְעוֹבדִים בִּלבַד
CUIDADO CON EL PERRO	zehirut 'kelev noʃeχ!	זְהִירוּת, כֶּלֶב נוֹשֵך!
PROHIBIDO FUMAR	asur leʿaʃen!	אָסוּר לְעַשֵן!
NO TOCAR	lo lagaat!	לֹא לָגַעַת!
PELIGROSO	mesukan	מְסוּכָּן
PELIGRO	sakana	סַכָּנָה
ALTA TENSIÓN	'metaχ ga'voha	מֶתַח גָבוֹהַ
PROHIBIDO BAÑARSE	haraχatsa asura!	הָרַחֲצָה אֲסוּרָה!
NO FUNCIONA	lo oved	לֹא עוֹבֵד
INFLAMABLE	dalik	דָלִיק
PROHIBIDO	asur	אָסוּר
PROHIBIDO EL PASO	asur laʿavor	אָסוּר לַעֲבוֹר
RECIÉN PINTADO	'tseva laχ	צֶבַע לַח

81. El transporte urbano

autobús (m)	'otobus	אוֹטוֹבּוּס (ז)
tranvía (m)	ra'kevet kala	רַכֶּבֶת קַלָה (נ)
trolebús (m)	tro'leibus	טרוֹלֵיבּוּס (ז)
itinerario (m)	maslul	מַסלוּל (ז)
número (m)	mispar	מִספָּר (ז)
ir en ...	lin'soʿa be...	לִנסוֹעַ בְּ...
tomar (~ el autobús)	laʿalot	לַעֲלוֹת
bajar (~ del tren)	la'redet mi...	לָרֶדֶת מִ...

parada (f)	taχana	תַּחֲנָה (נ)
próxima parada (f)	hataχana haba'a	הַתַּחֲנָה הַבָּאָה (נ)
parada (f) final	hataχana ha'aχrona	הַתַּחֲנָה הָאַחֲרוֹנָה (נ)
horario (m)	'luaχ zmanim	לוּחַ זְמַנִּים (ז)
esperar (aguardar)	lehamtin	לְהַמְתִּין
billete (m)	kartis	כַּרְטִיס (ז)
precio (m) del billete	meχir hanesiya	מְחִיר הַנְּסִיעָה (ז)
cajero (m)	kupai	קוּפַּאי (ז)
control (m) de billetes	bi'koret kartisim	בִּיקוֹרֶת כַּרְטִיסִים (נ)
cobrador (m)	mevaker	מְבַקֵּר (ז)
llegar tarde (vi)	le'aχer	לְאַחֵר
perder (~ el tren)	lefasfes	לְפַסְפֵס
tener prisa	lemaher	לְמַהֵר
taxi (m)	monit	מוֹנִית (נ)
taxista (m)	nahag monit	נֶהָג מוֹנִית (ז)
en taxi	bemonit	בְּמוֹנִית
parada (f) de taxi	taχanat moniyot	תַּחֲנַת מוֹנִיּוֹת (נ)
llamar un taxi	lehazmin monit	לְהַזְמִין מוֹנִית
tomar un taxi	la'kaχat monit	לָקַחַת מוֹנִית
tráfico (m)	tnu'a	תְּנוּעָה (נ)
atasco (m)	pkak	פְּקָק (ז)
horas (f pl) de punta	ʃa'ot 'omes	שְׁעוֹת עוֹמֶס (נ"ר)
aparcar (vi)	laχanot	לַחֲנוֹת
aparcar (vt)	lehaχnot	לְהַחֲנוֹת
aparcamiento (m)	χanaya	חֲנָיָה (נ)
metro (m)	ra'kevet taχtit	רַכֶּבֶת תַּחְתִּית (נ)
estación (f)	taχana	תַּחֲנָה (נ)
ir en el metro	lin'so'a betaχtit	לִנְסוֹעַ בְּתַחְתִּית
tren (m)	ra'kevet	רַכֶּבֶת (נ)
estación (f)	taχanat ra'kevet	תַּחֲנַת רַכֶּבֶת (נ)

82. La exploración del paisaje

monumento (m)	an'darta	אַנְדַּרְטָה (נ)
fortaleza (f)	mivtsar	מִבְצָר (ז)
palacio (m)	armon	אַרְמוֹן (ז)
castillo (m)	tira	טִירָה (נ)
torre (f)	migdal	מִגְדָּל (ז)
mausoleo (m)	ma'uzo'le'um	מָאוּזוֹלֵיאוּם (ז)
arquitectura (f)	adriχalut	אַדְרִיכָלוּת (נ)
medieval (adj)	benaimi	בֵּינַיימִי
antiguo (adj)	atik	עַתִּיק
nacional (adj)	le'umi	לְאוּמִי
conocido (adj)	mefursam	מְפוּרְסָם
turista (m)	tayar	תַּיָּר (ז)
guía (m) (persona)	madriχ tiyulim	מַדְרִיךְ טִיּוּלִים (ז)

excursión (f)	tiyul	טִיוּל (ז)
mostrar (vt)	lehar'ot	לְהַראוֹת
contar (una historia)	lesaper	לְסַפֵּר
encontrar (hallar)	limtso	לִמצוֹא
perderse (vr)	la'leχet le'ibud	לָלֶכֶת לְאִיבּוּד
plano (m) (~ de metro)	mapa	מַפָּה (נ)
mapa (m) (~ de la ciudad)	tarʃim	תַרשִׁים (ז)
recuerdo (m)	maz'keret	מַזכֶּרֶת (נ)
tienda (f) de regalos	χanut matanot	חֲנוּת מַתָנוֹת (נ)
hacer fotos	letsalem	לְצַלֵם
fotografiarse (vr)	lehitstalem	לְהִצטַלֵם

83. Las compras

comprar (vt)	liknot	לִקנוֹת
compra (f)	kniya	קְנִייָה (נ)
hacer compras	la'leχet lekniyot	לָלֶכֶת לְקנִיוֹת
compras (f pl)	ariχat kniyot	עֲרִיכַת קנִיוֹת (נ)
estar abierto (tienda)	pa'tuaχ	פָּתוּחַ
estar cerrado	sagur	סָגוּר
calzado (m)	na'a'layim	נַעֲלַיִים (נ"ר)
ropa (f), vestido (m)	bgadim	בּגָדִים (ז"ר)
cosméticos (m pl)	tamrukim	תַמרוּקִים (ז"ר)
productos alimenticios	mutsrei mazon	מוּצרֵי מָזוֹן (ז"ר)
regalo (m)	matana	מַתָנָה (נ)
vendedor (m)	moχer	מוֹכֵר (ז)
vendedora (f)	mo'χeret	מוֹכֶרֶת (נ)
caja (f)	kupa	קוּפָּה (נ)
espejo (m)	mar'a	מַראָה (נ)
mostrador (m)	duχan	דוּכָן (ז)
probador (m)	'χeder halbaʃa	חֶדֶר הַלבָּשָׁה (ז)
probar (un vestido)	limdod	לִמדוֹד
quedar (una ropa, etc.)	lehat'im	לְהַתאִים
gustar (vi)	limtso χen be'ei'nayim	לִמצוֹא חֵן בְּעֵינַיִים
precio (m)	meχir	מְחִיר (ז)
etiqueta (f) de precio	tag meχir	תַג מְחִיר (ז)
costar (vt)	la'alot	לַעֲלוֹת
¿Cuánto?	'kama?	כַּמָה?
descuento (m)	hanaχa	הֲנָחָה (נ)
no costoso (adj)	lo yakar	לֹא יָקָר
barato (adj)	zol	זוֹל
caro (adj)	yakar	יָקָר
Es caro	ze yakar	זֶה יָקָר
alquiler (m)	haskara	הַשׂכָּרָה (נ)
alquilar (vt)	liskor	לִשׂכּוֹר

crédito (m)	aʃrai	אַשרַאי (ז)
a crédito (adv)	beʾaʃrai	בְּאַשרַאי

84. El dinero

dinero (m)	'kesef	כֶּסֶף (ז)
cambio (m)	hamara	הֲמָרָה (נ)
curso (m)	'ʃaʿar χalifin	שַעַר חֲלִיפִין (ז)
cajero (m) automático	kaspomat	כַּספּוֹמָט (ז)
moneda (f)	mat'beʿa	מַטבֵּעַ (ז)
dólar (m)	'dolar	דוֹלָר (ז)
euro (m)	'eiro	אֵירוֹ (ז)
lira (f)	'lira	לִירָה (נ)
marco (m) alemán	mark germani	מַרק גֶרמָנִי (ז)
franco (m)	frank	פרַנק (ז)
libra esterlina (f)	'lira 'sterling	לִירָה שטֶרלִינג (נ)
yen (m)	yen	יֶן (ז)
deuda (f)	χov	חוֹב (ז)
deudor (m)	'baʿal χov	בַּעַל חוֹב (ז)
prestar (vt)	lehalvot	לְהַלווֹת
tomar prestado	lilvot	לִלווֹת
banco (m)	bank	בַּנק (ז)
cuenta (f)	χeʃbon	חֶשבּוֹן (ז)
ingresar (~ en la cuenta)	lehafkid	לְהַפקִיד
ingresar en la cuenta	lehafkid leχeʃbon	לְהַפקִיד לְחֶשבּוֹן
sacar de la cuenta	limʃoχ meχeʃbon	לִמשוֹך מֵחֶשבּוֹן
tarjeta (f) de crédito	kartis aʃrai	כַּרטִיס אַשרַאי (ז)
dinero (m) en efectivo	mezuman	מְזוּמָן
cheque (m)	ʧek	צֶ'ק (ז)
sacar un cheque	liχtov ʧek	לִכתוֹב צֶ'ק
talonario (m)	pinkas 'ʧekim	פִּנקַס צֶ'קִים (ז)
cartera (f)	arnak	אַרנָק (ז)
monedero (m)	arnak lematbeʿʿot	אַרנָק לְמַטבְּעוֹת (ז)
caja (f) fuerte	ka'sefet	כַּסֶפֶת (נ)
heredero (m)	yoreʃ	יוֹרֵש (ז)
herencia (f)	yeruʃa	יְרוּשָה (נ)
fortuna (f)	'oʃer	עוֹשֶר (ז)
arriendo (m)	χoze sχirut	חוֹזֶה שׂכִירוּת (ז)
alquiler (m) (dinero)	sχar dira	שׂכַר דִירָה (ז)
alquilar (~ una casa)	liskor	לִשׂכּוֹר
precio (m)	meχir	מְחִיר (ז)
coste (m)	alut	עָלוּת (נ)
suma (f)	sχum	סכוּם (ז)
gastar (vt)	lehoʦi	לְהוֹצִיא
gastos (m pl)	hoʦaʾot	הוֹצָאוֹת (נ"ר)

economizar (vi, vt)	laχasoχ	לַחֲסוֹך
económico (adj)	χesχoni	חֶסכוֹנִי
pagar (vi, vt)	leʃalem	לְשַלֵם
pago (m)	taʃlum	תַשלוּם (ז)
cambio (m) (devolver el ~)	'odef	עוֹדֶף (ז)
impuesto (m)	mas	מַס (ז)
multa (f)	knas	קנָס (ז)
multar (vt)	liknos	לִקנוֹס

85. La oficina de correos

oficina (f) de correos	'do'ar	דוֹאַר (ז)
correo (m) (cartas, etc.)	'do'ar	דוֹאַר (ז)
cartero (m)	davar	דַוָור (ז)
horario (m) de apertura	ʃa'ot avoda	שָעוֹת עֲבוֹדָה (נ"ר)
carta (f)	miχtav	מִכתָב (ז)
carta (f) certificada	miχtav raʃum	מִכתָב רָשוּם (ז)
tarjeta (f) postal	gluya	גלוּיָה (נ)
telegrama (m)	mivrak	מִברָק (ז)
paquete (m) postal	χavila	חֲבִילָה (נ)
giro (m) postal	ha'avarat ksafim	הַעֲבָרַת כּסָפִים (נ)
recibir (vt)	lekabel	לְקַבֵּל
enviar (vt)	liʃloaχ	לִשלוֹחַ
envío (m)	ʃliχa	שלִיחָה (ז)
dirección (f)	'ktovet	כּתוֹבֶת (נ)
código (m) postal	mikud	מִיקוּד (ז)
expedidor (m)	ʃo'leaχ	שוֹלֵחַ (ז)
destinatario (m)	nim'an	נִמעָן (ז)
nombre (m)	ʃem prati	שֵם פּרָטִי (ז)
apellido (m)	ʃem miʃpaχa	שֵם מִשפָּחָה (ז)
tarifa (f)	ta'arif	תַעֲרִיף (ז)
ordinario (adj)	ragil	רָגִיל
económico (adj)	χesχoni	חֶסכוֹנִי
peso (m)	miʃkal	מִשקָל (ז)
pesar (~ una carta)	liʃkol	לִשקוֹל
sobre (m)	ma'atafa	מַעֲטָפָה (נ)
sello (m)	bul 'do'ar	בּוּל דוֹאַר (ז)
poner un sello	lehadbik bul	לְהַדבִּיק בּוּל

La vivienda. La casa. El hogar

86. La casa. La vivienda

casa (f)	'bayit	בַּיִת (ז)
en casa (adv)	ba'bayit	בַּבַּיִת
patio (m)	χatser	חָצֵר (נ)
verja (f)	gader	גָדֵר (נ)
ladrillo (m)	levena	לְבֵנָה (נ)
de ladrillo (adj)	milevenim	מִלְבֵנִים
piedra (f)	'even	אֶבֶן (נ)
de piedra (adj)	me"even	מֵאֶבֶן
hormigón (m)	beton	בֶּטוֹן (ז)
de hormigón (adj)	mibeton	מִבֶּטוֹן
nuevo (adj)	χadaʃ	חָדָשׁ
viejo (adj)	yaʃan	יָשָׁן
deteriorado (adj)	balui	בָּלוּי
moderno (adj)	mo'derni	מוֹדֶרנִי
de muchos pisos	rav komot	רַב־קוֹמוֹת
alto (adj)	ga'voha	גָבוֹהַ
piso (m)	'koma	קוֹמָה (נ)
de un solo piso	χad komati	חַד־קוֹמָתִי
piso (m) bajo	komat 'karka	קוֹמַת קַרקַע (נ)
piso (m) alto	hakoma haʿelyona	הַקוֹמָה הָעֶליוֹנָה (נ)
techo (m)	gag	גַג (ז)
chimenea (f)	aruba	אֲרוּבָּה (נ)
tejas (f pl)	'raʿaf	רַעַף (ז)
de tejas (adj)	mereʿafim	מֵרְעָפִים
desván (m)	aliyat gag	עֲלִיַית גַג (נ)
ventana (f)	χalon	חַלוֹן (ז)
vidrio (m)	zχuχit	זכוּכִית (נ)
alféizar (m)	'eden χalon	אֶדֶן חַלוֹן (ז)
contraventanas (f pl)	trisim	תְרִיסִים (ז"ר)
pared (f)	kir	קִיר (ז)
balcón (m)	mir'peset	מִרפֶּסֶת (נ)
gotera (f)	marzev	מַרזֵב (ז)
arriba (estar ~)	le'mala	לְמַעלָה
subir (vi)	laʿalot bemadregot	לַעֲלוֹת בְּמַדרֵגוֹת
descender (vi)	la'redet bemadregot	לָרֶדֶת בְּמַדרֵגוֹת
mudarse (vr)	laʿavor	לַעֲבוֹר

87. La casa. La entrada. El ascensor

entrada (f)	knisa	כְּנִיסָה (נ)
escalera (f)	madregot	מַדרֵגוֹת (נ"ר)
escalones (m)	madregot	מַדרֵגוֹת (נ"ר)
baranda (f)	ma'ake	מַעֲקֶה (ז)
vestíbulo (m)	'lobi	לוֹבִּי (ז)
buzón (m)	teivat 'do'ar	תֵיבַת דוֹאַר (נ)
contenedor (m) de basura	paχ 'zevel	פַּח זֶבֶל (ז)
bajante (f) de basura	merik aʃpa	מֵרִיק אַשפָּה (ז)
ascensor (m)	ma'alit	מַעֲלִית (נ)
ascensor (m) de carga	ma'alit masa	מַעֲלִית מַשָׂא (נ)
cabina (f)	ta ma'alit	תָא מַעֲלִית (ז)
ir en el ascensor	lin'so'a bema'alit	לִנסוֹעַ בְּמַעֲלִית
apartamento (m)	dira	דִירָה (נ)
inquilinos (m)	dayarim	דַיָירִים (ז"ר)
vecino (m)	ʃaχen	שָכֵן (ז)
vecina (f)	ʃχena	שכֵנָה (נ)
vecinos (m pl)	ʃχenim	שכֵנִים (ז"ר)

88. La casa. La electricidad

electricidad (f)	χaʃmal	חַשמַל (ז)
bombilla (f)	nura	נוּרָה (נ)
interruptor (m)	'meteg	מֶתֶג (ז)
fusible (m)	natiχ	נָתִיך (ז)
hilo (m) (~ eléctrico)	χut	חוּט (ז)
instalación (f) eléctrica	χivut	חִיווּט (ז)
contador (m) de luz	mone χaʃmal	מוֹנֵה חַשמַל (ז)
lectura (f) (~ del contador)	kri'a	קְרִיאָה (נ)

89. La casa. Las puertas. Los candados

puerta (f)	'delet	דֶלֶת (נ)
portón (m)	'ʃa'ar	שַעַר (ז)
tirador (m)	yadit	יָדִית (נ)
abrir el cerrojo	lif'toaχ	לִפתוֹחַ
abrir (vt)	lif'toaχ	לִפתוֹחַ
cerrar (vt)	lisgor	לִסגוֹר
llave (f)	maf'teaχ	מַפתֵחַ (ז)
manojo (m) de llaves	tsror mafteχot	צרוֹר מַפתְחוֹת (ז)
crujir (vi)	laχarok	לַחֲרוֹק
crujido (m)	χarika	חֲרִיקָה (נ)
gozne (m)	tsir	צִיר (ז)
felpudo (m)	ʃtiχon	שטִיחוֹן (ז)
cerradura (f)	man'ul	מַנעוּל (ז)

ojo (m) de cerradura	χor haman'ul	חוֹר הַמַּנְעוּל (ז)
cerrojo (m)	'briaχ	בְּרִיחַ (ז)
pestillo (m)	'briaχ	בְּרִיחַ (ז)
candado (m)	man'ul	מַנְעוּל (ז)

tocar el timbre	letsaltsel	לְצַלְצֵל
campanillazo (f)	tsiltsul	צִלְצוּל (ז)
timbre (m)	pa'amon	פַּעֲמוֹן (ז)
botón (m)	kaftor	כַּפְתּוֹר (ז)
llamada (f)	hakaʃa	הַקָּשָׁה (נ)
llamar (vi)	lehakiʃ	לְהַקִּישׁ

código (m)	kod	קוֹד (ז)
cerradura (f) de contraseña	man'ul kod	מַנְעוּל קוֹד (ז)
telefonillo (m)	'interkom	אִינְטֶרְקוֹם (ז)
número (m)	mispar	מִסְפָּר (ז)
placa (f) de puerta	luχit	לוּחִית (נ)
mirilla (f)	einit	עֵינִית (נ)

90. La casa de campo

aldea (f)	kfar	כְּפָר (ז)
huerta (f)	gan yarak	גַּן יָרָק (ז)
empalizada (f)	gader	גָּדֵר (נ)
valla (f)	gader yetedot	גָּדֵר יְתֵדוֹת (נ)
puertecilla (f)	piʃpaʃ	פִּשְׁפָּשׁ (ז)

granero (m)	asam	אָסָם (ז)
sótano (m)	martef	מַרְתֵּף (ז)
cobertizo (m)	maχsan	מַחְסָן (ז)
pozo (m)	be'er	בְּאֵר (נ)

estufa (f)	aχ	אָח (נ)
calentar la estufa	lehasik et ha'aχ	לְהַסִּיק אֶת הָאָח
leña (f)	atsei hasaka	עֲצֵי הַסָּקָה (ז"ר)
leño (m)	bul ets	בּוּל עֵץ (ז)

veranda (f)	mir'peset mekora	מִרְפֶּסֶת מְקוֹרָה (נ)
terraza (f)	mir'peset	מִרְפֶּסֶת (נ)
porche (m)	madregot ba'petaχ 'bayit	מַדְרֵגוֹת בְּפֶתַח בַּיִת (נ"ר)
columpio (m)	nadneda	נַדְנֵדָה (נ)

91. La villa. La mansión

casa (f) de campo	'bayit bakfar	בַּיִת בַּכְּפָר (ז)
villa (f)	'vila	וִילָה (נ)
ala (f)	agaf	אֲגַף (ז)

jardín (m)	gan	גַּן (ז)
parque (m)	park	פָּארְק (ז)
invernadero (m) tropical	χamama	חֲמָמָה (נ)
cuidar (~ el jardín, etc.)	legadel	לְגַדֵּל

piscina (f)	breχat sχiya	בְּרֵיכַת שׂחִייָה (נ)
gimnasio (m)	'χeder 'koʃer	חֶדֶר כּוֹשֶׁר (ז)
cancha (f) de tenis	migraʃ 'tenis	מִגרַשׁ טֶנִיס (ז)
sala (f) de cine	'χeder hakrana beiti	חֶדֶר הַקרָנָה בֵּיתִי (ז)
garaje (m)	musaχ	מוּסָך (ז)
propiedad (f) privada	reχuʃ prati	רְכוּשׁ פּרָטִי (ז)
terreno (m) privado	'ʃetaχ prati	שֶׁטַח פּרָטִי (ז)
advertencia (f)	azhara	אַזהָרָה (נ)
letrero (m) de aviso	'ʃelet azhara	שֶׁלֶט אַזהָרָה (ז)
seguridad (f)	avtaχa	אַבטָחָה (נ)
guardia (m) de seguridad	ʃomer	שׁוֹמֵר (ז)
alarma (f) antirrobo	ma'a'reχet az'aka	מַעֲרֶכֶת אַזעָקָה (נ)

92. El castillo. El palacio

castillo (m)	tira	טִירָה (נ)
palacio (m)	armon	אַרמוֹן (ז)
fortaleza (f)	mivtsar	מִבצָר (ז)
muralla (f)	χoma	חוֹמָה (נ)
torre (f)	migdal	מִגדָל (ז)
torre (f) principal	migdal merkazi	מִגדָל מֶרכָּזִי (ז)
rastrillo (m)	'ʃa'ar anaχi	שַׁעַר אֲנָכִי (ז)
pasaje (m) subterráneo	ma'avar tat karka'i	מַעֲבָר תַת־קַרקָעִי (ז)
foso (m) del castillo	χafir	חֲפִיר (ז)
cadena (f)	ʃal'ʃelet	שַׁלשֶׁלֶת (נ)
aspillera (f)	eʃnav 'yeri	אֶשנַב יֶרִי (ז)
magnífico (adj)	mefo'ar	מְפוֹאָר
majestuoso (adj)	malχuti	מַלכוּתִי
inexpugnable (adj)	'bilti χadir	בִּלתִי חָדִיר
medieval (adj)	benaimi	בֵּינַיימִי

93. El apartamento

apartamento (m)	dira	דִירָה (נ)
habitación (f)	'χeder	חֶדֶר (ז)
dormitorio (m)	χadar ʃena	חֲדַר שֵׁינָה (ז)
comedor (m)	pinat 'oχel	פִּינַת אוֹכֶל (נ)
salón (m)	salon	סָלוֹן (ז)
despacho (m)	χadar avoda	חֲדַר עֲבוֹדָה (ז)
antecámara (f)	prozdor	פרוֹזדוֹר (ז)
cuarto (m) de baño	χadar am'batya	חֲדַר אַמבַּטיָה (ז)
servicio (m)	ʃerutim	שֵׁירוּתִים (ז"ר)
techo (m)	tikra	תִקרָה (נ)
suelo (m)	ritspa	רִצפָּה (נ)
rincón (m)	pina	פִּינָה (נ)

94. El apartamento. La limpieza

hacer la limpieza	lenakot	לְנַקוֹת
quitar (retirar)	lefanot	לְפַנוֹת
polvo (m)	avak	אָבָק (ז)
polvoriento (adj)	me'ubak	מְאוּבָּק
limpiar el polvo	lenakot avak	לְנַקוֹת אָבָק
aspirador (m)	ʃo'ev avak	שׁוֹאֵב אָבָק (ז)
limpiar con la aspiradora	liʃ'ov avak	לִשאוֹב אָבָק
barrer (vi, vt)	letate	לְטַאטֵא
barreduras (f pl)	'psolet ti'tu	פּסוֹלֶת טִאטוּא (נ)
orden (m)	'seder	סֵדֶר (ז)
desorden (m)	i 'seder	אִי סֵדֶר (ז)
fregona (f)	magev im smartut	מַגֵב עִם סמַרטוּט (ז)
trapo (m)	smartut avak	סמַרטוּט אָבָק (ז)
escoba (f)	mat'ate katan	מַטאֲטֵא קָטָן (ז)
cogedor (m)	ya'e	יָעֶה (ז)

95. Los muebles. El interior

muebles (m pl)	rehitim	רָהִיטִים (ז"ר)
mesa (f)	ʃulχan	שׁוּלחָן (ז)
silla (f)	kise	כִּסֵא (ז)
cama (f)	mita	מִיטָה (נ)
sofá (m)	sapa	סַפָּה (נ)
sillón (m)	kursa	כּוּרסָה (נ)
librería (f)	aron sfarim	אֲרוֹן סְפָרִים (ז)
estante (m)	madaf	מַדָף (ז)
armario (m)	aron bgadim	אֲרוֹן בּגָדִים (ז)
percha (f)	mitle	מִתלֶה (ז)
perchero (m) de pie	mitle	מִתלֶה (ז)
cómoda (f)	ʃida	שִׁידָה (נ)
mesa (f) de café	ʃulχan itonim	שׁוּלחַן עִיתוֹנִים (ז)
espejo (m)	mar'a	מַראָה (נ)
tapiz (m)	ʃa'tiaχ	שָׁטִיחַ (ז)
alfombra (f)	ʃa'tiaχ	שָׁטִיחַ (ז)
chimenea (f)	aχ	אָח (נ)
candela (f)	ner	נֵר (ז)
candelero (m)	pamot	פָּמוֹט (ז)
cortinas (f pl)	vilonot	וִילוֹנוֹת (ז"ר)
empapelado (m)	tapet	טַפֶּט (ז)
estor (m) de láminas	trisim	תרִיסִים (ז"ר)
lámpara (f) de mesa	menorat ʃulχan	מְנוֹרַת שׁוּלחָן (נ)
candil (m)	menorat kir	מְנוֹרַת קִיר (נ)

lámpara (f) de pie	menora o'medet	מְנוֹרָה עוֹמֶדֶת (נ)
lámpara (f) de araña	niv'reʃet	נִברֶשֶׁת (נ)
pata (f) (~ de la mesa)	'regel	רֶגֶל (נ)
brazo (m)	miʃʿenet yad	מִשעֶנֶת יָד (נ)
espaldar (m)	miʃʿenet	מִשעֶנֶת (נ)
cajón (m)	megera	מְגֵירָה (נ)

96. Los accesorios de cama

ropa (f) de cama	matsaʿim	מַצָעִים (ז"ר)
almohada (f)	karit	כָּרִית (נ)
funda (f)	tsipit	צִיפִּית (נ)
manta (f)	smiχa	שׂמִיכָה (נ)
sábana (f)	sadin	סָדִין (ז)
sobrecama (f)	kisui mita	כִּיסוּי מִיטָה (ז)

97. La cocina

cocina (f)	mitbaχ	מִטבָּח (ז)
gas (m)	gaz	גָז (ז)
cocina (f) de gas	tanur gaz	תַנוּר גָז (ז)
cocina (f) eléctrica	tanur χaʃmali	תַנוּר חַשמַלִי (ז)
horno (m)	tanur afiya	תַנוּר אֲפִייָה (ז)
horno (m) microondas	mikrogal	מִיקרוֹגַל (ז)
frigorífico (m)	mekarer	מְקָרֵר (ז)
congelador (m)	makpi	מַקפִּיא (ז)
lavavajillas (m)	me'diaχ kelim	מֵדִיחַ כֵּלִים (ז)
picadora (f) de carne	matχenat basar	מַטחֵנַת בָּשָׂר (נ)
exprimidor (m)	masχeta	מַסחֵטָה (נ)
tostador (m)	'toster	טוֹסטֶר (ז)
batidora (f)	'mikser	מִיקסֶר (ז)
cafetera (f) (aparato de cocina)	meχonat kafe	מְכוֹנַת קָפֶה (נ)
cafetera (f) (para servir)	findʒan	פִינגָ'אן (ז)
molinillo (m) de café	matχenat kafe	מַטחֵנַת קָפֶה (נ)
hervidor (m) de agua	kumkum	קוּמקוּם (ז)
tetera (f)	kumkum	קוּמקוּם (ז)
tapa (f)	miχse	מִכסֶה (ז)
colador (m) de té	mis'nenet te	מְסַנֶנֶת תֵה (נ)
cuchara (f)	kaf	כַּף (נ)
cucharilla (f)	kapit	כַּפִּית (נ)
cuchara (f) de sopa	kaf	כַּף (נ)
tenedor (m)	mazleg	מַזלֵג (ז)
cuchillo (m)	sakin	סַכִּין (ז, נ)
vajilla (f)	kelim	כֵּלִים (ז"ר)
plato (m)	tsa'laχat	צַלַחַת (נ)

platillo (m)	taχtit	תַחתִית (נ)
vaso (m) de chupito	kosit	כּוֹסִית (נ)
vaso (m) (~ de agua)	kos	כּוֹס (נ)
taza (f)	'sefel	סֵפֶל (ז)
azucarera (f)	mis'keret	מִסכֶּרֶת (נ)
salero (m)	milχiya	מִלחִייָה (נ)
pimentero (m)	pilpeliya	פִּלפְּלִייָה (נ)
mantequera (f)	maχame'a	מַחֲמֵאָה (ז)
cacerola (f)	sir	סִיר (ז)
sartén (f)	maχvat	מַחבַת (נ)
cucharón (m)	tarvad	תַרווָד (ז)
colador (m)	mis'nenet	מִסנֶנֶת (נ)
bandeja (f)	magaʃ	מַגָש (ז)
botella (f)	bakbuk	בַּקבּוּק (ז)
tarro (m) de vidrio	tsin'tsenet	צִנצֶנֶת (נ)
lata (f) de hojalata	paχit	פַּחִית (נ)
abrebotellas (m)	potχan bakbukim	פּוֹתחָן בַּקבּוּקִים (ז)
abrelatas (m)	potχan kufsa'ot	פּוֹתחָן קוּפסָאוֹת (ז)
sacacorchos (m)	maχlets	מַחלֵץ (ז)
filtro (m)	'filter	פִילטֶר (ז)
filtrar (vt)	lesanen	לְסַנֵן
basura (f)	'zevel	זֶבֶל (ז)
cubo (m) de basura	paχ 'zevel	פַּח זֶבֶל (ז)

98. El baño

cuarto (m) de baño	χadar am'batya	חֲדַר אַמבַּטיָה (ז)
agua (f)	'mayim	מַיִם (ז"ר)
grifo (m)	'berez	בֶּרֶז (ז)
agua (f) caliente	'mayim χamim	מַיִם חַמִים (ז"ר)
agua (f) fría	'mayim karim	מַיִם קָרִים (ז"ר)
pasta (f) de dientes	miʃχat ʃi'nayim	מִשחַת שִינַיִים (נ)
limpiarse los dientes	letsaχ'tseaχ ʃi'nayim	לְצַחצֵחַ שִינַיִים
cepillo (m) de dientes	miv'reʃet ʃi'nayim	מִברֶשֶת שִינַיִים (נ)
afeitarse (vr)	lehitga'leaχ	לְהִתגַלֵחַ
espuma (f) de afeitar	'ketsef gi'luaχ	קֶצֶף גִילוּחַ (ז)
maquinilla (f) de afeitar	'taʿar	תַעַר (ז)
lavar (vt)	liʃtof	לִשטוֹף
darse un baño	lehitraχets	לְהִתרַחֵץ
ducha (f)	mik'laχat	מִקלַחַת (נ)
darse una ducha	lehitka'leaχ	לְהִתקַלֵחַ
baño (m)	am'batya	אַמבַּטיָה (נ)
inodoro (m)	asla	אַסלָה (נ)
lavabo (m)	kiyor	כִּיוֹר (ז)
jabón (m)	sabon	סַבּוֹן (ז)

jabonera (f)	saboniya	סַבּוֹנִייָה (נ)
esponja (f)	sfog 'lifa	ספוֹג לִיפָה (ז)
champú (m)	ʃampu	שַׁמפּוּ (ז)
toalla (f)	ma'gevet	מַגֶבֶת (נ)
bata (f) de baño	χaluk raχatsa	חָלוּק רַחְצָה (ז)
colada (f), lavado (m)	kvisa	כְּבִיסָה (נ)
lavadora (f)	meχonat kvisa	מְכוֹנַת כְּבִיסָה (נ)
lavar la ropa	leχabes	לְכַבֵּס
detergente (m) en polvo	avkat kvisa	אַבקַת כְּבִיסָה (נ)

99. Los aparatos domésticos

televisor (m)	tele'vizya	טֶלֶוִויזִיָה (נ)
magnetófono (m)	teip	טֵייפּ (ז)
vídeo (m)	maχʃir 'vide'o	מַכשִׁיר וִידֶאוֹ (ז)
radio (f)	'radyo	רַדיוֹ (ז)
reproductor (m) (~ MP3)	nagan	נַגָן (ז)
proyector (m) de vídeo	makren	מַקרֵן (ז)
sistema (m) home cinema	kol'no'a beiti	קוֹלנוֹעַ בֵּיתִי (ז)
reproductor (m) de DVD	nagan dividi	נַגָן DVD (ז)
amplificador (m)	magber	מַגבֵּר (ז)
videoconsola (f)	maχʃir plei'steiʃen	מַכשִׁיר פְּלֵייסטֵיישֶׁן (ז)
cámara (f) de vídeo	matslemat 'vide'o	מַצלֵמַת וִידֶאוֹ (נ)
cámara (f) fotográfica	matslema	מַצלֵמָה (נ)
cámara (f) digital	matslema digi'talit	מַצלֵמָה דִיגִיטָלִית (נ)
aspirador (m)	ʃo'ev avak	שׁוֹאֵב אָבָק (ז)
plancha (f)	maghets	מַגהֵץ (ז)
tabla (f) de planchar	'kereʃ gihuts	קֶרֶשׁ גִיהוּץ (ז)
teléfono (m)	'telefon	טֶלֶפוֹן (ז)
teléfono (m) móvil	'telefon nayad	טֶלֶפוֹן נַייָד (ז)
máquina (f) de escribir	meχonat ktiva	מְכוֹנַת כּתִיבָה (נ)
máquina (f) de coser	meχonat tfira	מְכוֹנַת תפִירָה (נ)
micrófono (m)	mikrofon	מִיקרוֹפוֹן (ז)
auriculares (m pl)	ozniyot	אוֹזנִיוֹת (נ"ר)
mando (m) a distancia	'ʃelet	שֶׁלֶט (ז)
CD (m)	taklitor	תַקלִיטוֹר (ז)
casete (m)	ka'letet	קַלֶטֶת (נ)
disco (m) de vinilo	taklit	תַקלִיט (ז)

100. Los arreglos. La renovación

renovación (f)	ʃiputs	שִׁיפּוּץ (ז)
renovar (vt)	leʃapets	לְשַׁפֵּץ
reparar (vt)	letaken	לְתַקֵן
poner en orden	lesader	לְסַדֵר

rehacer (vt)	laʿasot meχadaʃ	לַעֲשׂוֹת מֵחָדָש
pintura (f)	'tseva	צֶבַע (ז)
pintar (las paredes)	lits'boʿa	לִצבּוֹעַ
pintor (m)	tsabaʿi	צַבָּעִי (ז)
brocha (f)	mikχol	מִכחוֹל (ז)
cal (f)	sid	סִיד (ז)
encalar (vt)	lesayed	לְסַייֵד
empapelado (m)	tapet	טַפֶּט (ז)
empapelar (vt)	lehadbik ta'petim	לְהַדבִּיק טַפֶּטִים
barniz (m)	'laka	לַכָּה (נ)
cubrir con barniz	lim'roaχ 'laka	לִמרוֹחַ לַכָּה

101. La plomería

agua (f)	'mayim	מַיִם (ז"ר)
agua (f) caliente	'mayim χamim	מַיִם חָמִים (ז"ר)
agua (f) fría	'mayim karim	מַיִם קָרִים (ז"ר)
grifo (m)	'berez	בֶּרֶז (ז)
gota (f)	tipa	טִיפָּה (נ)
gotear (el grifo)	letaftef	לְטַפטֵף
gotear (cañería)	lidlof	לִדלוֹף
escape (f) de agua	dlifa	דלִיפָה (נ)
charco (m)	ʃlulit	שלוּלִית (נ)
tubo (m)	tsinor	צִינוֹר (ז)
válvula (f)	'berez	בֶּרֶז (ז)
estar atascado	lehisatem	לְהִיסָתֵם
instrumentos (m pl)	klei avoda	כּלֵי עֲבוֹדָה (ז"ר)
llave (f) inglesa	maf'teaχ mitkavnen	מַפתֵחַ מִתכַּוונֵן (ז)
destornillar (vt)	lif'toaχ	לִפתוֹחַ
atornillar (vt)	lehavrig	לְהַברִיג
desatascar (vt)	lif'toaχ et hastima	לִפתוֹחַ אֶת הַסתִימָה
fontanero (m)	ʃravrav	שרַברָב (ז)
sótano (m)	martef	מַרתֵף (ז)
alcantarillado (m)	biyuv	בִּיוּב (ז)

102. El fuego. El incendio

fuego (m)	srefa	שׂרֵיפָה (נ)
llama (f)	lehava	לֶהָבָה (נ)
chispa (f)	nitsots	נִיצוֹץ (ז)
humo (m)	aʃan	עָשָן (ז)
antorcha (f)	lapid	לַפִּיד (ז)
hoguera (f)	medura	מְדוּרָה (נ)
gasolina (f)	'delek	דֶלֶק (ז)
queroseno (m)	kerosin	קֵרוֹסִין (ז)

inflamable (adj)	dalik	דָלִיק
explosivo (adj)	nafits	נָפִיץ
PROHIBIDO FUMAR	asur leʿaʃen!	אָסוּר לְעַשֵן!
seguridad (f)	betiχut	בְּטִיחוּת (נ)
peligro (m)	sakana	סַכָּנָה (נ)
peligroso (adj)	mesukan	מְסוּכָּן
prenderse fuego	lehidalek	לְהִידָלֵק
explosión (f)	pitsuts	פִּיצוּץ (ז)
incendiar (vt)	lehatsit	לְהַצִית
incendiario (m)	matsit	מַצִית (ז)
incendio (m) provocado	hatsata	הַצָתָה (נ)
estar en llamas	livʿor	לִבעוֹר
arder (vi)	laʿalot beʾeʃ	לַעֲלוֹת בְּאֵש
incendiarse (vr)	lehisaref	לְהִישָׂרֵף
llamar a los bomberos	lehazmin meχabei eʃ	לְהַזמִין מְכַבֵּי אֵש
bombero (m)	kabai	כַּבַּאי (ז)
coche (m) de bomberos	'reχev kibui	רֶכֶב כִּיבּוּי (ז)
cuerpo (m) de bomberos	meχabei eʃ	מְכַבֵּי אֵש (ז"ר)
escalera (f) telescópica	sulam kabaʾim	סוּלָם כַּבָּאִים (ז)
manguera (f)	zarnuk	זַרנוּק (ז)
extintor (m)	mataf	מַטָף (ז)
casco (m)	kasda	קַסדָה (נ)
sirena (f)	tsofar	צוֹפָר (ז)
gritar (vi)	litsʿok	לִצעוֹק
pedir socorro	likro leʿezra	לִקרוֹא לְעֶזרָה
socorrista (m)	matsil	מַצִיל (ז)
salvar (vt)	lehatsil	לְהַצִיל
llegar (vi)	leha'giʿa	לְהַגִיעַ
apagar (~ el incendio)	leχabot	לְכַבּוֹת
agua (f)	'mayim	מַיִם (ז"ר)
arena (f)	χol	חוֹל (ז)
ruinas (f pl)	χoravot	חוּרָבוֹת (נ"ר)
colapsarse (vr)	likros	לִקרוֹס
hundirse (vr)	likros	לִקרוֹס
derrumbarse (vr)	lehitmotet	לְהִתמוֹטֵט
trozo (m) (~ del muro)	pisat χoravot	פִּיסַת חוּרָבוֹת (נ)
ceniza (f)	'efer	אֵפֶר (ז)
morir asfixiado	lehiχanek	לְהֵיחָנֵק
perecer (vi)	lehihareg	לְהֵיהָרֵג

LAS ACTIVIDADES DE LA GENTE

El trabajo. Los negocios. Unidad 1

103. La oficina. El trabajo de oficina

oficina (f)	misrad	מִשׂרָד (ז)
despacho (m)	misrad	מִשׂרָד (ז)
recepción (f)	kabala	קַבָּלָה (נ)
secretario (m)	mazkir	מַזכִּיר (ז)
secretaria (f)	mazkira	מַזכִּירָה (נ)
director (m)	menahel	מְנַהֵל (ז)
manager (m)	menahel	מְנַהֵל (ז)
contable (m)	menahel χeʃbonot	מְנַהֵל חֶשבּוֹנוֹת (ז)
colaborador (m)	oved	עוֹבֵד (ז)
muebles (m pl)	rehitim	רָהִיטִים (ז"ר)
escritorio (m)	ʃulχan	שוּלחָן (ז)
silla (f)	kursa	כּוּרסָה (נ)
cajonera (f)	ʃidat megerot	שִידַת מְגֵירוֹת (נ)
perchero (m) de pie	mitle	מִתלֶה (ז)
ordenador (m)	maχʃev	מַחשֵב (ז)
impresora (f)	mad'peset	מַדפֶּסֶת (נ)
fax (m)	faks	פַקס (ז)
fotocopiadora (f)	meχonat tsilum	מְכוֹנַת צִילוּם (נ)
papel (m)	neyar	נְייָר (ז)
papelería (f)	tsiyud misradi	צִיוּד מִשׂרָדִי (ז)
alfombrilla (f) para ratón	ʃa'tiaχ le'aχbar	שָטִיחַ לְעַכבָּר (ז)
hoja (f) de papel	daf	דַף (ז)
carpeta (f)	klaser	קלָסֶר (ז)
catálogo (m)	katalog	קָטָלוֹג (ז)
directorio (m) telefónico	madriχ 'telefon	מַדרִיך טֶלֶפוֹן (ז)
documentación (f)	ti'ud	תִיעוּד (ז)
folleto (m)	χo'veret	חוֹבֶרֶת (נ)
prospecto (m)	alon	עָלוֹן (ז)
muestra (f)	dugma	דוּגמָה (נ)
reunión (f) de formación	yeʃivat hadraχa	יְשִיבַת הַדרָכָה (נ)
reunión (f)	yeʃiva	יְשִיבָה (נ)
pausa (f) del almuerzo	hafsakat tsaha'rayim	הַפסָקַת צָהֳרַיִים (נ)
hacer una copia	letsalem mismaχ	לְצַלֵם מִסמָך
hacer copias	lehaχin mispar otakim	לְהָכִין מִספָּר עוֹתָקִים
recibir un fax	lekabel faks	לְקַבֵּל פַקס
enviar un fax	liʃloaχ faks	לִשלוֹחַ פַקס

llamar por teléfono	lehitkaʃer	לְהִתקַשֵר
responder (vi, vt)	laʿanot	לַעֲנוֹת
poner en comunicación	lekaʃer	לְקַשֵר
fijar (~ una reunión)	lik'boʿa pgiʃa	לִקבּוֹעַ פּגִישָה
demostrar (vt)	lehadgim	לְהַדגִים
estar ausente	leheʿader	לְהֵיעָדֵר
ausencia (f)	heʿadrut	הֵיעָדרוּת (נ)

104. Los procesos de negocio. Unidad 1

negocio (m), comercio (m)	'esek	עֵסֶק (ז)
ocupación (f)	isuk	עִיסוּק (ז)
firma (f)	χevra	חֶברָה (נ)
compañía (f)	χevra	חֶברָה (נ)
corporación (f)	ta'agid	תַאֲגִיד (ז)
empresa (f)	'esek	עֵסֶק (ז)
agencia (f)	soχnut	סוֹכנוּת (נ)
acuerdo (m)	heskem	הֶסכֵּם (ז)
contrato (m)	χoze	חוֹזֶה (ז)
trato (m), acuerdo (m)	iska	עִסקָה (נ)
pedido (m)	hazmana	הַזמָנָה (נ)
condición (f) del contrato	tnai	תנַאי (ז)
al por mayor (adv)	besitonut	בְּסִיטוֹנוּת
al por mayor (adj)	sitona'i	סִיטוֹנָאִי
venta (f) al por mayor	sitonut	סִיטוֹנוּת (נ)
al por menor (adj)	kimʿoni	קִמעוֹנִי
venta (f) al por menor	kimʿonut	קִמעוֹנוּת (נ)
competidor (m)	mitχare	מִתחָרֶה (ז)
competencia (f)	taχarut	תַחֲרוּת (נ)
competir (vi)	lehitχarot	לְהִתחָרוֹת
socio (m)	ʃutaf	שוּתָף (ז)
sociedad (f)	ʃutafa	שוּתָפוּת (נ)
crisis (m)	maʃber	מַשבֵּר (ז)
bancarrota (f)	pʃitat 'regel	פשִיטַת רֶגֶל (נ)
ir a la bancarrota	liʃʃot 'regel	לִפשוֹט רֶגֶל
dificultad (f)	'koʃi	קוֹשִי (ז)
problema (m)	beʿaya	בְּעָיָה (נ)
catástrofe (f)	ason	אָסוֹן (ז)
economía (f)	kalkala	כַּלכָּלָה (נ)
económico (adj)	kalkali	כַּלכָּלִי
recesión (f) económica	mitun kalkali	מִיתוּן כַּלכָּלִי (ז)
meta (f)	matara	מַטָרָה (נ)
objetivo (m)	mesima	מְשִׂימָה (נ)
comerciar (vi)	lisχor	לִסחוֹר
red (f) (~ comercial)	'reʃet	רֶשֶת (נ)

existencias (f pl)	maχsan	מַחסָן (ז)
surtido (m)	mivχar	מִבחָר (ז)
líder (m)	manhig	מַנהִיג (ז)
grande (empresa ~)	gadol	גָדוֹל
monopolio (m)	'monopol	מוֹנוֹפּוֹל (ז)
teoría (f)	te"orya	תֵיאוֹריָה (נ)
práctica (f)	'praktika	פּרַקטִיקָה (נ)
experiencia (f)	nisayon	נִיסָיוֹן (ז)
tendencia (f)	megama	מְגַמָה (נ)
desarrollo (m)	pi'tuaχ	פִּיתוּחַ (ז)

105. Los procesos de negocio. Unidad 2

rentabilidad (f)	'revaχ	רֶווַח (ז)
rentable (adj)	rivχi	רִווחִי
delegación (f)	miʃ'laχat	מִשלַחַת (נ)
salario (m)	mas'koret	מַשׂכּוֹרֶת (נ)
corregir (un error)	letaken	לְתַקֵן
viaje (m) de negocios	nesiʿa batafkid	נְסִיעָה בַּתַפקִיד (נ)
comisión (f)	amla	עַמלָה (נ)
controlar (vt)	liʃlot	לִשלוֹט
conferencia (f)	kinus	כִּינוּס (ז)
licencia (f)	riʃayon	רִישָיוֹן (ז)
fiable (socio ~)	amin	אָמִין
iniciativa (f)	yozma	יוֹזמָה (נ)
norma (f)	'norma	נוֹרמָה (נ)
circunstancia (f)	nesibot	נְסִיבּוֹת (נ"ר)
deber (m)	χova	חוֹבָה (נ)
empresa (f)	irgun	אִרגוּן (ז)
organización (f) (proceso)	hitʾargenut	הִתאַרגְנוּת (נ)
organizado (adj)	meʾurgan	מְאוּרגָן
anulación (f)	bitul	בִּיטוּל (ז)
anular (vt)	levatel	לְבַטֵל
informe (m)	doχ	דוֹח (ז)
patente (m)	patent	פָּטֶנט (ז)
patentar (vt)	lirʃom patent	לִרשוֹם פָּטֶנט
planear (vt)	letaχnen	לְתַכנֵן
premio (m)	'bonus	בּוֹנוּס (ז)
profesional (adj)	miktsoʿi	מִקצוֹעִי
procedimiento (m)	'nohal	נוֹהַל (ז)
examinar (vt)	livχon	לִבחוֹן
cálculo (m)	χiʃuv	חִישוּב (ז)
reputación (f)	monitin	מוֹנִיטִין (ז"ר)
riesgo (m)	sikun	סִיכּוּן (ז)
dirigir (administrar)	lenahel	לְנַהֵל

información (f)	meida	מֵידָע (ז)
propiedad (f)	baʿalut	בַּעֲלוּת (נ)
unión (f)	igud	אִיגוּד (ז)
seguro (m) de vida	bi'tuaχ χayim	בִּיטוּחַ חַיִּים (ז)
asegurar (vt)	leva'teaχ	לְבַטֵּחַ
seguro (m)	bi'tuaχ	בִּיטוּחַ (ז)
subasta (f)	meχira 'pombit	מְכִירָה פּוּמְבִּית (נ)
notificar (informar)	leho'dia	לְהוֹדִיעַ
gestión (f)	nihul	נִיהוּל (ז)
servicio (m)	ʃirut	שֵׁירוּת (ז)
foro (m)	'forum	פוֹרוּם (ז)
funcionar (vi)	letafked	לְתַפְקֵד
etapa (f)	ʃalav	שָׁלָב (ז)
jurídico (servicios ~s)	miʃpati	מִשְׁפָּטִי
jurista (m)	oreχ din	עוֹרֵךְ דִּין (ז)

106. La producción. Los trabajos

planta (f)	mifʿal	מִפְעָל (ז)
fábrica (f)	beit χa'roʃet	בֵּית חֲרוֹשֶׁת (ז)
taller (m)	agaf	אֲגַף (ז)
planta (f) de producción	mifʿal	מִפְעָל (ז)
industria (f)	taʿasiya	תַּעֲשִׂייָה (נ)
industrial (adj)	taʿasiyati	תַּעֲשִׂייָתִי
industria (f) pesada	taʿasiya kveda	תַּעֲשִׂייָה כְּבֵדָה (נ)
industria (f) ligera	taʿasiya kala	תַּעֲשִׂייָה קַלָּה (נ)
producción (f)	to'ʦeret	תּוֹצֶרֶת (נ)
producir (vt)	leyaʦer	לְייַצֵּר
materias (f pl) primas	'χomer 'gelem	חוֹמֶר גֶּלֶם (ז)
jefe (m) de brigada	menahel avoda	מְנַהֵל עֲבוֹדָה (ז)
brigada (f)	'ʦevet ovdim	צֶוֶות עוֹבְדִים (ז)
obrero (m)	poʿel	פּוֹעֵל (ז)
día (m) de trabajo	yom avoda	יוֹם עֲבוֹדָה (ז)
descanso (m)	hafsaka	הַפְסָקָה (נ)
reunión (f)	yeʃiva	יְשִׁיבָה (נ)
discutir (vt)	ladun	לָדוּן
plan (m)	toχnit	תּוֹכְנִית (נ)
cumplir el plan	leva'ʦeʿa et hatoχnit	לְבַצֵּעַ אֶת הַתּוֹכְנִית
tasa (f) de producción	'keʦev tfuka	קֶצֶב תְּפוּקָה (ז)
calidad (f)	eiχut	אֵיכוּת (נ)
revisión (f)	bakara	בַּקָּרָה (נ)
control (m) de calidad	bakarat eiχut	בַּקָּרַת אֵיכוּת (נ)
seguridad (f) de trabajo	betiχut beavoda	בְּטִיחוּת בָּעֲבוֹדָה (נ)
disciplina (f)	miʃmaʿat	מִשְׁמַעַת (נ)
infracción (f)	hafara	הֲפָרָה (נ)

violar (las reglas)	lehafer	לְהָפֵר
huelga (f)	ʃvita	שְׁבִיתָה (נ)
huelguista (m)	ʃovet	שׁוֹבֵת (ז)
estar en huelga	liʃbot	לִשְׁבּוֹת
sindicato (m)	igud ovdim	אִיגוּד עוֹבְדִים (ז)

inventar (máquina, etc.)	lehamtsi	לְהַמְצִיא
invención (f)	hamtsa'a	הַמְצָאָה (נ)
investigación (f)	meχkar	מֶחְקָר (ז)
mejorar (vt)	leʃaper	לְשַׁפֵּר
tecnología (f)	teχno'logya	טֶכְנוֹלוֹגְיָה (נ)
dibujo (m) técnico	sirtut	שִׂרְטוּט (ז)

cargamento (m)	mitʿan	מִטְעָן (ז)
cargador (m)	sabal	סַבָּל (ז)
cargar (camión, etc.)	lehaʿamis	לְהַעֲמִיס
carga (f) (proceso)	haʿamasa	הַעֲמָסָה (נ)
descargar (vt)	lifrok mitʿan	לִפְרוֹק מִטְעָן
descarga (f)	prika	פְּרִיקָה (נ)

transporte (m)	hovala	הוֹבָלָה (נ)
compañía (f) de transporte	χevrat hovala	חֶבְרַת הוֹבָלָה (נ)
transportar (vt)	lehovil	לְהוֹבִיל

vagón (m)	karon	קָרוֹן (ז)
cisterna (f)	meχalit	מֵיכָלִית (נ)
camión (m)	masa'it	מַשָּׂאִית (נ)

máquina (f) herramienta	meχonat ibud	מְכוֹנַת עִיבּוּד (נ)
mecanismo (m)	manganon	מַנְגָּנוֹן (ז)

desperdicios (m pl)	'psolet taʿasiyatit	פְּסוֹלֶת תַּעֲשִׂייָתִית (נ)
empaquetado (m)	ariza	אֲרִיזָה (נ)
embalar (vt)	le'eroz	לֶאֱרוֹז

107. El contrato. El acuerdo

contrato (m)	χoze	חוֹזֶה (ז)
acuerdo (m)	heskem	הֶסְכֵּם (ז)
anexo (m)	'sefaχ	סְפָח (ז)

firmar un contrato	laʿaroχ heskem	לַעֲרוֹךְ הֶסְכֵּם
firma (f) (nombre)	χatima	חֲתִימָה (נ)
firmar (vt)	laχtom	לַחְתּוֹם
sello (m)	χo'temet	חוֹתֶמֶת (נ)

objeto (m) del acuerdo	nose haχoze	נוֹשֵׂא הַחוֹזֶה (ז)
cláusula (f)	se'if	סָעִיף (ז)
partes (f pl)	tsdadim	צְדָדִים (ז"ר)
domicilio (m) legal	'ktovet miʃpatit	כְּתוֹבֶת מִשְׁפָּטִית (נ)

violar el contrato	lehafer χoze	לְהָפֵר חוֹזֶה
obligación (f)	hitχaivut	הִתְחַייְבוּת (נ)
responsabilidad (f)	aχrayut	אַחְרָיוּת (נ)

fuerza mayor (f)	'koaχ elyon	כּוֹחַ עֶליוֹן (ז)
disputa (f)	vi'kuaχ	וִיכּוּחַ (ז)
penalidades (f pl)	itsumim	עִיצוּמִים (ז"ר)

108. Importación y exportación

importación (f)	ye'vuʾa	יְבוּא (ז)
importador (m)	yevuʾan	יְבוּאָן (ז)
importar (vt)	leyabe	לְייַבֵּא
de importación (adj)	meyuba	מְיוּבָּא
exportación (f)	yitsu	יִיצוּא (ז)
exportador (m)	yetsuʾan	יְצוּאָן (ז)
exportar (vt)	leyatse	לְייַצֵא
de exportación (adj)	ʃel yitsu	שֶל יִיצוּא
mercancía (f)	sχora	סחוֹרָה (נ)
lote (m) de mercancías	miʃ'loaχ	מִשלוֹחַ (ז)
peso (m)	miʃkal	מִשקָל (ז)
volumen (m)	'nefaχ	נֶפַח (ז)
metro (m) cúbico	'meter meʿukav	מֶטֶר מְעוּקָב (ז)
productor (m)	yatsran	יַצרָן (ז)
compañía (f) de transporte	χevrat hovala	חֶברַת הוֹבָלָה (נ)
contenedor (m)	meχula	מְכוּלָה (נ)
frontera (f)	gvul	גבוּל (ז)
aduana (f)	'meχes	מֶכֶס (ז)
derechos (m pl) arancelarios	mas 'meχes	מַס מֶכֶס (ז)
aduanero (m)	pakid 'meχes	פָּקִיד מֶכֶס (ז)
contrabandismo (m)	havraχa	הַברָחָה (נ)
contrabando (m)	sχora muv'reχet	סחוֹרָה מוּברַחַת (נ)

109. Las finanzas

acción (f)	menaya	מְנָיָה (נ)
bono (m), obligación (f)	i'geret χov	אִיגֶרֶת חוֹב (נ)
letra (f) de cambio	ʃtar χalifin	שטַר חֲלִיפִין (ז)
bolsa (f)	'bursa	בּוּרסָה (נ)
cotización (f) de valores	meχir hamenaya	מְחִיר הַמְנָיָה (ז)
abaratarse (vr)	la'redet bemeχir	לָרֶדֶת בְּמְחִיר
encarecerse (vr)	lehityaker	לְהִתייַקֵר
parte (f)	menaya	מְנָיָה (נ)
interés (m) mayoritario	ʃlita	שלִיטָה (נ)
inversiones (f pl)	haʃkaʿot	הַשקָעוֹת (נ"ר)
invertir (vi, vt)	lehaʃ'kiʿa	לְהַשקִיעַ
porcentaje (m)	aχuz	אָחוּז (ז)

interés (m)	ribit	רִיבִּית (נ)
beneficio (m)	'revaχ	רֶווַח (ז)
beneficioso (adj)	rivχi	רִווחִי
impuesto (m)	mas	מַס (ז)

divisa (f)	mat'be'a	מַטבֵּעַ (ז)
nacional (adj)	le'umi	לְאוּמִי
cambio (m)	hamara	הֲמָרָה (נ)

contable (m)	ro'e χeʃbon	רוֹאֵה חֶשבּוֹן (ז)
contaduría (f)	hanhalat χeʃbonot	הַנהָלַת חֶשבּוֹנוֹת (נ)

bancarrota (f)	pʃitat 'regel	פּשִיטַת רֶגֶל (נ)
quiebra (f)	krisa	קרִיסָה (נ)
ruina (f)	pʃitat 'regel	פּשִיטַת רֶגֶל (נ)
arruinarse (vr)	liffot 'regel	לִפשוֹט רֶגֶל
inflación (f)	inf'latsya	אִינפלַציָה (נ)
devaluación (f)	piχut	פִּיחוּת (ז)

capital (m)	hon	הוֹן (ז)
ingresos (m pl)	haχnasa	הַכנָסָה (נ)
volumen (m) de negocio	maχzor	מַחזוֹר (ז)
recursos (m pl)	maʃabim	מַשאַבִּים (ז"ר)
recursos (m pl) monetarios	emtsa'im kaspiyim	אֶמצָעִים כַּספִּיִים (ז"ר)
gastos (m pl) accesorios	hotsa'ot	הוֹצָאוֹת (נ"ר)
reducir (vt)	letsamtsem	לְצַמצֵם

110. La mercadotecnia

mercadotecnia (f)	ʃivuk	שִיווּק (ז)
mercado (m)	ʃuk	שוּק (ז)
segmento (m) del mercado	'pelaχ ʃuk	פֶּלַח שוּק (ז)
producto (m)	mutsar	מוּצָר (ז)
mercancía (f)	sχora	סחוֹרָה (נ)

marca (f)	mutag	מוּתָג (ז)
marca (f) comercial	'semel misχari	סֶמֶל מִסחָרִי (ז)
logotipo (m)	'semel haχevra	סֶמֶל הַחֶברָה (ז)
logo (m)	'logo	לוֹגוֹ (ז)

demanda (f)	bikuʃ	בִּיקוּש (ז)
oferta (f)	he'tse'a	הֶיצֵעַ (ז)
necesidad (f)	'tsoreχ	צוֹרֶך (ז)
consumidor (m)	tsarχan	צַרכָן (ז)

análisis (m)	ni'tuaχ	נִיתוּחַ (ז)
analizar (vt)	lena'teaχ	לְנַתֵחַ

posicionamiento (m)	mitsuv	מִיצוּב (ז)
posicionar (vt)	lematsev	לְמַצֵב

precio (m)	meχir	מְחִיר (ז)
política (f) de precios	mediniyut timχur	מְדִינִיוּת תִמחוּר (נ)
formación (m) de precios	hamχara	הַמחָרָה (נ)

111. La publicidad

publicidad (f)	pirsum	פִּרסוּם (ז)
publicitar (vt)	lefarsem	לְפַרסֵם
presupuesto (m)	taktsiv	תַקצִיב (ז)
anuncio (m) publicitario	pir'somet	פִּרסוֹמֶת (נ)
publicidad (f) televisiva	pir'somet tele'vizya	פִּרסוֹמֶת טֶלֶווִיזיָה (נ)
publicidad (f) radiofónica	pir'somet 'radyo	פִּרסוֹמֶת רַדיוֹ (נ)
publicidad (f) exterior	pirsum χutsot	פִּרסוּם חוּצוֹת (ז)
medios (m pl) de comunicación de masas	emtsa'ei tik'ʃoret hamonim	אֶמצָעֵי תִקשוֹרֶת הָמוֹנִים (ז"ר)
periódico (m)	ktav et	כּתַב עֵת (ז)
imagen (f)	tadmit	תַדמִית (נ)
consigna (f)	sisma	סִיסמָה (נ)
divisa (f)	'moto	מוֹטוֹ (ז)
campaña (f)	masa	מַסָע (ז)
campaña (f) publicitaria	masa pirsum	מַסָע פִּרסוּם (ז)
auditorio (m) objetivo	oχlusiyat 'ya'ad	אוֹכלוּסִייַת יַעַד (נ)
tarjeta (f) de visita	kartis bikur	כַּרטִיס בִּיקוּר (ז)
prospecto (m)	alon	עָלוֹן (ז)
folleto (m)	χo'veret	חוֹבֶרֶת (נ)
panfleto (m)	alon	עָלוֹן (ז)
boletín (m)	alon meida	עָלוֹן מֵידָע (ז)
letrero (m) (~ luminoso)	'ʃelet	שֶׁלֶט (ז)
pancarta (f)	'poster	פּוֹסטֶר (ז)
valla (f) publicitaria	'luaχ pirsum	לוּחַ פִּרסוּם (ז)

112. La banca

banco (m)	bank	בַּנק (ז)
sucursal (f)	snif	סנִיף (ז)
asesor (m) (~ fiscal)	yo'ets	יוֹעֵץ (ז)
gerente (m)	menahel	מְנַהֵל (ז)
cuenta (f)	χeʃbon	חֶשבּוֹן (ז)
numero (m) de la cuenta	mispar χeʃbon	מִספַּר חֶשבּוֹן (ז)
cuenta (f) corriente	χeʃbon over vaʃav	חֶשבּוֹן עוֹבֵר וָשָב (ז)
cuenta (f) de ahorros	χeʃbon χisaχon	חֶשבּוֹן חִסָכוֹן (ז)
abrir una cuenta	lif'toaχ χeʃbon	לִפתוֹחַ חֶשבּוֹן
cerrar la cuenta	lisgor χeʃbon	לִסגוֹר חֶשבּוֹן
ingresar en la cuenta	lehafkid leχeʃbon	לְהַפקִיד לְחֶשבּוֹן
sacar de la cuenta	limʃoχ meχeʃbon	לִמשוֹך מֵחֶשבּוֹן
depósito (m)	pikadon	פִּיקָדוֹן (ז)
hacer un depósito	lehafkid	לְהַפקִיד

giro (m) bancario	haʿavara bankaʾit	הַעֲבָרָה בַּנקָאִית (נ)
hacer un giro	lehaʿavir 'kesef	לְהַעֲבִיר כֶּסֶף
suma (f)	sχum	סכוּם (ז)
¿Cuánto?	'kama?	כַּמָה?
firma (f) (nombre)	χatima	חֲתִימָה (נ)
firmar (vt)	laχtom	לַחתוֹם
tarjeta (f) de crédito	kartis aʃrai	כַּרטִיס אַשרַאי (ז)
código (m)	kod	קוֹד (ז)
número (m) de tarjeta de crédito	mispar kartis aʃrai	מִספַּר כַּרטִיס אַשרַאי (ז)
cajero (m) automático	kaspomat	כַּספּוֹמָט (ז)
cheque (m)	ʧek	צֶ'ק (ז)
sacar un cheque	liχtov ʧek	לִכתוֹב צֶ'ק
talonario (m)	pinkas 'ʧekim	פִּנקַס צֶ'קִים (ז)
crédito (m)	halvaʾa	הַלווָאָה (נ)
pedir el crédito	levakeʃ halvaʾa	לְבַקֵש הַלווָאָה
obtener un crédito	lekabel halvaʾa	לְקַבֵּל הַלווָאָה
conceder un crédito	lehalvot	לְהַלווֹת
garantía (f)	arvut	עַרבוּת (נ)

113. El teléfono. Las conversaciones telefónicas

teléfono (m)	'telefon	טֶלֶפוֹן (ז)
teléfono (m) móvil	'telefon nayad	טֶלֶפוֹן נַייָד (ז)
contestador (m)	meʃivon	מְשִׁיבוֹן (ז)
llamar, telefonear	leʦalʦel	לְצַלצֵל
llamada (f)	siχat 'telefon	שִׂיחַת טֶלֶפוֹן (נ)
marcar un número	leχayeg mispar	לְחַייֵג מִספָּר
¿Sí?, ¿Dígame?	'halo!	הַלוֹ!
preguntar (vt)	liʃʾol	לִשאוֹל
responder (vi, vt)	laʿanot	לַעֲנוֹת
oír (vt)	liʃmoʿa	לִשמוֹעַ
bien (adv)	tov	טוֹב
mal (adv)	lo tov	לֹא טוֹב
ruidos (m pl)	hafraʿot	הַפרָעוֹת (נ"ר)
auricular (m)	ʃfo'feret	שפוֹפֶרֶת (נ)
descolgar (el teléfono)	leharim ʃfo'feret	לְהָרִים שפוֹפֶרֶת
colgar el auricular	leha'niaχ ʃfo'feret	לְהָנִיחַ שפוֹפֶרֶת
ocupado (adj)	tafus	תָפוּס
sonar (teléfono)	leʦalʦel	לְצַלצֵל
guía (f) de teléfonos	'sefer tele'fonim	סֵפֶר טֶלֶפוֹנִים (ז)
local (adj)	mekomi	מְקוֹמִי
llamada (f) local	siχa mekomit	שִׂיחָה מְקוֹמִית (נ)

de larga distancia	bein ironi	בֵּין עִירוֹנִי
llamada (f) de larga distancia	siχa bein ironit	שִׂיחָה בֵּין עִירוֹנִית (נ)
internacional (adj)	benle'umi	בֵּינלְאוּמִי
llamada (f) internacional	siχa benle'umit	שִׂיחָה בֵּינלְאוּמִית (נ)

114. El teléfono celular

teléfono (m) móvil	'telefon nayad	טֶלֶפוֹן נַייָד (ז)
pantalla (f)	masaχ	מָסָך (ז)
botón (m)	kaftor	כַּפתוֹר (ז)
tarjeta SIM (f)	kartis sim	כַּרטִיס סִים (ז)
pila (f)	solela	סוֹלְלָה (נ)
descargarse (vr)	lehitroken	לְהִתרוֹקֵן
cargador (m)	mit'an	מִטעָן (ז)
menú (m)	tafrit	תַפרִיט (ז)
preferencias (f pl)	hagdarot	הַגדָרוֹת (נ"ר)
melodía (f)	mangina	מַנגִינָה (נ)
seleccionar (vt)	livχor	לִבחוֹר
calculadora (f)	maχʃevon	מַחשְׁבוֹן (ז)
contestador (m)	ta koli	תָא קוֹלִי (ז)
despertador (m)	ʃa'on me'orer	שָׁעוֹן מְעוֹרֵר (ז)
contactos (m pl)	anʃei 'keʃer	אַנשֵׁי קֶשֶׁר (ז"ר)
mensaje (m) de texto	misron	מִסרוֹן (ז)
abonado (m)	manui	מָנוּי (ז)

115. Los artículos de escritorio

bolígrafo (m)	et kaduri	עֵט כַּדוּרִי (ז)
pluma (f) estilográfica	et no've'a	עֵט נוֹבֵעַ (ז)
lápiz (f)	iparon	עִיפָּרוֹן (ז)
marcador (m)	'marker	מַרקֶר (ז)
rotulador (m)	tuʃ	טוּשׁ (ז)
bloc (m) de notas	pinkas	פִּנקָס (ז)
agenda (f)	yoman	יוֹמָן (ז)
regla (f)	sargel	סַרגֵל (ז)
calculadora (f)	maχʃevon	מַחשְׁבוֹן (ז)
goma (f) de borrar	'maχak	מַחַק (ז)
chincheta (f)	'na'ats	נַעַץ (ז)
clip (m)	mehadek	מְהַדֵק (ז)
pegamento (m)	'devek	דֶבֶק (ז)
grapadora (f)	ʃadχan	שַׁדכָן (ז)
perforador (m)	menakev	מְנַקֵב (ז)
sacapuntas (m)	maχded	מַחדֵד (ז)

116. Diversos tipos de documentación

informe (m)	doχ	דוֹח (ז)
acuerdo (m)	heskem	הֶסכֵּם (ז)
formulario (m) de solicitud	'tofes bakaʃa	טוֹפֶס בַּקָשָה (ז)
auténtico (adj)	mekori	מְקוֹרִי
tarjeta (f) de identificación	tag	תָג (ז)
tarjeta (f) de visita	kartis bikur	כַּרטִיס בִּיקוּר (ז)
certificado (m)	teʿuda	תְעוּדָה (נ)
cheque (m) bancario	ʧek	צֶ'ק (ז)
cuenta (f) (restaurante)	χeʃbon	חֶשבּוֹן (ז)
constitución (f)	χuka	חוּקָה (נ)
contrato (m)	χoze	חוֹזֶה (ז)
copia (f)	'otek	עוֹתֶק (ז)
ejemplar (m)	'otek	עוֹתֶק (ז)
declaración (f) de aduana	hatsharat meχes	הַצהָרַת מֶכֶס (נ)
documento (m)	mismaχ	מִסמָך (ז)
permiso (m) de conducir	riʃyon nehiga	רִשיוֹן נְהִיגָה (ז)
anexo (m)	to'sefet	תוֹסֶפֶת (נ)
cuestionario (m)	'tofes	טוֹפֶס (ז)
carnet (m) de identidad	teʿuda mezaha	תְעוּדָה מְזַהָה (נ)
solicitud (f) de información	χakira	חֲקִירָה (נ)
tarjeta (f) de invitación	kartis hazmana	כַּרטִיס הַזמָנָה (ז)
factura (f)	χeʃbonit	חֶשבּוֹנִית (נ)
ley (f)	χok	חוֹק (ז)
carta (f)	miχtav	מִכתָב (ז)
hoja (f) membretada	neyar 'logo	נְייַר לוֹגוֹ (ז)
lista (f) (de nombres, etc.)	reʃima	רְשִימָה (נ)
manuscrito (m)	ktav yad	כּתַב יָד (ז)
boletín (m)	alon meida	עָלוֹן מֵידָע (ז)
nota (f) (mensaje)	'petek	פֶּתֶק (ז)
pase (m) (permiso)	iʃur knisa	אִישוּר כּנִיסָה (ז)
pasaporte (m)	darkon	דַרכּוֹן (ז)
permiso (m)	riʃayon	רִישָיוֹן (ז)
curriculum vitae (m)	korot χayim	קוֹרוֹת חַיִים (נ"ר)
pagaré (m)	ʃtar χov	שטַר חוֹב (ז)
recibo (m)	kabala	קַבָּלָה (נ)
ticket (m) de compra	ʧek	צֶ'ק (ז)
informe (m)	doχ	דוֹח (ז)
presentar (identificación)	lehatsig	לְהַצִיג
firmar (vt)	laχtom	לַחתוֹם
firma (f) (nombre)	χatima	חֲתִימָה (נ)
sello (m)	χo'temet	חוֹתֶמֶת (נ)
texto (m)	tekst	טֶקסט (ז)
billete (m)	kartis	כַּרטִיס (ז)
tachar (vt)	limχok	לִמחוֹק
rellenar (vt)	lemale	לְמַלֵא

guía (f) de embarque	ʃtar mit'an	שטַר מִטעָן (ז)
testamento (m)	tsava'a	צַווָאָה (נ)

117. Tipos de negocios

agencia (f) de empleo	soχnut 'koaχ adam	סוֹכנוּת כּוֹחַ אָדָם (נ)
agencia (f) de información	soχnut yedi'ot	סוֹכנוּת יְדִיעוֹת (נ)
agencia (f) de publicidad	soχnut pirsum	סוֹכנוּת פִּרסוּם (נ)
agencia (f) de seguridad	χevrat ʃmira	חֶברַת שמִירָה (נ)
almacén (m)	maχsan	מַחסָן (ז)
antigüedad (f)	atikot	עַתִיקוֹת (נ"ר)
asesoría (f) jurídica	yo'ets miʃpati	יוֹעֵץ מִשפָּטִי (ז)
servicios (m pl) de auditoría	ʃerutei bi'koret χeʃbonot	שֵירוּתֵי בִּיקוֹרֶת חֶשבּוֹנוֹת (ז"ר)
bar (m)	bar	בָּר (ז)
bebidas (f pl) alcohólicas	maʃka'ot χarifim	מַשקָאוֹת חָרִיפִים (נ"ר)
bolsa (f) de comercio	'bursa	בּוּרסָה (נ)
casino (m)	ka'zino	קָזִינוֹ (ז)
centro (m) de negocios	merkaz asakim	מֶרכַּז עֲסָקִים (ז)
fábrica (f) de cerveza	miv'ʃelet 'bira	מִבשֶלֶת בִּירָה (נ)
cine (m) (iremos al ~)	kol'no'a	קוֹלנוֹעַ (ז)
climatizadores (m pl)	mazganim	מַזגָנִים (ז"ר)
club (m) nocturno	mo'adon 'laila	מוֹעֲדוֹן לַילָה (ז)
comercio (m)	misχar	מִסחָר (ז)
productos alimenticios	mutsrei mazon	מוּצרֵי מָזוֹן (ז"ר)
compañía (f) aérea	χevrat te'ufa	חֶברַת תְעוּפָה (נ)
construcción (f)	bniya	בּנִייָה (נ)
contabilidad (f)	ʃerutei hanhalat χeʃbonot	שֵירוּתֵי הַנהָלַת חֶשבּוֹנוֹת (ז"ר)
deporte (m)	sport	ספּוֹרט (ז)
diseño (m)	itsuv	עִיצוּב (ז)
editorial (f)	hotsa'a la'or	הוֹצָאָה לָאוֹר (נ)
escuela (f) de negocios	beit 'sefer le'asakim	בֵּית סֵפֶר לְעֲסָקִים (ז)
estomatología (f)	mirpa'at ʃi'nayim	מִרפְּאַת שִינַיִים (נ)
farmacia (f)	beit mir'kaχat	בֵּית מִרקַחַת (ז)
industria (f) farmacéutica	rokχut	רוֹקחוּת (נ)
funeraria (f)	beit levayot	בֵּית לְוָויוֹת (ז)
galería (f) de arte	ga'lerya le'amanut	גָלֶריָה לְאָמָנוּת (נ)
helado (m)	'glida	גלִידָה (נ)
hotel (m)	beit malon	בֵּית מָלוֹן (ז)
industria (f)	ta'asiya	תַעֲשִׂייָה (נ)
industria (f) ligera	ta'asiya kala	תַעֲשִׂייָה קַלָה (נ)
inmueble (m)	nadlan	נַדלָ"ן (ז)
internet (m), red (f)	'internet	אִינטֶרנֶט (ז)
inversiones (f pl)	haʃka'ot	הַשקָעוֹת (נ"ר)
joyería (f)	taχʃitim	תַכשִיטִים (ז"ר)
joyero (m)	tsoref	צוֹרֵף (ז)
lavandería (f)	miχbasa	מִכבָּסָה (נ)

librería (f)	χanut sfarim	חֲנוּת סְפָרִים (נ)
medicina (f)	refu'a	רְפוּאָה (נ)
muebles (m pl)	rehitim	רָהִיטִים (ז"ר)
museo (m)	muze'on	מוּזֵיאוֹן (ז)
negocio (m) bancario	banka'ut	בַּנקָאוּת (נ)
periódico (m)	iton	עִיתוֹן (ז)
petróleo (m)	neft	נֵפט (ז)
piscina (f)	breχat sχiya	בְּרֵיכַת שׂחִייָה (נ)
poligrafía (f)	beit dfus	בֵּית דפוּס (ז)
publicidad (f)	pirsum	פִּרסוּם (ז)
radio (f)	'radyo	רַדיוֹ (ז)
recojo (m) de basura	isuf 'zevel	אִיסוּף זֶבֶל (ז)
restaurante (m)	mis'ada	מִסעָדָה (נ)
revista (f)	ʒurnal	ז'וּרנָל (ז)
ropa (f), vestido (m)	bgadim	בגָדִים (ז"ר)
salón (m) de belleza	meχon 'yofi	מְכוֹן יוֹפִי (ז)
seguro (m)	bi'tuaχ	בִּיטוּחַ (ז)
servicio (m) de entrega	ʃirut ʃliχim	שִירוּת שלִיחִים (ז)
servicios (m pl) financieros	ʃerutim fi'nansim	שֵירוּתִים פִינַנסִיים (ז"ר)
supermercado (m)	super'market	סוּפֶּרמַרקֶט (ז)
taller (m)	mitpara	מִתפָּרָה (נ)
teatro (m)	te'atron	תֵיאַטרוֹן (ז)
televisión (f)	tele'vizya	טֶלֶווִיזִיָה (נ)
tienda (f)	χanut	חֲנוּת (נ)
tintorería (f)	nikui yaveʃ	נִיקוּי יָבֵש (ז)
servicios de transporte	hovalot	הוֹבָלוֹת (נ"ר)
turismo (m)	tayarut	תַייָרוּת (נ)
venta (f) por catálogo	meχira be'do'ar	מְכִירָה בְּדוֹאַר (נ)
veterinario (m)	veterinar	וֶטֶרִינָר (ז)
consultoría (f)	yi'uts	ייִעוּץ (ז)

El trabajo. Los negocios. Unidad 2

118. El espectáculo. La exhibición

exposición, feria (f)	taʿaruχa	תַּעֲרוּכָה (נ)
feria (f) comercial	taʿaruχa misχarit	תַּעֲרוּכָה מִסחָרִית (נ)
participación (f)	hiʃtatfut	הִשתַתפוּת (נ)
participar (vi)	lehiʃtatef	לְהִשתַתֵף
participante (m)	miʃtatef	מִשתַתֵף (ז)
director (m)	menahel	מְנַהֵל (ז)
dirección (f)	misrad hameʾargenim	מִשׂרַד הַמְאַרגְנִים (ז)
organizador (m)	meʾargen	מְאַרגֵן (ז)
organizar (vt)	leʾargen	לְאַרגֵן
solicitud (f) de participación	'tofes hiʃtatfut	טוֹפֶס הִשתַתפוּת (ז)
rellenar (vt)	lemale	לְמַלֵא
detalles (m pl)	pratim	פּרָטִים (ז"ר)
información (f)	meida	מֵידָע (ז)
precio (m)	meχir	מְחִיר (ז)
incluso	kolel	כּוֹלֵל
incluir (vt)	liχlol	לִכלוֹל
pagar (vi, vt)	leʃalem	לְשַלֵם
cuota (f) de registro	dmei riʃum	דמֵי רִישוּם (ז"ר)
entrada (f)	knisa	כּנִיסָה (נ)
pabellón (m)	bitan	בִּיתָן (ז)
registrar (vt)	lirʃom	לִרשוֹם
tarjeta (f) de identificación	tag	תָג (ז)
stand (m)	duχan	דוּכָן (ז)
reservar (vt)	liʃmor	לִשמוֹר
vitrina (f)	madaf tetsuga	מַדָף תְצוּגָה (ז)
lámpara (f)	menorat spot	מְנוֹרַת ספּוֹט (נ)
diseño (m)	itsuv	עִיצוּב (ז)
poner (colocar)	laʿaroχ	לַעֲרוֹך
situarse (vr)	lehimatse	לְהִימָצֵא
distribuidor (m)	mefits	מֵפִיץ (ז)
proveedor (m)	sapak	סַפָּק (ז)
suministrar (vt)	lesapek	לְסַפֵּק
país (m)	medina	מְדִינָה (נ)
extranjero (adj)	meχul	מֵחוּ"ל
producto (m)	mutsar	מוּצָר (ז)
asociación (f)	amuta	עֲמוּתָה (נ)
sala (f) de conferencias	ulam knasim	אוּלָם כּנָסִים (ז)

congreso (m)	kongres	קוֹנגרֶס (ז)
concurso (m)	taχarut	תַחֲרוּת (נ)
visitante (m)	mevaker	מְבַקֵר (ז)
visitar (vt)	levaker	לְבַקֵר
cliente (m)	la'koaχ	לָקוֹחַ (ז)

119. Los medios masivos

periódico (m)	iton	עִיתוֹן (ז)
revista (f)	ʒurnal	ז'וּרנָל (ז)
prensa (f)	itonut	עִיתוֹנוּת (נ)
radio (f)	'radyo	רַדיוֹ (ז)
estación (f) de radio	taχanat 'radyo	תַחֲנַת רַדיוֹ (נ)
televisión (f)	tele'vizya	טֶלֶווִיזיָה (נ)
presentador (m)	manχe	מַנחֶה (ז)
presentador (m) de noticias	karyan	קַריָין (ז)
comentarista (m)	parʃan	פַּרשָן (ז)
periodista (m)	itonai	עִיתוֹנַאי (ז)
corresponsal (m)	katav	כַּתָב (ז)
corresponsal (m) fotográfico	tsalam itonut	צַלַם עִיתוֹנוּת (ז)
reportero (m)	katav	כַּתָב (ז)
redactor (m)	oreχ	עוֹרֵך (ז)
redactor jefe (m)	oreχ raʃi	עוֹרֵך רָאשִי (ז)
suscribirse (vr)	lehasdir manui	לְהַסדִיר מָנוּי
suscripción (f)	minui	מִנוּי (ז)
suscriptor (m)	manui	מָנוּי (ז)
leer (vi, vt)	likro	לִקרוֹא
lector (m)	kore	קוֹרֵא (ז)
tirada (f)	tfutsa	תפוּצָה (נ)
mensual (adj)	χodʃi	חוֹדשִי
semanal (adj)	ʃvuʿi	שבוּעִי
número (m)	gilayon	גִילָיוֹן (ז)
nuevo (~ número)	tari	טָרִי
titular (m)	ko'teret	כּוֹתֶרֶת (נ)
noticia (f)	katava ktsara	כַּתָבָה קצָרָה (נ)
columna (f)	tur	טוּר (ז)
artículo (m)	maʾamar	מַאֲמָר (ז)
página (f)	amud	עַמוּד (ז)
reportaje (m)	katava	כַּתָבָה (נ)
evento (m)	ei'ruʿa	אֵירוּעַ (ז)
sensación (f)	sen'satsya	סֶנסַציָה (נ)
escándalo (m)	ʃaʿaruriya	שַעֲרוּרִייָה (נ)
escandaloso (adj)	meviʃ	מֵבִיש
gran (~ escándalo)	gadol	גָדוֹל
emisión (f)	toχnit	תוֹכנִית (נ)
entrevista (f)	raʾayon	רַאֲיוֹן (ז)

transmisión (f) en vivo	ʃidur χai	שִידוּר חַי (ז)
canal (m)	aruʦ	עָרוּץ (ז)

120. La agricultura

agricultura (f)	χakla'ut	חַקלָאוּת (נ)
campesino (m)	ikar	אִיכָּר (ז)
campesina (f)	χakla'ut	חַקלָאִית (נ)
granjero (m)	χavai	חַווַאי (ז)
tractor (m)	'traktor	טרַקטוֹר (ז)
cosechadora (f)	kombain	קוֹמבַּיין (ז)
arado (m)	maχreʃa	מַחרֵשָה (נ)
arar (vi, vt)	laχaroʃ	לַחֲרוֹש
labrado (m)	sade χaruʃ	שָׂדֶה חָרוּש (ז)
surco (m)	'telem	תֶלֶם (ז)
sembrar (vi, vt)	liz'roʿa	לִזרוֹעַ
sembradora (f)	mazreʿa	מַזרֵעָה (ז)
siembra (f)	zriʿa	זרִיעָה (ז)
guadaña (f)	χermeʃ	חֶרמֵש (ז)
segar (vi, vt)	likʦor	לִקצוֹר
pala (f)	et	אֵת (ז)
layar (vt)	leta'teaχ	לְתַתֵחַ
azada (f)	maʿader	מַעֲדֵר (ז)
sachar, escardar	lenakeʃ	לְנַכֵּש
mala hierba (f)	'esev ʃote	עֵשֶׂב שוֹטֶה (ז)
regadera (f)	maʃpeχ	מַשפֵּך (ז)
regar (plantas)	lehaʃkot	לְהַשקוֹת
riego (m)	haʃkaya	הַשקָיָה (נ)
horquilla (f)	kilʃon	קִלשוֹן (ז)
rastrillo (m)	magrefa	מַגרֵפָה (נ)
fertilizante (m)	'deʃen	דֶשֶן (ז)
abonar (vt)	ledaʃen	לְדַשֵן
estiércol (m)	'zevel	זֶבֶל (ז)
campo (m)	sade	שָׂדֶה (ז)
prado (m)	aχu	אָחוּ (ז)
huerta (f)	gan yarak	גַן יָרָק (ז)
jardín (m)	bustan	בּוּסתָן (ז)
pacer (vt)	lirʿot	לִרעוֹת
pastor (m)	roʿe ʦon	רוֹעֵה צֹאן (ז)
pastadero (m)	mirʿe	מִרעֶה (ז)
ganadería (f)	gidul bakar	גִידוּל בָּקָר (ז)
cría (f) de ovejas	gidul kvasim	גִידוּל כּבָשִׂים (ז)

plantación (f)	mata	מַטָע (ז)
hilera (f) (~ de cebollas)	aruga	עֲרוּגָה (נ)
invernadero (m)	χamama	חֲמָמָה (נ)
sequía (f)	ba'tsoret	בַּצוֹרֶת (נ)
seco, árido (adj)	yaveʃ	יָבֵש
grano (m)	tvu'a	תבוּאָה (נ)
cereales (m pl)	gidulei dagan	גִידוּלֵי דָגָן (ז"ר)
recolectar (vt)	liktof	לִקטוֹף
molinero (m)	toχen	טוֹחֵן (ז)
molino (m)	taχanat 'kemaχ	טַחֲנַת קֶמַח (נ)
moler (vt)	litχon	לִטחוֹן
harina (f)	'kemaχ	קֶמַח (ז)
paja (f)	kaʃ	קַש (ז)

121. La construcción. El proceso de construcción

obra (f)	atar bniya	אֲתַר בּנִייָה (ז)
construir (vt)	livnot	לִבנוֹת
albañil (m)	banai	בַּנַאי (ז)
proyecto (m)	proyekt	פרוֹיֶיקט (ז)
arquitecto (m)	adriχal	אַדרִיכָל (ז)
obrero (m)	po'el	פּוֹעֵל (ז)
cimientos (m pl)	yesodot	יְסוֹדוֹת (ז"ר)
techo (m)	gag	גַג (ז)
pila (f) de cimentación	amud yesod	עַמוּד יְסוֹד (ז)
muro (m)	kir	קִיר (ז)
armadura (f)	mot χizuk	מוֹט חִיזוּק (ז)
andamio (m)	pigumim	פִּיגוּמִים (ז"ר)
hormigón (m)	beton	בֶּטוֹן (ז)
granito (m)	granit	גרָנִיט (ז)
piedra (f)	'even	אֶבֶן (נ)
ladrillo (m)	levena	לְבֵנָה (נ)
arena (f)	χol	חוֹל (ז)
cemento (m)	'melet	מֶלֶט (ז)
estuco (m)	'tiaχ	טִיחַ (ז)
estucar (vt)	leta'yeaχ	לְטַיֵיחַ
pintura (f)	'tseva	צֶבַע (ז)
pintar (las paredes)	lits'bo'a	לִצבּוֹע
barril (m)	χavit	חָבִית (נ)
grúa (f)	aguran	עֲגוּרָן (ז)
levantar (vt)	lehanif	לְהָנִיף
bajar (vt)	lehorid	לְהוֹרִיד
bulldózer (m)	daχpor	דַחפּוֹר (ז)
excavadora (f)	maχper	מַחפֵּר (ז)

cuchara (f)	ʃa'ov	שָׁאוֹב (ז)
cavar (vt)	laχpor	לַחפּוֹר
casco (m)	kasda	קַסדָה (נ)

122. La ciencia. La investigación. Los científicos

ciencia (f)	mada	מַדָע (ז)
científico (adj)	mada'i	מַדָעִי
científico (m)	mad'an	מַדעָן (ז)
teoría (f)	te"orya	תֵיאוֹרִיָה (נ)
axioma (m)	aks'yoma	אַקסיוֹמָה (נ)
análisis (m)	ni'tuaχ	נִיתוּחַ (ז)
analizar (vt)	lena'teaχ	לְנַתֵחַ
argumento (m)	nimuk	נִימוּק (ז)
sustancia (f) (materia)	'χomer	חוֹמֶר (ז)
hipótesis (f)	hipo'teza	הִיפּוֹתֵזָה (נ)
dilema (m)	di'lema	דִילֶמָה (נ)
tesis (f) de grado	diser'tatsya	דִיסֶרטַציָה (נ)
dogma (m)	'dogma	דוֹגמָה (נ)
doctrina (f)	dok'trina	דוֹקטרִינָה (נ)
investigación (f)	meχkar	מֶחקָר (ז)
investigar (vt)	laχkor	לַחקוֹר
prueba (f)	nuisuyim	נִיסוּיִים (ז"ר)
laboratorio (m)	ma'abada	מַעֲבָדָה (נ)
método (m)	ʃita	שִיטָה (נ)
molécula (f)	mo'lekula	מוֹלֶקוּלָה (נ)
seguimiento (m)	nitur	נִיטוּר (ז)
descubrimiento (m)	gilui	גִילוּי (ז)
postulado (m)	aks'yoma	אַקסיוֹמָה (נ)
principio (m)	ikaron	עִיקָרוֹן (ז)
pronóstico (m)	taχazit	תַחֲזִית (נ)
pronosticar (vt)	laχazot	לַחֲזוֹת
síntesis (f)	sin'teza	סִינתֶזָה (נ)
tendencia (f)	megama	מְגַמָה (נ)
teorema (m)	miʃpat	מִשפָּט (ז)
enseñanzas (f pl)	tora	תוֹרָה (נ)
hecho (m)	uvda	עוּבדָה (נ)
expedición (f)	miʃ'laχat	מִשלַחַת (נ)
experimento (m)	nisui	נִיסוּי (ז)
académico (m)	akademai	אָקָדֶמַאי (ז)
bachiller (m)	'to'ar riʃon	תוֹאַר רִאשוֹן (ז)
doctorado (m)	'doktor	דוֹקטוֹר (ז)
docente (m)	martse baχir	מַרצֶה בָּכִיר (ז)
Master (m) (~ en Letras)	musmaχ	מוּסמָך (ז)
profesor (m)	pro'fesor	פרוֹפֶסוֹר (ז)

Las profesiones y los oficios

123. La búsqueda de trabajo. El despido del trabajo

trabajo (m)	avoda	עֲבוֹדָה (נ)
empleados (pl)	'segel	סֶגֶל (ז)
personal (m)	'segel	סֶגֶל (ז)
carrera (f)	kar'yera	קַרייֶרָה (נ)
perspectiva (f)	efʃaruyot	אֶפשָרוּיוֹת (נ"ר)
maestría (f)	meyumanut	מְיוּמָנוּת (נ)
selección (f)	sinun	סִינוּן (ז)
agencia (f) de empleo	soχnut 'koaχ adam	סוֹכנוּת כּוֹחַ אָדָם (נ)
curriculum vitae (m)	korot χayim	קוֹרוֹת חַיִים (נ"ר)
entrevista (f)	ra'ayon avoda	רֵאָיוֹן עֲבוֹדָה (ז)
vacancia (f)	misra pnuya	מִשׂרָה פּנוּיָה (נ)
salario (m)	mas'koret	מַשׂכּוֹרֶת (נ)
salario (m) fijo	mas'koret kvu'a	מַשׂכּוֹרֶת קבוּעָה (נ)
remuneración (f)	taʃlum	תַשלוּם (ז)
puesto (m) (trabajo)	tafkid	תַפקִיד (ז)
deber (m)	χova	חוֹבָה (נ)
gama (f) de deberes	tχum aχrayut	תחוּם אַחרָיוּת (ז)
ocupado (adj)	asuk	עָסוּק
despedir (vt)	lefater	לְפַטֵר
despido (m)	pitur	פִּיטוּר (ז)
desempleo (m)	avtala	אַבטָלָה (נ)
desempleado (m)	muvtal	מוּבטָל (ז)
jubilación (f)	'pensya	פֶּנסיָה (נ)
jubilarse	latset legimla'ot	לָצֵאת לְגִימלָאוֹת

124. Los negociantes

director (m)	menahel	מְנַהֵל (ז)
gerente (m)	menahel	מְנַהֵל (ז)
jefe (m)	bos	בּוֹס (ז)
superior (m)	memune	מְמוּנֶה (ז)
superiores (m pl)	memunim	מְמוּנִים (ז"ר)
presidente (m)	nasi	נָשִׂיא (ז)
presidente (m) (de compañía)	yoʃev roʃ	יוֹשֵב רֹאש (ז)
adjunto (m)	sgan	סגָן (ז)
asistente (m)	ozer	עוֹזֵר (ז)

secretario, -a (m, f)	mazkir	מַזכִּיר (ז)
secretario (m) particular	mazkir iʃi	מַזכִּיר אִישִׁי (ז)
hombre (m) de negocios	iʃ asakim	אִיש עֲסָקִים (ז)
emprendedor (m)	yazam	יַזָם (ז)
fundador (m)	meyased	מְייַסֵד (ז)
fundar (vt)	leyased	לְייַסֵד
institutor (m)	meχonen	מְכוֹנֵן (ז)
compañero (m)	ʃutaf	שוּתָף (ז)
accionista (m)	'baʿal menayot	בַּעַל מְנָיוֹת (ז)
millonario (m)	milyoner	מִילִיוֹנֶר (ז)
multimillonario (m)	milyarder	מִילִיאַרדֶר (ז)
propietario (m)	beʿalim	בְּעָלִים (ז)
terrateniente (m)	'baʿal adamot	בַּעַל אֲדָמוֹת (ז)
cliente (m)	la'koaχ	לָקוֹחַ (ז)
cliente (m) habitual	la'koaχ ka'vuʿa	לָקוֹחַ קָבוּעַ (ז)
comprador (m)	kone	קוֹנֶה (ז)
visitante (m)	mevaker	מְבַקֵר (ז)
profesional (m)	miktsoʿan	מִקצוֹעָן (ז)
experto (m)	mumχe	מוּמחֶה (ז)
especialista (m)	mumχe	מוּמחֶה (ז)
banquero (m)	bankai	בַּנקאִי (ז)
broker (m)	soχen	סוֹכֵן (ז)
cajero (m)	kupai	קוּפָּאִי (ז)
contable (m)	menahel χeʃbonot	מְנַהֵל חֶשבּוֹנוֹת (ז)
guardia (m) de seguridad	ʃomer	שוֹמֵר (ז)
inversionista (m)	maʃkiʿa	מַשקִיעַ (ז)
deudor (m)	'baʿal χov	בַּעַל חוֹב (ז)
acreedor (m)	malve	מַלוֶוה (ז)
prestatario (m)	love	לוֹוֶה (ז)
importador (m)	yevu'an	יְבוּאָן (ז)
exportador (m)	yetsu'an	יְצוּאָן (ז)
productor (m)	yatsran	יַצרָן (ז)
distribuidor (m)	mefits	מֵפִיץ (ז)
intermediario (m)	metaveχ	מְתַווֵך (ז)
asesor (m) (~ fiscal)	yoʿets	יוֹעֵץ (ז)
representante (m)	natsig meχirot	נָצִיג מְכִירוֹת (ז)
agente (m)	soχen	סוֹכֵן (ז)
agente (m) de seguros	soχen bi'tuaχ	סוֹכֵן בִּיטוּחַ (ז)

125. Los trabajos de servicio

cocinero (m)	tabaχ	טַבָּח (ז)
jefe (m) de cocina	ʃef	שֶף (ז)

panadero (m)	ofe	אוֹפֶה (ז)
barman (m)	'barmen	בַּרמֶן (ז)
camarero (m)	meltsar	מֶלצָר (ז)
camarera (f)	meltsarit	מֶלצָרִית (נ)
abogado (m)	orex din	עוֹרֵך דִין (ז)
jurista (m)	orex din	עוֹרֵך דִין (ז)
notario (m)	notaryon	נוֹטַריוֹן (ז)
electricista (m)	xaʃmalai	חַשמַלאַי (ז)
fontanero (m)	ʃravrav	שרַברָב (ז)
carpintero (m)	nagar	נַגָר (ז)
masajista (m)	maʿase	מְעַסֶה (ז)
masajista (f)	masa'ʒistit	מַסָז'יסטִית (נ)
médico (m)	rofe	רוֹפֵא (ז)
taxista (m)	nahag monit	נֶהַג מוֹנִית (ז)
chófer (m)	nahag	נֶהָג (ז)
repartidor (m)	ʃa'liax	שָלִיחַ (ז)
camarera (f)	xadranit	חַדרָנִית (נ)
guardia (m) de seguridad	ʃomer	שוֹמֵר (ז)
azafata (f)	da'yelet	דַייֶלֶת (נ)
profesor (m) (~ de baile, etc.)	more	מוֹרֶה (ז)
bibliotecario (m)	safran	סַפרָן (ז)
traductor (m)	metargem	מְתַרגֵם (ז)
intérprete (m)	meturgeman	מְתוּרגְמָן (ז)
guía (m)	madrix tiyulim	מַדרִיך טִיוּלִים (ז)
peluquero (m)	sapar	סַפָּר (ז)
cartero (m)	davar	דַוָור (ז)
vendedor (m)	moxer	מוֹכֵר (ז)
jardinero (m)	ganan	גַנָן (ז)
servidor (m)	meʃaret	מְשָרֵת (ז)
criada (f)	meʃa'retet	מְשָרֶתֶת (נ)
mujer (f) de la limpieza	menaka	מְנַקָה (נ)

126. La profesión militar y los rangos

soldado (m) raso	turai	טוּרַאי (ז)
sargento (m)	samal	סַמָל (ז)
teniente (m)	'segen	סֶגֶן (ז)
capitán (m)	'seren	סֶרֶן (ז)
mayor (m)	rav 'seren	רַב־סֶרֶן (ז)
coronel (m)	aluf miʃne	אַלוּף מִשנֶה (ז)
general (m)	aluf	אַלוּף (ז)
mariscal (m)	'marʃal	מַרשָל (ז)
almirante (m)	admiral	אַדמִירָל (ז)
militar (m)	iʃ tsava	אִיש צָבָא (ז)
soldado (m)	xayal	חַייָל (ז)

oficial (m)	katsin	קָצִין (ז)
comandante (m)	mefaked	מְפַקֵד (ז)
guardafronteras (m)	ʃomer gvul	שוֹמֵר גבוּל (ז)
radio-operador (m)	alχutai	אַלחוּטָאי (ז)
explorador (m)	iʃ modiʿin kravi	אִיש מוֹדִיעִין קְרָבִי (ז)
zapador (m)	χablan	חַבְּלָן (ז)
tirador (m)	tsalaf	צַלָף (ז)
navegador (m)	navat	נַוָוט (ז)

127. Los oficiales. Los sacerdotes

rey (m)	'meleχ	מֶלֶך (ז)
reina (f)	malka	מַלכָּה (נ)
príncipe (m)	nasiχ	נָסִיך (ז)
princesa (f)	nesiχa	נְסִיכָה (נ)
zar (m)	tsar	צָאר (ז)
zarina (f)	tsa'rina	צָארִינָה (נ)
presidente (m)	nasi	נָשִׂיא (ז)
ministro (m)	sar	שַׂר (ז)
primer ministro (m)	roʃ memʃala	רֹאש מֶמשָׁלָה (ז)
senador (m)	se'nator	סֶנָאטוֹר (ז)
diplomático (m)	diplomat	דִיפּלוֹמָט (ז)
cónsul (m)	'konsul	קוֹנסוּל (ז)
embajador (m)	ʃagrir	שַגרִיר (ז)
consejero (m)	yoʿets	יוֹעֵץ (ז)
funcionario (m)	pakid	פָּקִיד (ז)
prefecto (m)	prefekt	פרֶפֶקט (ז)
alcalde (m)	roʃ haʿir	רֹאש הָעִיר (ז)
juez (m)	ʃofet	שוֹפֵט (ז)
fiscal (m)	to'veʿa	תוֹבֵעַ (ז)
misionero (m)	misyoner	מִיסיוֹנֶר (ז)
monje (m)	nazir	נָזִיר (ז)
abad (m)	roʃ minzar ka'toli	רֹאש מִנזָר קָתוֹלִי (ז)
rabino (m)	rav	רַב (ז)
visir (m)	vazir	וָזִיר (ז)
sha (m)	ʃaχ	שָאח (ז)
jeque (m)	ʃeiχ	שֵייח (ז)

128. Las profesiones agrícolas

apicultor (m)	kavran	כַּוורָן (ז)
pastor (m)	roʿe tson	רוֹעֵה צֹאן (ז)
agrónomo (m)	agronom	אַגרוֹנוֹם (ז)

ganadero (m)	megadel bakar	מְגַדֵל בָּקָר (ז)
veterinario (m)	veterinar	וֶטֶרִינָר (ז)
granjero (m)	χavai	חַוַואי (ז)
vinicultor (m)	yeinan	יֵינָן (ז)
zoólogo (m)	zo'olog	זוֹאוֹלוֹג (ז)
vaquero (m)	'ka'uboi	קָאוּבּוֹי (ז)

129. Las profesiones artísticas

actor (m)	saχkan	שַׂחקָן (ז)
actriz (f)	saχkanit	שַׂחקָנִית (נ)
cantante (m)	zamar	זַמָר (ז)
cantante (f)	za'meret	זַמֶרֶת (נ)
bailarín (m)	rakdan	רַקדָן (ז)
bailarina (f)	rakdanit	רַקדָנִית (נ)
artista (m)	saχkan	שַׂחקָן (ז)
artista (f)	saχkanit	שַׂחקָנִית (נ)
músico (m)	muzikai	מוּזִיקַאי (ז)
pianista (m)	psantran	פְּסַנתְרָן (ז)
guitarrista (m)	nagan gi'tara	נַגָן גִיטָרָה (ז)
director (m) de orquesta	mena'tseaχ	מְנַצֵחַ (ז)
compositor (m)	malχin	מַלחִין (ז)
empresario (m)	amargan	אֲמַרגָן (ז)
director (m) de cine	bamai	בַּמַאי (ז)
productor (m)	mefik	מֵפִיק (ז)
guionista (m)	tasritai	תַסרִיטַאי (ז)
crítico (m)	mevaker	מְבַקֵר (ז)
escritor (m)	sofer	סוֹפֵר (ז)
poeta (m)	meʃorer	מְשוֹרֵר (ז)
escultor (m)	pasal	פַּסָל (ז)
pintor (m)	tsayar	צַייָר (ז)
malabarista (m)	lahatutan	לַהֲטוּטָן (ז)
payaso (m)	leitsan	לֵיצָן (ז)
acróbata (m)	akrobat	אַקרוֹבָּט (ז)
ilusionista (m)	kosem	קוֹסֵם (ז)

130. Profesiones diversas

médico (m)	rofe	רוֹפֵא (ז)
enfermera (f)	aχot	אָחוֹת (נ)
psiquiatra (m)	psiχi"ater	פְּסִיכִיאָטֶר (ז)
estomatólogo (m)	rofe ʃi'nayim	רוֹפֵא שִינַיִים (ז)
cirujano (m)	kirurg	כִּירוּרג (ז)

astronauta (m)	astro'naʾut	אַסטרוֹנָאוּט (ז)
astrónomo (m)	astronom	אַסטרוֹנוֹם (ז)
piloto (m)	tayas	טַיָּיס (ז)
conductor (m) (chófer)	nahag	נַהָג (ז)
maquinista (m)	nahag ra'kevet	נַהַג רַכֶּבֶת (ז)
mecánico (m)	meχonai	מְכוֹנַאי (ז)
minero (m)	kore	כּוֹרֶה (ז)
obrero (m)	poʿel	פּוֹעֵל (ז)
cerrajero (m)	misgad	מַסגֵד (ז)
carpintero (m)	nagar	נַגָּר (ז)
tornero (m)	χarat	חָרָט (ז)
albañil (m)	banai	בַּנַאי (ז)
soldador (m)	rataχ	רַתָּך (ז)
profesor (m) (título)	pro'fesor	פּרוֹפֶסוֹר (ז)
arquitecto (m)	adriχal	אַדרִיכָל (ז)
historiador (m)	historyon	הִיסטוֹרִיוֹן (ז)
científico (m)	madʿan	מַדעָן (ז)
físico (m)	fizikai	פִיזִיקַאי (ז)
químico (m)	χimai	כִימַאי (ז)
arqueólogo (m)	arχeʾolog	אַרכֵיאוֹלוֹג (ז)
geólogo (m)	geʾolog	גֵיאוֹלוֹג (ז)
investigador (m)	χoker	חוֹקֵר (ז)
niñera (f)	ʃmartaf	שמַרטַף (ז)
pedagogo (m)	more, meχaneχ	מוֹרֶה, מְחַנֵך (ז)
redactor (m)	oreχ	עוֹרֵך (ז)
redactor jefe (m)	oreχ raʃi	עוֹרֵך רָאשִי (ז)
corresponsal (m)	katav	כַּתָב (ז)
mecanógrafa (f)	kaldanit	קַלדָנִית (נ)
diseñador (m)	meʿatsev	מְעַצֵב (ז)
especialista (m) en ordenadores	mumχe maχʃevim	מוּמחֶה מַחשֵבִים (ז)
programador (m)	metaχnet	מְתַכנֵת (ז)
ingeniero (m)	mehandes	מְהַנדֵס (ז)
marino (m)	yamai	יַמַאי (ז)
marinero (m)	malaχ	מַלָח (ז)
socorrista (m)	matsil	מַצִיל (ז)
bombero (m)	kabai	כַּבַּאי (ז)
policía (m)	ʃoter	שוֹטֵר (ז)
vigilante (m) nocturno	ʃomer	שוֹמֵר (ז)
detective (m)	balaʃ	בַּלָש (ז)
aduanero (m)	pakid 'meχes	פְּקִיד מֶכֶס (ז)
guardaespaldas (m)	ʃomer roʃ	שוֹמֵר רֹאש (ז)
guardia (m) de prisiones	soher	סוֹהֵר (ז)
inspector (m)	mefa'keaχ	מְפַקֵחַ (ז)
deportista (m)	sportai	ספּוֹרטַאי (ז)
entrenador (m)	meʾamen	מְאַמֵן (ז)

carnicero (m)	katsav	קַצָב (ז)
zapatero (m)	sandlar	סַנדלָר (ז)
comerciante (m)	soχer	סוֹחֵר (ז)
cargador (m)	sabal	סַבָּל (ז)
diseñador (m) de modas	me'atsev ofna	מְעַצֵב אוֹפנָה (ז)
modelo (f)	dugmanit	דוּגמָנִית (נ)

131. Los trabajos. El estatus social

escolar (m)	talmid	תַלמִיד (ז)
estudiante (m)	student	סטוּדֶנט (ז)
filósofo (m)	filosof	פִילוֹסוֹף (ז)
economista (m)	kalkelan	כַּלכְּלָן (ז)
inventor (m)	mamtsi	מַמצִיא (ז)
desempleado (m)	muvtal	מוּבטָל (ז)
jubilado (m)	pensyoner	פֶנסיוֹנֶר (ז)
espía (m)	meragel	מְרַגֵל (ז)
prisionero (m)	asir	אָסִיר (ז)
huelguista (m)	ʃovet	שוֹבֵת (ז)
burócrata (m)	birokrat	בִּירוֹקרָט (ז)
viajero (m)	metayel	מְטַייֵל (ז)
homosexual (m)	'lesbit, 'homo	לֶסבִּית (נ), הוֹמוֹ (ז)
hacker (m)	'haker	הָאקֶר (ז)
hippie (m)	'hipi	הִיפִּי (ז)
bandido (m)	ʃoded	שוֹדֵד (ז)
sicario (m)	ro'tseaχ saχir	רוֹצֵחַ שָׂכִיר (ז)
drogadicto (m)	narkoman	נַרקוֹמָן (ז)
narcotraficante (m)	soχer samim	סוֹחֵר סַמִים (ז)
prostituta (f)	zona	זוֹנָה (נ)
chulo (m), proxeneta (m)	sarsur	סַרסוּר (ז)
brujo (m)	meχaʃef	מְכַשֵף (ז)
bruja (f)	maχʃefa	מַכשֵפָה (נ)
pirata (m)	ʃoded yam	שוֹדֵד יָם (ז)
esclavo (m)	ʃifχa, 'eved	שִפחָה (נ), עֶבֶד (ז)
samurai (m)	samurai	סָמוּרַאי (ז)
salvaje (m)	'pere adam	פֶּרֶא אָדָם (ז)

Los deportes

132. Tipos de deportes. Deportistas

deportista (m)	sportai	ספּוֹרטָאי (ז)
tipo (m) de deporte	anaf sport	עָנָף ספּוֹרט (ז)
baloncesto (m)	kadursal	כַּדוּרסַל (ז)
baloncestista (m)	kadursalan	כַּדוּרסַלָן (ז)
béisbol (m)	'beisbol	בֵּייסבּוֹל (ז)
beisbolista (m)	saχkan 'beisbol	שַׂחקַן בֵּיסבּוֹל (ז)
fútbol (m)	kadu'regel	כַּדוּרֶגֶל (ז)
futbolista (m)	kaduraglan	כַּדוּרַגלָן (ז)
portero (m)	ʃoʿer	שׁוֹעֵר (ז)
hockey (m)	'hoki	הוֹקִי (ז)
jugador (m) de hockey	saχkan 'hoki	שַׂחקַן הוֹקִי (ז)
voleibol (m)	kadurʿaf	כַּדוּרעָף (ז)
voleibolista (m)	saχkan kadurʿaf	שַׂחקַן כַּדוּרעָף (ז)
boxeo (m)	igruf	אִיגרוּף (ז)
boxeador (m)	mitʾagref	מִתאַגרֵף (ז)
lucha (f)	heʾavkut	הֵיאָבקוּת (נ)
luchador (m)	mitʾabek	מִתאַבֵּק (ז)
kárate (m)	karate	קָרָטֶה (ז)
karateka (m)	karatist	קָרָטִיסט (ז)
judo (m)	'dʒudo	ג'וּדוֹ (ז)
judoka (m)	dʒudai	ג'וּדָאי (ז)
tenis (m)	'tenis	טֶנִיס (ז)
tenista (m)	tenisai	טֶנִיסָאי (ז)
natación (f)	sχiya	שׂחִייָה (נ)
nadador (m)	saχyan	שַׂחייָן (ז)
esgrima (f)	'sayif	סַיִף (ז)
esgrimidor (m)	sayaf	סַייָף (ז)
ajedrez (m)	'ʃaχmat	שַׁחמָט (ז)
ajedrecista (m)	ʃaχmetai	שַׁחמְטָאי (ז)
alpinismo (m)	tipus harim	טִיפּוּס הָרִים (ז)
alpinista (m)	metapes harim	מְטַפֵּס הָרִים (ז)
carrera (f)	ritsa	רִיצָה (נ)

corredor (m)	atsan	אָצָן (ז)
atletismo (m)	at'letika kala	אַתלֶטִיקָה קַלָה (נ)
atleta (m)	atlet	אַתלֶט (ז)
deporte (m) hípico	reχiva al sus	רְכִיבָה עַל סוּס (נ)
jinete (m)	paraʃ	פָּרָש (ז)
patinaje (m) artístico	haχlaka omanutit	הַחלָקָה אוֹמָנוּתִית (נ)
patinador (m)	maχlik amanuti	מַחלִיק אָמָנוּתִי (ז)
patinadora (f)	maχlika amanutit	מַחלִיקָה אָמָנוּתִית (נ)
levantamiento (m) de pesas	haramat miʃkolot	הֲרָמַת מִשקוֹלוֹת (נ)
levantador (m) de pesas	miʃkolan	מִשקוֹלָן (ז)
carreras (f pl) de coches	merots meχoniyot	מֵירוֹץ מְכוֹנִיוֹת (ז)
piloto (m) de carreras	nahag merotsim	נַהַג מֵרוֹצִים (ז)
ciclismo (m)	reχiva al ofa'nayim	רְכִיבָה עַל אוֹפַנַיִים (נ)
ciclista (m)	roχev ofa'nayim	רוֹכֵב אוֹפַנַיִים (ז)
salto (m) de longitud	kfitsa la'roχav	קפִיצָה לָרוֹחַק (נ)
salto (m) con pértiga	kfitsa bemot	קפִיצָה בְּמוֹט (נ)
saltador (m)	kofets	קוֹפֵץ (ז)

133. Tipos de deportes. Miscelánea

fútbol (m) americano	'futbol	פוּטבּוֹל (ז)
bádminton (m)	notsit	נוֹצִית (ז)
biatlón (m)	bi'atlon	בִּיאַתלוֹן (ז)
billar (m)	bilyard	בִּילִיַארד (ז)
bobsleigh (m)	miz'χelet	מִזחֶלֶת (נ)
culturismo (m)	pi'tuaχ guf	פִּיתוּחַ גוּף (ז)
waterpolo (m)	polo 'mayim	פּוֹלוֹ מַיִם (ז)
balonmano (m)	kadur yad	כַּדוּר־יָד (ז)
golf (m)	golf	גוֹלף (ז)
remo (m)	χatira	חֲתִירָה (נ)
buceo (m)	tslila	צלִילָה (נ)
esquí (m) de fondo	ski bemiʃor	סקִי בַּמִישוֹר (ז)
tenis (m) de mesa	'tenis ʃulχan	טֶנִיס שוּלחָן (ז)
vela (f)	'ʃayit	שַיִט (ז)
rally (m)	'rali	רָאלִי (ז)
rugby (m)	'rogbi	רוֹגבִּי (ז)
snowboarding (m)	gliʃat 'ʃeleg	גלִישַת שֶלֶג (נ)
tiro (m) con arco	kaʃatut	קַשָתוּת (נ)

134. El gimnasio

barra (f) de pesas	miʃ'kolet	מִשקוֹלֶת (נ)
pesas (f pl)	miʃkolot	מִשקוֹלוֹת (נ"ר)

aparato (m) de ejercicios	maχʃir 'koʃer	מַכשִיר כּוֹשֶר (ז)
bicicleta (f) estática	ofanei 'koʃer	אוֹפַנֵי כּוֹשֶר (ז"ר)
cinta (f) de correr	haliχon	הֲלִיכוֹן (ז)
barra (f) fija	'metaχ	מֶתַח (ז)
barras (f pl) paralelas	makbilim	מַקבִּילִים (ז"ר)
potro (m)	sus	סוּס (ז)
colchoneta (f)	mizron	מִזרוֹן (ז)
comba (f)	dalgit	דַלגִית (נ)
aeróbica (f)	ei'robika	אֵירוֹבִּיקָה (ז)
yoga (m)	'yoga	יוֹגָה (נ)

135. El hóckey

hockey (m)	'hoki	הוֹקִי (ז)
jugador (m) de hockey	saχkan 'hoki	שַׂחקָן הוֹקִי (ז)
jugar al hockey	lesaχek 'hoki	לְשַׂחֵק הוֹקִי
hielo (m)	'keraχ	קֶרַח (ז)
disco (m)	diskit	דִיסקִית (נ)
palo (m) de hockey	makel 'hoki	מַקֵל הוֹקִי (ז)
patines (m pl)	maχli'kayim	מַחלִיקַיִים (ז"ר)
muro (m)	'dofen	דוֹפֶן (ז)
tiro (m)	kliʿa	קלִיעָה (נ)
portero (m)	ʃoʿer	שוֹעֵר (ז)
gol (m)	'ʃaʿar	שַעַר (ז)
marcar un gol	lehav'kiʿa 'ʃaʿar	לְהַבקִיעַ שַעַר
período (m)	ʃliʃ	שלִיש (ז)
segundo período (m)	ʃliʃ ʃeni	שלִיש שֵנִי (ז)
banquillo (m) de reserva	safsal maχlifim	סַפסָל מַחלִיפִים (ז)

136. El fútbol

fútbol (m)	kadu'regel	כַּדוּרֶגֶל (ז)
futbolista (m)	kaduraglan	כַּדוּרַגלָן (ז)
jugar al fútbol	lesaχek kadu'regel	לְשַׂחֵק כַּדוּרֶגֶל
liga (f) superior	'liga elyona	לִיגָה עֶליוֹנָה (נ)
club (m) de fútbol	moʿadon kadu'regel	מוֹעֲדוֹן כַּדוּרֶגֶל (ז)
entrenador (m)	meʾamen	מְאַמֵן (ז)
propietario (m)	beʿalim	בְּעָלִים (ז)
equipo (m)	kvutsa, niv'χeret	קבוּצָה, נִבחֶרֶת (נ)
capitán (m) del equipo	'kepten	קֶפּטֶן (ז)
jugador (m)	saχkan	שַׂחקָן (ז)
reserva (m)	saχkan maχlif	שַׂחקָן מַחלִיף (ז)
delantero (m)	χaluts	חָלוּץ (ז)
delantero centro (m)	χaluts merkazi	חָלוּץ מֶרכָּזִי (ז)

goleador (m)	mavki	מַבְקִיעַ (ז)
defensa (m)	balam, megen	בַּלָּם, מָגֵן (ז)
medio (m)	mekaʃer	מְקַשֵּׁר (ז)

match (m)	misχak	מִשְׂחָק (ז)
encontrarse (vr)	lehipageʃ	לְהִיפָּגֵשׁ
final (m)	gmar	גְּמָר (ז)
semifinal (f)	χatsi gmar	חֲצִי גְּמָר (ז)
campeonato (m)	alifut	אֲלִיפוּת (נ)

tiempo (m)	maχatsit	מַחֲצִית (נ)
primer tiempo (m)	maχatsit riʃona	מַחֲצִית רִאשׁוֹנָה (נ)
descanso (m)	hafsaka	הַפְסָקָה (נ)

puerta (f)	'ʃaʿar	שַׁעַר (ז)
portero (m)	ʃoʿer	שׁוֹעֵר (ז)
poste (m)	amud ha'ʃaʿar	עַמּוּד הַשַּׁעַר (ז)
larguero (m)	maʃkof	מַשְׁקוֹף (ז)
red (f)	'reʃet	רֶשֶׁת (נ)
recibir un gol	lispog 'ʃaʿar	לִסְפּוֹג שַׁעַר

balón (m)	kadur	כַּדּוּר (ז)
pase (m)	mesira	מְסִירָה (נ)
tiro (m)	beʿita	בְּעִיטָה (נ)
lanzar un tiro	livʿot	לִבְעוֹט
tiro (m) de castigo	beʿitat onʃin	בְּעִיטַת עוֹנְשִׁין (נ)
saque (m) de esquina	beʿitat 'keren	בְּעִיטַת קֶרֶן (נ)

ataque (m)	hatkafa	הַתְקָפָה (נ)
contraataque (m)	hatkafat 'neged	הַתְקָפַת נֶגֶד (נ)
combinación (f)	ʃiluv	שִׁילּוּב (ז)

árbitro (m)	ʃofet	שׁוֹפֵט (ז)
silbar (vi)	liʃrok	לִשְׁרוֹק
silbato (m)	ʃrika	שְׁרִיקָה (נ)
infracción (f)	avira	עֲבִירָה (נ)
cometer una infracción	leva'tseʿa avira	לְבַצֵּעַ עֲבִירָה
expulsar del campo	leharχik	לְהַרְחִיק

tarjeta (f) amarilla	kartis tsahov	כַּרְטִיס צָהוֹב (ז)
tarjeta (f) roja	kartis adom	כַּרְטִיס אָדוֹם (ז)
descalificación (f)	psila, ʃlila	פְּסִילָה, שְׁלִילָה (נ)
descalificar (vt)	lefsol	לִפְסוֹל

penalti (m)	'pendel	פֶּנְדָּל (ז)
barrera (f)	χoma	חוֹמָה (נ)
meter un gol	lehav'kiʿa	לְהַבְקִיעַ
gol (m)	'ʃaʿar	שַׁעַר (ז)
marcar un gol	lehav'kiʿa 'ʃaʿar	לְהַבְקִיעַ שַׁעַר

reemplazo (m)	haχlata	הַחְלָטָה (נ)
reemplazar (vt)	lehaχlif	לְהַחְלִיף
reglas (f pl)	klalim	כְּלָלִים (ז"ר)
táctica (f)	'taktika	טַקְטִיקָה (נ)
estadio (m)	itstadyon	אִצְטַדְיוֹן (ז)
gradería (f)	bama	בָּמָה (נ)

hincha (m)	ohed	אוֹהֵד (ז)
gritar (vi)	lits'ok	לִצעוֹק
tablero (m)	'luaχ totsa'ot	לוּחַ תוֹצָאוֹת (ז)
tanteo (m)	totsa'a	תוֹצָאָה (נ)
derrota (f)	tvusa	תבוּסָה (נ)
perder (vi)	lehafsid	לְהַפסִיד
empate (m)	'teku	תֵיקוּ (ז)
empatar (vi)	lesayem be'teku	לְסַייֵם בְּתֵיקוּ
victoria (f)	nitsaχon	נִיצָחוֹן (ז)
ganar (vi)	lena'tseaχ	לְנַצֵחַ
campeón (m)	aluf	אַלוּף (ז)
mejor (adj)	hatov beyoter	הַטוֹב בְּיוֹתֵר
felicitar (vt)	levareχ	לְבָרֵך
comentarista (m)	parʃan	פַּרשָן (ז)
comentar (vt)	lefarʃen	לְפַרשֵן
transmisión (f)	ʃidur	שִידוּר (ז)

137. El esquí

esquís (m pl)	migla'ʃayim	מִגלָשַיִים (ז"ר)
esquiar (vi)	la'asot ski	לַעֲשׂוֹת סקִי
estación (f) de esquí	atar ski	אֲתַר סקִי (ז)
telesquí (m)	ma'alit ski	מַעֲלִית סקִי (נ)
bastones (m pl)	maklot ski	מַקלוֹת סקִי (ז"ר)
cuesta (f)	midron	מִדרוֹן (ז)
eslalon (m)	merots akalaton	מֵירוֹץ עֲקַלָתוֹן (ז)

138. El tenis. El golf

golf (m)	golf	גוֹלף (ז)
club (m) de golf	mo'adon golf	מוֹעֲדוֹן גוֹלף (ז)
jugador (m) de golf	saχkan golf	שַׂחקָן גוֹלף (ז)
hoyo (m)	guma	גוּמָה (נ)
palo (m)	makel golf	מַקֵל גוֹלף (ז)
carro (m) de golf	eglat golf	עֶגלַת גוֹלף (נ)
tenis (m)	'tenis	טֶנִיס (ז)
cancha (f) de tenis	migraʃ 'tenis	מִגרַש טֶנִיס (ז)
saque (m)	χavatat hagaʃa	חֲבָטַת הַגָשָה (נ)
sacar (servir)	lehagiʃ	לְהַגִיש
raqueta (f)	maχbet 'tenis	מַחבֵּט טֶנִיס (ז)
red (f)	'reʃet	רֶשֶת (נ)
pelota (f)	kadur	כַּדוּר (ז)

139. El ajedrez

ajedrez (m)	'ʃaχmat	שַׁחמָט (ז)
piezas (f pl)	klei 'ʃaχmat	כּלֵי שַׁחמָט (ז"ר)
ajedrecista (m)	ʃaχmetai	שַׁחמְטַאי (ז)
tablero (m) de ajedrez	'luaχ 'ʃaχmat	לוּחַ שַׁחמָט (ז)
pieza (f)	kli	כּלִי (ז)
blancas (f pl)	levanim	לְבָנִים (ז)
negras (f pl)	ʃχorim	שחוֹרִים (ז)
peón (m)	χayal	חַייָל (ז)
alfil (m)	rats	רָץ (ז)
caballo (m)	paraʃ	פָּרָש (ז)
torre (f)	'tsriaχ	צרִיחַ (ז)
reina (f)	malka	מַלכָּה (נ)
rey (m)	'meleχ	מֶלֶך (ז)
jugada (f)	'tsaʿad	צַעַד (ז)
jugar (mover una pieza)	la'nuʿa	לָנוּעַ
sacrificar (vt)	lehakriv	לְהַקרִיב
enroque (m)	hatsraχa	הַצרָחָה (נ)
jaque (m)	ʃaχ	שַח (ז)
mate (m)	mat	מַט (ז)
torneo (m) de ajedrez	taχarut 'ʃaχmat	תַחֲרוּת שַׁחמָט (נ)
gran maestro (m)	rav oman	רַב־אוֹמָן (ז)
combinación (f)	ʃiluv	שִילוּב (ז)
partida (f)	misχak	מִשׂחָק (ז)
damas (f pl)	'damka	דַמקָה (נ)

140. El boxeo

boxeo (m)	igruf	אִיגרוּף (ז)
combate (m) (~ de boxeo)	krav	קְרָב (ז)
pelea (f) de boxeo	du krav	דוּ־קְרָב (ז)
asalto (m)	sivuv	סִיבוּב (ז)
cuadrilátero (m)	zira	זִירָה (נ)
gong (m)	gong	גוֹנג (ז)
golpe (m)	mahaluma	מַהֲלוּמָה (נ)
knockdown (m)	nefila lekraʃim	נְפִילָה לְקרָשִים (נ)
nocaut (m)	'nokʾaʾut	נוֹקָאאוּט (ז)
noquear (vt)	liʃ'loaχ le'nokʾaʾut	לִשלוֹחַ לְנוֹקָאאוּט
guante (m) de boxeo	kfafat igruf	כּפָפַת אִיגרוּף (נ)
árbitro (m)	ʃofet	שוֹפֵט (ז)
peso (m) ligero	miʃkal notsa	מִשקָל נוֹצָה (ז)
peso (m) medio	miʃkal beinoni	מִשקָל בֵּינוֹנִי (ז)
peso (m) pesado	miʃkal kaved	מִשקָל כָּבֵד (ז)

141. Los deportes. Miscelánea

Juegos (m pl) Olímpicos	hamisχakim ha'o'limpiyim	הַמִשׂחָקִים הָאוֹלִימפִּיִים (ז"ר)
vencedor (m)	mena'tseaχ	מְנַצֵחַ (ז)
vencer (vi)	lena'tseaχ	לְנַצֵחַ
ganar (vi)	lena'tseaχ	לְנַצֵחַ
líder (m)	manhig	מַנהִיג (ז)
llevar la delantera	lehovil	לְהוֹבִיל
primer puesto (m)	makom riʃon	מָקוֹם רִאשׁוֹן (ז)
segundo puesto (m)	makom ʃeni	מָקוֹם שֵׁנִי (ז)
tercer puesto (m)	makom ʃliʃi	מָקוֹם שלִישִׁי (ז)
medalla (f)	me'dalya	מֶדַליָה (נ)
trofeo (m)	pras	פּרָס (ז)
copa (f) (trofeo)	ga'vi'a nitsaχon	גָבִיעַ נִיצָחוֹן (ז)
premio (m)	pras	פּרָס (ז)
premio (m) principal	pras riʃon	פּרָס רִאשׁוֹן (ז)
record (m)	si	שִׂיא (ז)
establecer un record	lik'bo'a si	לִקבּוֹעַ שִׂיא
final (m)	gmar	גמָר (ז)
de final (adj)	ʃel hagmar	שֶׁל הַגמָר
campeón (m)	aluf	אַלוּף (ז)
campeonato (m)	alifut	אַלִיפוּת (נ)
estadio (m)	itstadyon	אִצטַדיוֹן (ז)
gradería (f)	bama	בָּמָה (נ)
hincha (m)	ohed	אוֹהֵד (ז)
adversario (m)	yariv	יָרִיב (ז)
arrancadero (m)	kav zinuk	קַו זִינוּק (ז)
línea (f) de meta	kav hagmar	קַו הַגמָר (ז)
derrota (f)	tvusa	תבוּסָה (נ)
perder (vi)	lehafsid	לְהַפסִיד
árbitro (m)	ʃofet	שׁוֹפֵט (ז)
jurado (m)	χaver ʃoftim	חֶבֶר שׁוֹפטִים (ז)
cuenta (f)	totsa'a	תוֹצָאָה (נ)
empate (m)	'teku	תֵיקוּ (ז)
empatar (vi)	lesayem be'teku	לְסַייֵם בְּתֵיקוּ
punto (m)	nekuda	נְקוּדָה (נ)
resultado (m)	totsa'a	תוֹצָאָה (נ)
tiempo (m)	sivuv	סִיבוּב (ז)
descanso (m)	hafsaka	הַפסָקָה (נ)
droga (f), doping (m)	sam	סַם (ז)
penalizar (vt)	leha'aniʃ	לְהַעֲנִישׁ
descalificar (vt)	lefsol	לִפסוֹל
aparato (m)	maχʃir	מַכשִׁיר (ז)
jabalina (f)	kidon	כִּידוֹן (ז)

peso (m) (lanzamiento de ~)	kadur barzel	כַּדוּר בַּרזֶל (ז)
bola (f) (billar, etc.)	kadur	כַּדוּר (ז)
objetivo (m)	matara	מַטָרָה (נ)
blanco (m)	matara	מַטָרָה (נ)
tirar (vi)	lirot	לִירוֹת
preciso (~ disparo)	meduyak	מְדוּיָק
entrenador (m)	me'amen	מְאַמֵן (ז)
entrenar (vt)	le'amen	לְאַמֵן
entrenarse (vr)	lehit'amen	לְהִתאַמֵן
entrenamiento (m)	imun	אִימוּן (ז)
gimnasio (m)	'χeder 'koʃer	חֶדֶר כּוֹשֶר (ז)
ejercicio (m)	imun	אִימוּן (ז)
calentamiento (m)	χimum	חִימוּם (ז)

La educación

142. La escuela

escuela (f)	beit 'sefer	בֵּית סֵפֶר (ז)
director (m) de escuela	menahel beit 'sefer	מְנַהֵל בֵּית סֵפֶר (ז)
alumno (m)	talmid	תַלמִיד (ז)
alumna (f)	talmida	תַלמִידָה (נ)
escolar (m)	talmid	תַלמִיד (ז)
escolar (f)	talmida	תַלמִידָה (נ)
enseñar (vt)	lelamed	לְלַמֵד
aprender (ingles, etc.)	lilmod	ללמוֹד
aprender de memoria	lilmod beʿal pe	ללמוֹד בְּעַל פֶּה
aprender (a leer, etc.)	lilmod	ללמוֹד
estar en la escuela	lilmod	ללמוֹד
ir a la escuela	la'leχet le'beit 'sefer	לָלֶכֶת לְבֵית סֵפֶר
alfabeto (m)	alefbeit	אָלֶפבֵּית (ז)
materia (f)	mik'ʦoʿa	מִקצוֹעַ (ז)
clase (f), aula (f)	kita	כִּיתָה (נ)
lección (f)	ʃiʿur	שִיעוּר (ז)
recreo (m)	hafsaka	הַפסָקָה (נ)
campana (f)	paʿamon	פַּעֲמוֹן (ז)
pupitre (m)	ʃulχan limudim	שוּלחַן לִימוּדִים (ז)
pizarra (f)	'luaχ	לוּחַ (ז)
nota (f)	ʦiyun	צִיוּן (ז)
buena nota (f)	ʦiyun tov	צִיוּן טוֹב (ז)
mala nota (f)	ʦiyun ga'ruʿa	צִיוּן גָרוּעַ (ז)
poner una nota	latet ʦiyun	לָתֵת צִיוּן
falta (f)	taʿut	טָעוּת (נ)
hacer faltas	laʿasot taʿuyot	לַעֲשׂוֹת טָעוּיוֹת
corregir (un error)	letaken	לְתַקֵן
chuleta (f)	ʃlif	שלִיף (ז)
deberes (m pl) de casa	ʃiʿurei 'bayit	שִיעוּרֵי בַּיִת (ז"ר)
ejercicio (m)	targil	תַרגִיל (ז)
estar presente	lihyot no'χeaχ	להיוֹת נוֹכֵחַ
estar ausente	leheʿader	לְהֵיעָדֵר
faltar a las clases	lehaχsir	לְהַחסִיר
castigar (vt)	lehaʿaniʃ	לְהַעֲנִיש
castigo (m)	'oneʃ	עוֹנֶש (ז)
conducta (f)	hitnahagut	הִתנַהֲגוּת (נ)

libreta (f) de notas	yoman beit 'sefer	יוֹמָן בֵּית סֵפֶר (ז)
lápiz (f)	iparon	עִיפָּרוֹן (ז)
goma (f) de borrar	'maχak	מַחַק (ז)
tiza (f)	gir	גִּיר (ז)
cartuchera (f)	kalmar	קַלמָר (ז)
mochila (f)	yalkut	יַלקוּט (ז)
bolígrafo (m)	et	עֵט (ז)
cuaderno (m)	maχ'beret	מַחבֶּרֶת (נ)
manual (m)	'sefer limud	סֵפֶר לִימוּד (ז)
compás (m)	meχuga	מְחוּגָה (נ)
trazar (vi, vt)	lesartet	לְשַׂרטֵט
dibujo (m) técnico	sirtut	שִׂרטוּט (ז)
poema (m), poesía (f)	ʃir	שִׁיר (ז)
de memoria (adv)	beʿal pe	בְּעַל פֶּה
aprender de memoria	lilmod beʿal pe	לִלמוֹד בְּעַל פֶּה
vacaciones (f pl)	χufʃa	חוּפשָׁה (נ)
estar de vacaciones	lihyot beχufʃa	לִהיוֹת בְּחוּפשָׁה
pasar las vacaciones	lehaʿavir 'χofeʃ	לְהַעֲבִיר חוֹפֶשׁ
prueba (f) escrita	mivχan	מִבחָן (ז)
composición (f)	χibur	חִיבּוּר (ז)
dictado (m)	haχtava	הַכתָבָה (נ)
examen (m)	bχina	בּחִינָה (נ)
hacer un examen	lehibaχen	לְהִיבָּחֵן
experimento (m)	nisui	נִיסוּי (ז)

143. Los institutos. La Universidad

academia (f)	aka'demya	אָקָדֶמיָה (נ)
universidad (f)	uni'versita	אוּנִיבֶרסִיטָה (נ)
facultad (f)	fa'kulta	פָקוּלטָה (נ)
estudiante (m)	student	סטוּדֶנט (ז)
estudiante (f)	stu'dentit	סטוּדֶנטִית (נ)
profesor (m)	marʦe	מַרצֶה (ז)
aula (f)	ulam harʦa'ot	אוּלָם הַרצָאוֹת (ז)
graduado (m)	boger	בּוֹגֵר (ז)
diploma (m)	di'ploma	דִיפלוֹמָה (נ)
tesis (f) de grado	diser'taʦya	דִיסֶרטַציָה (נ)
estudio (m)	meχkar	מֶחקָר (ז)
laboratorio (m)	maʿabada	מַעֲבָּדָה (נ)
clase (f)	harʦa'a	הַרצָאָה (נ)
compañero (m) de curso	χaver lelimudim	חָבֵר לְלִימוּדִים (ז)
beca (f)	milga	מִלגָה (נ)
grado (m) académico	'to'ar aka'demi	תוֹאַר אָקָדֶמִי (ז)

144. Las ciencias. Las disciplinas

matemáticas (f pl)	mate'matika	מָתֶמָטִיקָה (נ)
álgebra (f)	'algebra	אַלגֶבּרָה (נ)
geometría (f)	ge'o'metriya	גֵיאוֹמֶטרִיָה (נ)
astronomía (f)	astro'nomya	אַסטרוֹנוֹמיָה (נ)
biología (f)	bio'logya	בִּיוֹלוֹגיָה (נ)
geografía (f)	ge'o'grafya	גֵיאוֹגרַפיָה (נ)
geología (f)	ge'o'logya	גֵיאוֹלוֹגיָה (נ)
historia (f)	his'torya	הִיסטוֹריָה (נ)
medicina (f)	refu'a	רְפוּאָה (נ)
pedagogía (f)	χinuχ	חִינוּך (ז)
derecho (m)	miʃpatim	מִשפָּטִים (ז"ר)
física (f)	'fizika	פִיזִיקָה (נ)
química (f)	'χimya	כִימיָה (נ)
filosofía (f)	filo'sofya	פִילוֹסוֹפיָה (נ)
psicología (f)	psiχo'logya	פסִיכוֹלוֹגיָה (נ)

145. Los sistemas de escritura. La ortografía

gramática (f)	dikduk	דִקדוּק (ז)
vocabulario (m)	otsar milim	אוֹצַר מִילִים (ז)
fonética (f)	torat ha'hege	תוֹרַת הַהֶגֶה (נ)
sustantivo (m)	ʃem 'etsem	שֵם עֶצֶם (ז)
adjetivo (m)	ʃem 'to'ar	שֵם תוֹאַר (ז)
verbo (m)	po'el	פוֹעַל (ז)
adverbio (m)	'to'ar 'po'al	תוֹאַר פוֹעַל (ז)
pronombre (m)	ʃem guf	שֵם גוּף (ז)
interjección (f)	milat kri'a	מִילַת קרִיאָה (נ)
preposición (f)	milat 'yaχas	מִילַת יַחַס (נ)
raíz (f), radical (m)	'ʃoreʃ	שוֹרֶש (ז)
desinencia (f)	si'yomet	סִיוֹמֶת (נ)
prefijo (m)	tχilit	תחִילִית (נ)
sílaba (f)	havara	הֲבָרָה (נ)
sufijo (m)	si'yomet	סִיוֹמֶת (נ)
acento (m)	'ta'am	טַעַם (ז)
apóstrofo (m)	'gereʃ	גֶרֶש (ז)
punto (m)	nekuda	נְקוּדָה (נ)
coma (f)	psik	פסִיק (ז)
punto y coma	nekuda ufsik	נְקוּדָה וּפסִיק (נ)
dos puntos (m pl)	nekudo'tayim	נְקוּדוֹתַיִים (נ"ר)
puntos (m pl) suspensivos	ʃaloʃ nekudot	שָלוֹש נְקוּדוֹת (נ"ר)
signo (m) de interrogación	siman ʃe'ela	סִימַן שְאֵלָה (ז)
signo (m) de admiración	siman kri'a	סִימַן קרִיאָה (ז)

comillas (f pl)	merχa'ot	מֵרְכָאוֹת (ז"ר)
entre comillas	bemerχa'ot	בְּמֵרְכָאוֹת
paréntesis (m)	sog'rayim	סוֹגרַיִים (ז"ר)
entre paréntesis	besog'rayim	בְּסוֹגרַיִים
guión (m)	makaf	מַקָף (ז)
raya (f)	kav mafrid	קַו מַפרִיד (ז)
blanco (m)	'revaχ	רֶווַח (ז)
letra (f)	ot	אוֹת (נ)
letra (f) mayúscula	ot gdola	אוֹת גדוֹלָה (נ)
vocal (f)	tnu'a	תנוּעָה (נ)
consonante (m)	itsur	עִיצוּר (ז)
oración (f)	miʃpat	מִשפָּט (ז)
sujeto (m)	nose	נוֹשֵׂא (ז)
predicado (m)	nasu	נָשׂוּא (ז)
línea (f)	ʃura	שוּרָה (נ)
en una nueva línea	beʃura χadaʃa	בְּשוּרָה חֲדָשָה
párrafo (m)	piska	פִּסקָה (נ)
palabra (f)	mila	מִילָה (נ)
combinación (f) de palabras	tsiruf milim	צֵירוּף מִילִים (ז)
expresión (f)	bitui	בִּיטוּי (ז)
sinónimo (m)	mila nir'defet	מִילָה נִרדֶפֶת (נ)
antónimo (m)	'hefeχ	הֶפֶך (ז)
regla (f)	klal	כּלָל (ז)
excepción (f)	yotse min haklal	יוֹצֵא מִן הַכּלָל (ז)
correcto (adj)	naχon	נָכוֹן
conjugación (f)	hataya	הַטָיָיה (נ)
declinación (f)	hataya	הַטָיָיה (נ)
caso (m)	yaχasa	יַחֲסָה (נ)
pregunta (f)	ʃe'ela	שְאֵלָה (נ)
subrayar (vt)	lehadgiʃ	לְהַדגִיש
línea (f) de puntos	kav nakud	קַו נָקוּד (ז)

146. Los idiomas extranjeros

lengua (f)	safa	שָׂפָה (נ)
extranjero (adj)	zar	זָר
lengua (f) extranjera	safa zara	שָׂפָה זָרָה (נ)
estudiar (vt)	lilmod	לִלמוֹד
aprender (ingles, etc.)	lilmod	לִלמוֹד
leer (vi, vt)	likro	לִקרוֹא
hablar (vi, vt)	ledaber	לְדַבֵּר
comprender (vt)	lehavin	לְהָבִין
escribir (vt)	liχtov	לִכתוֹב
rápidamente (adv)	maher	מַהֵר
lentamente (adv)	le'at	לְאַט

con fluidez (adv)	χofʃi	חוֹפשִי
reglas (f pl)	klalim	כְּלָלִים (ז"ר)
gramática (f)	dikduk	דִקדוּק (ז)
vocabulario (m)	otsar milim	אוֹצַר מִילִים (ז)
fonética (f)	torat ha'hege	תוֹרַת הַהֶגֶה (נ)
manual (m)	'sefer limud	סֵפֶר לִימוּד (ז)
diccionario (m)	milon	מִילוֹן (ז)
manual (m) autodidáctico	'sefer lelimud atsmi	סֵפֶר לְלִימוּד עַצמִי (ז)
guía (f) de conversación	siχon	שִׂיחוֹן (ז)
casete (m)	ka'letet	קַלֶטֶת (נ)
videocasete (f)	ka'letet 'vide'o	קַלֶטֶת וִידֵיאוֹ (נ)
CD (m)	taklitor	תַקלִיטוֹר (ז)
DVD (m)	di vi di	דִי. וִי. דִי. (ז)
alfabeto (m)	alefbeit	אָלֶפבֵּית (ז)
deletrear (vt)	le'ayet	לְאַיֵית
pronunciación (f)	hagiya	הֲגִייָה (נ)
acento (m)	mivta	מִבטָא (ז)
con acento	im mivta	עִם מִבטָא
sin acento	bli mivta	בְּלִי מִבטָא
palabra (f)	mila	מִילָה (נ)
significado (m)	maʃma'ut	מַשמָעוּת (נ)
cursos (m pl)	kurs	קוּרס (ז)
inscribirse (vr)	leheraʃem lekurs	לְהֵירָשֵם לְקוּרס
profesor (m) (~ de inglés)	more	מוֹרֶה (ז)
traducción (f) (proceso)	tirgum	תִרגוּם (ז)
traducción (f) (texto)	tirgum	תִרגוּם (ז)
traductor (m)	metargem	מְתַרגֵם (ז)
intérprete (m)	meturgeman	מְתוּרגְמָן (ז)
políglota (m)	poliglot	פּוֹלִיגלוֹט (ז)
memoria (f)	zikaron	זִיכָּרוֹן (ז)

147. Los personajes de los cuentos de hadas

Papá Noel (m)	'santa 'kla'us	סַנטָה קלָאוּס (ז)
Cenicienta	sinde'rela	סִינדֶרֶלָה
sirena (f)	bat yam, betulat hayam	בַּת יָם, בְּתוּלַת הַיָם (נ)
Neptuno (m)	neptun	נֶפּטוּן (ז)
mago (m)	kosem	קוֹסֵם (ז)
maga (f)	'feya	פֵיָה (נ)
mágico (adj)	kasum	קָסוּם
varita (f) mágica	ʃarvit 'kesem	שַרבִיט קֶסֶם (ז)
cuento (m) de hadas	agada	אַגָדָה (נ)
milagro (m)	nes	נֵס (ז)
enano (m)	gamad	גַמָד (ז)

transformarse en ...	lahafoχ le...	לַהֲפוֹך לְ...
espíritu (m) (fantasma)	'ruaχ refa"im	רוּחַ רְפָאִים (נ)
fantasma (m)	'ruaχ refa"im	רוּחַ רְפָאִים (נ)
monstruo (m)	mif'letset	מִפלֶצֶת (נ)
dragón (m)	drakon	דרָקוֹן (ז)
gigante (m)	anak	עֲנָק (ז)

148. Los signos de zodiaco

Aries (m)	tale	טָלֶה (ז)
Tauro (m)	ʃor	שׁוֹר (ז)
Géminis (m pl)	te'omim	תְאוֹמִים (ז"ר)
Cáncer (m)	sartan	סַרטָן (ז)
Leo (m)	arye	אַריֵה (ז)
Virgo (m)	betula	בְּתוּלָה (נ)
Libra (f)	moz'nayim	מֹאזנַיִים (ז"ר)
Escorpio (m)	akrav	עַקרָב (ז)
Sagitario (m)	kaʃat	קַשָׁת (ז)
Capricornio (m)	gdi	גדִי (ז)
Acuario (m)	dli	דלִי (ז)
Piscis (m pl)	dagim	דָגִים (ז"ר)
carácter (m)	'ofi	אוֹפִי (ז)
rasgos (m pl) de carácter	tχunot 'ofi	תכוּנוֹת אוֹפִי (נ"ר)
conducta (f)	hitnahagut	הִתנַהֲגוּת (נ)
decir la buenaventura	lenabe et ha'atid	לְנַבֵּא אֶת הֶעָתִיד
adivinadora (f)	ma'gedet atidot	מַגֶדֶת עֲתִידוֹת (נ)
horóscopo (m)	horoskop	הוֹרוֹסקוֹפּ (ז)

El arte

149. El teatro

teatro (m)	te'atron	תֵיאַטרוֹן (ז)
ópera (f)	'opera	אוֹפֶּרָה (נ)
opereta (f)	ope'reta	אוֹפֶּרֶטָה (נ)
ballet (m)	balet	בָּלֶט (ז)
cartelera (f)	kraza	כּרָזָה (נ)
compañía (f) de teatro	lahaka	לַהֲקָה (נ)
gira (f) artística	masa hofa'ot	מַסָע הוֹפָעוֹת (ז)
hacer una gira artística	latset lemasa hofa'ot	לָצֵאת לְמַסָע הוֹפָעוֹת
ensayar (vi, vt)	la'arox xazara	לַעֲרוֹך חֲזָרָה
ensayo (m)	xazara	חֲזָרָה (נ)
repertorio (m)	repertu'ar	רֶפֶּרטוּאָר (ז)
representación (f)	hofa'a	הוֹפָעָה (נ)
espectáculo (m)	hatsaga	הַצָגָה (נ)
pieza (f) de teatro	maxaze	מַחֲזֶה (ז)
billet (m)	kartis	כַּרטִיס (ז)
taquilla (f)	kupa	קוּפָּה (נ)
vestíbulo (m)	'lobi	לוֹבִּי (ז)
guardarropa (f)	meltaxa	מֶלתָחָה (נ)
ficha (f) de guardarropa	mispar meltaxa	מִספַּר מֶלתָחָה (ז)
gemelos (m pl)	mij'kefet	מִשקֶפֶת (נ)
acomodador (m)	sadran	סַדרָן (ז)
patio (m) de butacas	parter	פַּרטֶר (ז)
balconcillo (m)	mir'peset	מִרפֶּסֶת (נ)
entresuelo (m)	ya'tsi'a	יָצִיעַ (ז)
palco (m)	ta	תָא (ז)
fila (f)	jura	שוּרָה (נ)
asiento (m)	mojav	מוֹשָב (ז)
público (m)	'kahal	קָהָל (ז)
espectador (m)	tsofe	צוֹפֶה (ז)
aplaudir (vi, vt)	limxo ka'payim	לִמחוֹא כַּפַּיִים
aplausos (m pl)	mexi'ot ka'payim	מְחִיאוֹת כַּפַּיִים (נ"ר)
ovación (f)	tju'ot	תשוּאוֹת (נ"ר)
escenario (m)	bama	בָּמָה (נ)
telón (m)	masax	מָסָך (ז)
decoración (f)	taf'ura	תַפאוּרָה (נ)
bastidores (m pl)	klayim	קלָעִים
escena (f)	'stsena	סצֶינָה (נ)
acto (m)	ma'araxa	מַעֲרָכָה (נ)
entreacto (m)	hafsaka	הַפסָקָה (נ)

150. El cine

actor (m)	saχkan	שַׂחקָן (ז)
actriz (f)	saχkanit	שַׂחקָנִית (נ)
cine (m) (industria)	kol'noʿa	קוֹלנוֹעַ (ז)
película (f)	'seret	סֶרֶט (ז)
episodio (m)	epi'zoda	אֶפִּיזוֹדָה (נ)
película (f) policíaca	'seret balaʃi	סֶרֶט בַּלָשִׁי (ז)
película (f) de acción	maʿarvon	מַעֲרבוֹן (ז)
película (f) de aventura	'seret harpatkaʾot	סֶרֶט הַרפַּתקָאוֹת (ז)
película (f) de ciencia ficción	'seret mada bidyoni	סֶרֶט מַדָע בִּדיוֹנִי (ז)
película (f) de horror	'seret eima	סֶרֶט אֵימָה (ז)
película (f) cómica	ko'medya	קוֹמֶדיָה (נ)
melodrama (m)	melo'drama	מֶלוֹדרָמָה (נ)
drama (m)	'drama	דרָמָה (נ)
película (f) de ficción	'seret alilati	סֶרֶט עֲלִילָתִי (ז)
documental (m)	'seret tiʿudi	סֶרֶט תִיעוּדִי (ז)
dibujos (m pl) animados	'seret ani'matsya	סֶרֶט אֲנִימַציָה (ז)
cine (m) mudo	sratim ilmim	סרָטִים אִילמִים (ז"ר)
papel (m)	tafkid	תַפקִיד (ז)
papel (m) principal	tafkid raʃi	תַפקִיד רָאשִׁי (ז)
interpretar (vt)	lesaχek	לְשַׂחֵק
estrella (f) de cine	koχav kol'noʿa	כּוֹכַב קוֹלנוֹעַ (ז)
conocido (adj)	mefursam	מְפוּרסָם
famoso (adj)	mefursam	מְפוּרסָם
popular (adj)	popu'lari	פּוֹפּוּלָרִי
guión (m) de cine	tasrit	תַסרִיט (ז)
guionista (m)	tasritai	תַסרִיטַאי (ז)
director (m) de cine	bamai	בַּמַאי (ז)
productor (m)	mefik	מֵפִיק (ז)
asistente (m)	ozer	עוֹזֵר (ז)
operador (m)	tsalam	צַלָם (ז)
doble (m) de riesgo	paʿalulan	פַּעֲלוּלָן (ז)
doble (m)	saχkan maχlif	שַׂחקָן מַחֲלִיף (ז)
filmar una película	letsalem 'seret	לְצַלֵם סֶרֶט
audición (f)	mivdak	מִבדָק (ז)
rodaje (m)	hasrata	הַסרָטָה (נ)
equipo (m) de rodaje	'tsevet ha'seret	צֶוֶות הַסֶרֶט (ז)
plató (m) de rodaje	atar hatsilum	אֲתַר הַצִילוּם (ז)
cámara (f)	matslema	מַצלֵמָה (נ)
cine (m) (iremos al ~)	beit kol'noʿa	בֵּית קוֹלנוֹעַ (ז)
pantalla (f)	masaχ	מָסָך (ז)
mostrar la película	leharʾot 'seret	לְהַראוֹת סֶרֶט
pista (f) sonora	paskol	פַּסקוֹל (ז)
efectos (m pl) especiales	e'fektim meyuχadim	אֶפֶקטִים מְיוּחָדִים (ז"ר)

subtítulos (m pl)	ktuviyot	כּתוּבִיוֹת (נ"ר)
créditos (m pl)	ktuviyot	כּתוּבִיוֹת (נ"ר)
traducción (f)	tirgum	תִרגוּם (ז)

151. La pintura

arte (m)	amanut	אָמָנוּת (נ)
bellas artes (f pl)	omanuyot yafot	אוֹמָנוּיוֹת יָפוֹת (נ"ר)
galería (f) de arte	ga'lerya le'amanut	גָלֶרְיָה לְאָמָנוּת (נ)
exposición (f) de arte	ta'aruχat amanut	תַעֲרוּכַת אָמָנוּת (נ)
pintura (f)	tsiyur	צִיוּר (ז)
gráfica (f)	'grafika	גרָפִיקָה (נ)
abstraccionismo (m)	amanut muf'ʃetet	אָמָנוּת מוּפשֶטֶת (נ)
impresionismo (m)	impresyonizm	אִימפּרֶסיוֹנִיזם (ז)
pintura (f)	tmuna	תמוּנָה (נ)
dibujo (m)	tsiyur	צִיוּר (ז)
pancarta (f)	'poster	פּוֹסטֶר (ז)
ilustración (f)	iyur	אִיוּר (ז)
miniatura (f)	minya'tura	מִינִיָאטוּרָה (נ)
copia (f)	he'etek	הֶעְתֵק (ז)
reproducción (f)	ʃi'atuk	שִיעֲתוּק (ז)
mosaico (m)	psefas	פּסֵיפָס (ז)
vidriera (f)	vitraʒ	וִיטרָאז' (ז)
fresco (m)	fresko	פרֶסקוֹ (ז)
grabado (m)	taχrit	תַחרִיט (ז)
busto (m)	pro'toma	פּרוֹטוֹמָה (נ)
escultura (f)	'pesel	פֶּסֶל (ז)
estatua (f)	'pesel	פֶּסֶל (ז)
yeso (m)	'geves	גֶבֶס (ז)
en yeso (adj)	mi'geves	מִגֶבֶס
retrato (m)	dyukan	דיוֹקָן (ז)
autorretrato (m)	dyukan atsmi	דיוֹקָן עַצמִי (ז)
paisaje (m)	tsiyur nof	צִיוּר נוֹף (ז)
naturaleza (f) muerta	'teva domem	טֶבַע דוֹמֵם (ז)
caricatura (f)	karika'tura	קָרִיקָטוּרָה (נ)
boceto (m)	tarʃim	תַרשִים (ז)
pintura (f)	'tseva	צֶבַע (ז)
acuarela (f)	'tseva 'mayim	צֶבַע מַיִם (ז)
óleo (m)	'ʃemen	שֶמֶן (ז)
lápiz (f)	iparon	עִיפָּרוֹן (ז)
tinta (f) china	tuʃ	טוּש (ז)
carboncillo (m)	peχam	פֶּחָם (ז)
dibujar (vi, vt)	letsayer	לְצַייֵר
pintar (vi, vt)	letsayer	לְצַייֵר
posar (vi)	ledagmen	לְדַגמֵן
modelo (m)	dugman eirom	דוּגמָן עֵירוֹם (ז)

modelo (f)	dugmanit erom	דוּגמָנִית עֵירוֹם (נ)
pintor (m)	tsayar	צַייָר (ז)
obra (f) de arte	yetsirat amanut	יְצִירַת אָמָנוּת (נ)
obra (f) maestra	yetsirat mofet	יְצִירַת מוֹפֵת (נ)
estudio (m) (de un artista)	'studyo	סטוּדִיוֹ (ז)
lienzo (m)	bad piʃtan	בַּד פִשתָן (ז)
caballete (m)	kan tsiyur	כַּן צִיוּר (ז)
paleta (f)	'plata	פָּלֶטָה (נ)
marco (m)	mis'geret	מִסגֶרֶת (נ)
restauración (f)	ʃiχzur	שִחזוּר (ז)
restaurar (vt)	leʃaχzer	לְשַחזֵר

152. La literatura y la poesía

literatura (f)	sifrut	סִפרוּת (נ)
autor (m) (escritor)	sofer	סוֹפֵר (ז)
seudónimo (m)	ʃem badui	שֵם בָּדוּי (ז)
libro (m)	'sefer	סֵפֶר (ז)
tomo (m)	'kereχ	כֶּרֶך (ז)
tabla (f) de contenidos	'toχen inyanim	תוֹכֶן עִניָינִים (ז)
página (f)	amud	עַמוּד (ז)
héroe (m) principal	hagibor haraʃi	הַגִיבּוֹר הָרָאשִי (ז)
autógrafo (m)	χatima	חֲתִימָה (נ)
relato (m) corto	sipur katsar	סִיפּוּר קָצָר (ז)
cuento (m)	sipur	סִיפּוּר (ז)
novela (f)	roman	רוֹמָן (ז)
obra (f) literaria	χibur	חִיבּוּר (ז)
fábula (f)	maʃal	מָשָל (ז)
novela (f) policíaca	roman balaʃi	רוֹמָן בַּלָשִי (ז)
verso (m)	ʃir	שִיר (ז)
poesía (f)	ʃira	שִירָה (נ)
poema (f)	po''ema	פּוֹאֶמָה (נ)
poeta (m)	meʃorer	מְשוֹרֵר (ז)
bellas letras (f pl)	sifrut yafa	סִפרוּת יָפָה (נ)
ciencia ficción (f)	mada bidyoni	מַדָע בִּדיוֹנִי (ז)
aventuras (f pl)	harpatka'ot	הַרפַּתקָאוֹת (נ"ר)
literatura (f) didáctica	sifrut limudit	סִפרוּת לִימוּדִית (נ)
literatura (f) infantil	sifrut yeladim	סִפרוּת יְלָדִים (נ)

153. El circo

circo (m)	kirkas	קִרקָס (ז)
circo (m) ambulante	kirkas nayad	קִרקָס נַייָד (ז)
programa (m)	toχnit	תוֹכנִית (נ)
representación (f)	hofa'a	הוֹפָעָה (נ)
número (m)	hofa'a	הוֹפָעָה (נ)

arena (f)	zira	זִירָה (נ)
pantomima (f)	panto'mima	פַּנטוֹמִימָה (נ)
payaso (m)	leitsan	לֵיצָן (ז)
acróbata (m)	akrobat	אַקרוֹבָּט (ז)
acrobacia (f)	akro'batika	אַקרוֹבָּטִיקָה (נ)
gimnasta (m)	mit'amel	מִתעַמֵל (ז)
gimnasia (f)	hit'amlut	הִתעַמלוּת (נ)
salto (m)	'salta	סַלטָה (נ)
forzudo (m)	atlet	אַתלֶט (ז)
domador (m)	me'alef	מְאַלֵף (ז)
caballista (m)	roχev	רוֹכֵב (ז)
asistente (m)	ozer	עוֹזֵר (ז)
truco (m)	pa'alul	פַּעֲלוּל (ז)
truco (m) de magia	'kesem	קֶסֶם (ז)
ilusionista (m)	kosem	קוֹסֵם (ז)
malabarista (m)	lahatutan	לַהֲטוּטָן (ז)
hacer malabarismos	lelahtet	לְלַהטֵט
amaestrador (m)	me'alef hayot	מְאַלֵף חַיוֹת (ז)
amaestramiento (m)	iluf χayot	אִילוּף חַיוֹת (ז)
amaestrar (vt)	le'alef	לְאַלֵף

154. La música. La música popular

música (f)	'muzika	מוּזִיקָה (נ)
músico (m)	muzikai	מוּזִיקָאִי (ז)
instrumento (m) musical	kli negina	כּלִי נְגִינָה (ז)
tocar ...	lenagen be...	לְנַגֵן בְּ...
guitarra (f)	gi'tara	גִיטָרָה (נ)
violín (m)	kinor	כִּינוֹר (ז)
violonchelo (m)	'tʃelo	צֶ'ילוֹ (ז)
contrabajo (m)	kontrabas	קוֹנטרַבָּס (ז)
arpa (f)	'nevel	נֶבֶל (ז)
piano (m)	psanter	פְּסַנתֵר (ז)
piano (m) de cola	psanter kanaf	פְּסַנתֵר כָּנָף (ז)
órgano (m)	ugav	עוּגָב (ז)
instrumentos (m pl) de viento	klei neʃifa	כּלֵי נְשִיפָה (ז"ר)
oboe (m)	abuv	אַבּוּב (ז)
saxofón (m)	saksofon	סַקסוֹפוֹן (ז)
clarinete (m)	klarinet	קלָרִינֶט (ז)
flauta (f)	χalil	חָלִיל (ז)
trompeta (f)	χatsotsra	חֲצוֹצרָה (נ)
acordeón (m)	akordyon	אָקוֹרדיוֹן (ז)
tambor (m)	tof	תוֹף (ז)
dúo (m)	'du'o	דוּאוֹ (ז)
trío (m)	ʃliʃiya	שלִישִייָה (נ)

cuarteto (m)	revi'iya	רְבִיעִיָּה (נ)
coro (m)	makhela	מַקהֵלָה (נ)
orquesta (f)	tiz'moret	תִזמוֹרֶת (נ)
música (f) pop	'muzikat pop	מוּזִיקַת פּוֹפּ (נ)
música (f) rock	'muzikat rok	מוּזִיקַת רוֹק (נ)
grupo (m) de rock	lehakat rok	לַהֲקַת רוֹק (נ)
jazz (m)	dʒez	ג'ֶז (ז)
ídolo (m)	koχav	כּוֹכָב (ז)
admirador (m)	ohed	אוֹהֵד (ז)
concierto (m)	kontsert	קוֹנצֶרט (ז)
sinfonía (f)	si'fonya	סִימפוֹנִיָה (נ)
composición (f)	yetsira	יְצִירָה (נ)
escribir (vt)	leχaber	לְחַבֵּר
canto (m)	ʃira	שִׁירָה (נ)
canción (f)	ʃir	שִׁיר (ז)
melodía (f)	mangina	מַנגִינָה (נ)
ritmo (m)	'ketsev	קֶצֶב (ז)
blues (m)	bluz	בּלוּז (ז)
notas (f pl)	tavim	תָווִים (ז"ר)
batuta (f)	ʃarvit ni'tsuaχ	שַרבִיט נִיצוּחַ (ז)
arco (m)	'keʃet	קֶשֶׁת (נ)
cuerda (f)	meitar	מֵיתָר (ז)
estuche (m)	nartik	נַרתִיק (ז)

Los restaurantes. El entretenimiento. El viaje

155. El viaje. Viajar

turismo (m)	tayarut	תַיָירוּת (נ)
turista (m)	tayar	תַיָיר (ז)
viaje (m)	tiyul	טִיוּל (ז)
aventura (f)	harpatka	הַרפַּתקָה (נ)
viaje (m)	nesiʿa	נְסִיעָה (נ)
vacaciones (f pl)	χufʃa	חוּפשָה (נ)
estar de vacaciones	lihyot beχufʃa	לִהיוֹת בְּחוּפשָה
descanso (m)	menuχa	מְנוּחָה (נ)
tren (m)	ra'kevet	רַכֶּבֶת (נ)
en tren	bera'kevet	בְּרַכֶּבֶת
avión (m)	matos	מָטוֹס (ז)
en avión	bematos	בְּמָטוֹס
en coche	bemeχonit	בְּמְכוֹנִית
en barco	beʾoniya	בְּאוֹנִיָיה
equipaje (m)	mitʿan	מִטעָן (ז)
maleta (f)	mizvada	מִזווָדָה (נ)
carrito (m) de equipaje	eglat mitʿan	עֶגלַת מִטעָן (נ)
pasaporte (m)	darkon	דַרכּוֹן (ז)
visado (m)	'viza, aʃra	וִיזָה, אַשרָה (נ)
billete (m)	kartis	כַּרטִיס (ז)
billete (m) de avión	kartis tisa	כַּרטִיס טִיסָה (ז)
guía (f) (libro)	madriχ	מַדרִיך (ז)
mapa (m)	mapa	מַפָּה (נ)
área (m) (~ rural)	ezor	אֵזוֹר (ז)
lugar (m)	makom	מָקוֹם (ז)
exotismo (m)	ek'zotika	אֶקזוֹטִיקָה (נ)
exótico (adj)	ek'zoti	אֶקזוֹטִי
asombroso (adj)	nifla	נִפלָא
grupo (m)	kvutsa	קבוּצָה (נ)
excursión (f)	tiyul	טִיוּל (ז)
guía (m) (persona)	madriχ tiyulim	מַדרִיך טִיוּלִים (ז)

156. El hotel

hotel (m)	malon	מָלוֹן (ז)
motel (m)	motel	מוֹטֶל (ז)
de tres estrellas	ʃloʃa koχavim	שלוֹשָה כּוֹכָבִים

de cinco estrellas	χamiʃa koχavim	חֲמִישָׁה כּוֹכָבִים
hospedarse (vr)	lehit'aχsen	לְהִתאַכסֵן
habitación (f)	'χeder	חֶדֶר (ז)
habitación (f) individual	'χeder yaχid	חֶדֶר יָחִיד (ז)
habitación (f) doble	'χeder zugi	חֶדֶר זוּגִי (ז)
reservar una habitación	lehazmin 'χeder	לְהַזמִין חֶדֶר
media pensión (f)	χatsi pensiyon	חֲצִי פֶּנסִיוֹן (ז)
pensión (f) completa	pensyon male	פֶּנסִיוֹן מָלֵא (ז)
con baño	im am'batya	עִם אַמבַּטיָה
con ducha	im mik'laχat	עִם מִקלַחַת
televisión (f) satélite	tele'vizya bekvalim	טֶלֶוִויזיָה בְּכּבָלִים (נ)
climatizador (m)	mazgan	מַזגָן (ז)
toalla (f)	ma'gevet	מַגֶבֶת (נ)
llave (f)	maf'teaχ	מַפתֵחַ (ז)
administrador (m)	amarkal	אֲמַרכָּל (ז)
camarera (f)	χadranit	חַדרָנִית (נ)
maletero (m)	sabal	סַבָּל (ז)
portero (m)	pakid kabala	פקִיד קַבָּלָה (ז)
restaurante (m)	misʿada	מִסעָדָה (נ)
bar (m)	bar	בָּר (ז)
desayuno (m)	aruχat 'boker	אֲרוּחַת בּוֹקֶר (נ)
cena (f)	aruχat 'erev	אֲרוּחַת עֶרֶב (נ)
buffet (m) libre	miznon	מִזנוֹן (ז)
vestíbulo (m)	'lobi	לוֹבִּי (ז)
ascensor (m)	maʿalit	מַעֲלִית (נ)
NO MOLESTAR	lo lehaf'riʿa	לא לְהַפרִיעַ
PROHIBIDO FUMAR	asur leʿaʃen!	אָסוּר לְעַשֵן!

157. Los libros. La lectura

libro (m)	'sefer	סֵפֶר (ז)
autor (m)	sofer	סוֹפֵר (ז)
escritor (m)	sofer	סוֹפֵר (ז)
escribir (~ un libro)	liχtov	לִכתוֹב
lector (m)	kore	קוֹרֵא (ז)
leer (vi, vt)	likro	לִקרוֹא
lectura (f)	kri'a	קרִיאָה (נ)
en silencio	belev, be'ʃeket	בְּלֵב, בְּשֶקֶט
en voz alta	bekol ram	בְּקוֹל רָם
editar (vt)	lehotsi la'or	לְהוֹצִיא לָאוֹר
edición (f) (~ de libros)	hotsa'a la'or	הוֹצָאָה לָאוֹר (נ)
editor (m)	motsi le'or	מוֹצִיא לְאוֹר (ז)
editorial (f)	hotsa'a la'or	הוֹצָאָה לָאוֹר (נ)
salir (libro)	latset le'or	לָצֵאת לְאוֹר

salida (f) (de un libro)	hafatsa	הֲפָצָה (נ)
tirada (f)	tfutsa	תפוּצָה (נ)
librería (f)	χanut sfarim	חֲנוּת סְפָרִים (נ)
biblioteca (f)	sifriya	סִפרִייָה (נ)
cuento (m)	sipur	סִיפּוּר (ז)
relato (m) corto	sipur katsar	סִיפּוּר קָצָר (ז)
novela (f)	roman	רוֹמָן (ז)
novela (f) policíaca	roman balaʃi	רוֹמָן בַּלָשִׁי (ז)
memorias (f pl)	ziχronot	זִיכרוֹנוֹת (ז"ר)
leyenda (f)	agada	אַגָדָה (נ)
mito (m)	'mitos	מִיתוֹס (ז)
versos (m pl)	ʃirim	שִירִים (ז"ר)
autobiografía (f)	otobio'grafya	אוֹטוֹבִּיוֹגרַפיָה (נ)
obras (f pl) escogidas	mivχar ktavim	מִבחַר כּתָבִים (ז)
ciencia ficción (f)	mada bidyoni	מַדָע בִּדיוֹנִי (ז)
título (m)	kotar	כּוֹתָר (ז)
introducción (f)	mavo	מָבוֹא (ז)
portada (f)	amud ha'ʃaˁar	עַמוּד הַשַעַר (ז)
capítulo (m)	'perek	פֶּרֶק (ז)
extracto (m)	'keta	קֶטַע (ז)
episodio (m)	epi'zoda	אֶפִּיזוֹדָה (נ)
sujeto (m)	alila	עֲלִילָה (נ)
contenido (m)	'toχen	תוֹכֶן (ז)
tabla (f) de contenidos	'toχen inyanim	תוֹכֶן עִנייָנִים (ז)
héroe (m) principal	hagibor haraʃi	הַגִיבּוֹר הָרָאשִׁי (ז)
tomo (m)	'kereχ	כֶּרֶך (ז)
cubierta (f)	kriχa	כּרִיכָה (נ)
encuadernado (m)	kriχa	כּרִיכָה (נ)
marcador (m) de libro	simaniya	סִימָנִייָה (נ)
página (f)	amud	עַמוּד (ז)
hojear (vt)	ledafdef	לְדַפדֵף
márgenes (m pl)	ʃu'layim	שוּלַיִים (ז"ר)
anotación (f)	heˁara	הֶעָרָה (נ)
nota (f) a pie de página	heˁarat ʃu'layim	הֶעָרַת שוּלַיִים (נ)
texto (m)	tekst	טֶקסט (ז)
fuente (f)	gufan	גוּפָן (ז)
errata (f)	taˁut dfus	טָעוּת דפוּס (נ)
traducción (f)	tirgum	תִרגוּם (ז)
traducir (vt)	letargem	לְתַרגֵם
original (m)	makor	מָקוֹר (ז)
famoso (adj)	mefursam	מְפוּרסָם
desconocido (adj)	lo ya'duˁa	לֹא יָדוּעַ
interesante (adj)	meˁanyen	מְעַניֵין
best-seller (m)	rav 'meχer	רַב־מֶכֶר (ז)

diccionario (m)	milon	מִילוֹן (ז)
manual (m)	'sefer limud	סֵפֶר לִימוּד (ז)
enciclopedia (f)	entsiklo'pedya	אֶנצִיקלוֹפֶּדיָה (נ)

158. La caza. La pesca

caza (f)	'tsayid	צַיִד (ז)
cazar (vi, vt)	latsud	לָצוּד
cazador (m)	tsayad	צַייָד (ז)
tirar (vi)	lirot	לִירוֹת
fusil (m)	rove	רוֹבֶה (ז)
cartucho (m)	kadur	כַּדוּר (ז)
perdigón (m)	kaduriyot	כַּדוּרִיוֹת (נ"ר)
cepo (m)	mal'kodet	מַלכּוֹדֶת (נ)
trampa (f)	mal'kodet	מַלכּוֹדֶת (נ)
caer en la trampa	lehilaχed bemal'kodet	לְהִילָכֵד בְּמַלכּוֹדֶת
poner una trampa	leha'niaχ mal'kodet	לְהָנִיחַ מַלכּוֹדֶת
cazador (m) furtivo	tsayad lelo reʃut	צַייָד לְלֹא רְשוּת (ז)
caza (f) menor	χayot bar	חַיוֹת בַּר (נ"ר)
perro (m) de caza	'kelev 'tsayid	כֶּלֶב צַיִד (ז)
safari (m)	sa'fari	סָפָארִי (ז)
animal (m) disecado	puχlats	פּוּחלָץ (ז)
pescador (m)	dayag	דַייָג (ז)
pesca (f)	'dayig	דַיִג (ז)
pescar (vi)	ladug	לָדוּג
caña (f) de pescar	χaka	חַכָּה (נ)
sedal (m)	χut haχaka	חוּט הַחַכָּה (ז)
anzuelo (m)	'keres	קֶרֶס (ז)
flotador (m)	matsof	מָצוֹף (ז)
cebo (m)	pitayon	פִּיתָיוֹן (ז)
lanzar el anzuelo	lizrok et haχaka	לִזרוֹק אֶת הַחַכָּה
picar (vt)	liv'loʿa pitayon	לִבלוֹעַ פִּיתָיוֹן
pesca (f) (lo pescado)	ʃlal 'dayig	שלַל דַיִג (ז)
agujero (m) en el hielo	mivka 'keraχ	מִבקַע קֶרַח (ז)
red (f)	'reʃet dayagim	רֶשֶת דַייָגִים (נ)
barca (f)	sira	סִירָה (נ)
pescar con la red	ladug be'reʃet	לָדוּג בְּרֶשֶת
tirar la red	lizrok 'reʃet	לִזרוֹק רֶשֶת
sacar la red	ligror 'reʃet	לִגרוֹר רֶשֶת
caer en la red	lehilaχed be'reʃet	לְהִילָכֵד בְּרֶשֶת
ballenero (m) (persona)	tsayad livyatanim	צַייַד לְווייָתָנִים (ז)
ballenero (m) (barco)	sfinat tseid livyetanim	ספִינַת צֵיד לְווייְתָנִית (נ)
arpón (m)	tsiltsal	צִלצָל (ז)

159. Los juegos. El billar

billar (m)	bilyard	בִּילְיַארד (ז)
sala (f) de billar	'χeder bilyard	חֶדֶר בִּילְיַארד (ז)
bola (f) de billar	kadur bilyard	כַּדוּר בִּילְיַארד (ז)
entronerar la bola	lehaχnis kadur lekis	לְהַכנִיס כַּדוּר לְכִּיס
taco (m)	makel bilyard	מַקֵל בִּילְיַארד (ז)
tronera (f)	kis	כִּיס (ז)

160. Los juegos. Las cartas

cuadrados (m pl)	yahalom	יַהֲלוֹם (ז)
picas (f pl)	ale	עָלֶה (ז)
corazones (m pl)	lev	לֵב (ז)
tréboles (m pl)	tiltan	תִלתָן (ז)
as (m)	as	אָס (ז)
rey (m)	'meleχ	מֶלֶך (ז)
dama (f)	malka	מַלכָּה (נ)
sota (f)	nasiχ	נָסִיך (ז)
carta (f)	klaf	קלָף (ז)
cartas (f pl)	klafim	קלָפִים (ז"ר)
triunfo (m)	klaf nitsaχon	קלַף נִיצָחוֹן (ז)
baraja (f)	χafisat klafim	חֲפִיסַת קלָפִים (נ)
punto (m)	nekuda	נְקוּדָה (נ)
dar (las cartas)	leχalek klafim	לְחַלֵק קלָפִים
barajar (vt)	litrof	לִטרוֹף
jugada (f)	tor	תוֹר (ז)
fullero (m)	noχel klafim	נוֹכֵל קלָפִים (ז)

161. El casino. La ruleta

casino (m)	ka'zino	קָזִינוֹ (ז)
ruleta (f)	ru'leta	רוּלֶטָה (נ)
puesta (f)	menat misχak	מְנַת מִשׂחָק (נ)
apostar (vt)	leha'niaχ menat misχak	לְהָנִיחַ מְנַת מִשׂחָק
rojo (m)	adom	אָדוֹם
negro (m)	ʃaχor	שָחוֹר
apostar al rojo	lehamer al adom	לְהַמֵר עַל אָדוֹם
apostar al negro	lehamer al ʃaχor	לְהַמֵר עַל שָחוֹר
crupier (m, f)	'diler	דִילֶר (ז)
girar la ruleta	lesovev et hagalgal	לְסוֹבֵב אֶת הַגַלגַל
reglas (f pl) de juego	klalei hamisχak	כּלָלֵי הַמִשׂחָק (ז"ר)
ficha (f)	asimon	אֲסִימוֹן (ז)
ganar (vi, vt)	lizkot	לִזכּוֹת
ganancia (f)	zχiya	זכִייָה (נ)

perder (vi)	lehafsid	לְהַפְסִיד
pérdida (f)	hefsed	הֶפְסֵד (ז)
jugador (m)	saχkan	שַׂחְקָן (ז)
black jack (m)	esrim ve'eχad	עֶשְׂרִים וְאֶחָד (ז)
juego (m) de dados	misχak kubiyot	מִשְׂחַק קוּבִּיוֹת (ז)
dados (m pl)	kubiyot	קוּבִּיּוֹת (נ"ר)
tragaperras (f)	meχonat misχak	מְכוֹנַת מִשְׂחָק (נ)

162. El descanso. Los juegos. Miscelánea

pasear (vi)	letayel ba'regel	לְטַיֵּיל בָּרֶגֶל
paseo (m) (caminata)	tiyul ragli	טִיּוּל רַגְלִי (ז)
paseo (m) (en coche)	nesi'a bameχonit	נְסִיעָה בָּמְכוֹנִית (נ)
aventura (f)	harpatka	הַרְפַּתְקָה (נ)
picnic (m)	'piknik	פִּיקְנִיק (ז)
juego (m)	misχak	מִשְׂחָק (ז)
jugador (m)	saχkan	שַׂחְקָן (ז)
partido (m)	misχak	מִשְׂחָק (ז)
coleccionista (m)	asfan	אַסְפָן (ז)
coleccionar (vt)	le'esof	לֶאֱסוֹף
colección (f)	'osef	אוֹסֶף (ז)
crucigrama (m)	taʃbets	תַשְׁבֵּץ (ז)
hipódromo (m)	hipodrom	הִיפּוֹדְרוֹם (ז)
discoteca (f)	diskotek	דִיסְקוֹטֶק (ז)
sauna (f)	'sa'una	סָאוּנָה (נ)
lotería (f)	'loto	לוֹטוֹ (ז)
marcha (f)	tiyul maχana'ut	טִיוּל מַחֲנָאוּת (ז)
campo (m)	maχane	מַחֲנֶה (ז)
tienda (f) de campaña	'ohel	אוֹהֶל (ז)
brújula (f)	matspen	מַצְפֵּן (ז)
campista (m)	maχnai	מַחֲנַאי (ז)
ver (la televisión)	lir'ot	לִרְאוֹת
telespectador (m)	tsofe	צוֹפֶה (ז)
programa (m) de televisión	toχnit tele'vizya	תוֹכְנִית טֶלֶוִויזְיָה (נ)

163. La fotografía

cámara (f) fotográfica	matslema	מַצְלֵמָה (נ)
fotografía (f) (una foto)	tmuna	תְמוּנָה (נ)
fotógrafo (m)	tsalam	צַלָּם (ז)
estudio (m) fotográfico	'studyo letsilum	סְטוּדְיוֹ לְצִילוּם (ז)
álbum (m) de fotos	albom tmunot	אַלְבּוֹם תְמוּנוֹת (ז)
objetivo (m)	adaʃa	עֲדָשָׁה (נ)
teleobjetivo (m)	a'deʃet teleskop	עֲדָשַׁת טֶלֶסְקוֹפּ (נ)

| filtro (m) | masnen | מַסְנֵן (ז) |
| lente (m) | adaʃa | עֲדָשָׁה (נ) |

óptica (f)	'optika	אוֹפְּטִיקָה (נ)
diafragma (m)	tsamtsam	צַמְצַם (ז)
tiempo (m) de exposición	zman hahe'ara	זְמַן הַהָאָרָה (ז)
visor (m)	einit	עֵינִית (נ)

cámara (f) digital	matslema digi'talit	מַצְלֵמָה דִיגִיטָלִית (נ)
trípode (m)	χatsuva	חֲצוּבָה (נ)
flash (m)	mavzek	מַבְזֵק (ז)

fotografiar (vt)	letsalem	לְצַלֵם
hacer fotos	letsalem	לְצַלֵם
fotografiarse (vr)	lehitstalem	לְהִצְטַלֵם

foco (m)	moked	מוֹקֵד (ז)
enfocar (vt)	lemaked	לְמַקֵד
nítido (adj)	χad, memukad	חַד, מְמוּקָד
nitidez (f)	χadut	חַדוּת (נ)

| contraste (m) | nigud | נִיגוּד (ז) |
| contrastante (adj) | menugad | מְנוּגָד |

foto (f)	tmuna	תְמוּנָה (נ)
negativo (m)	taʃlil	תַשְׁלִיל (ז)
película (f) fotográfica	'seret	סֶרֶט (ז)
fotograma (m)	freim	פְרַיִים (ז)
imprimir (vt)	lehadpis	לְהַדְפִּיס

164. La playa. La natación

playa (f)	χof yam	חוֹף יָם (ז)
arena (f)	χol	חוֹל (ז)
desierto (playa ~a)	ʃomem	שׁוֹמֵם

bronceado (m)	ʃizuf	שִׁיזוּף (ז)
broncearse (vr)	lehiʃtazef	לְהִשְׁתַזֵף
bronceado (adj)	ʃazuf	שָׁזוּף
protector (m) solar	krem hagana	קְרֶם הֲגָנָה (ז)

bikini (m)	bi'kini	בִּיקִינִי (ז)
traje (m) de baño	'beged yam	בֶּגֶד יָם (ז)
bañador (m)	'beged yam	בֶּגֶד יָם (ז)

piscina (f)	breχa	בְּרֵיכָה (נ)
nadar (vi)	lisχot	לִשְׂחוֹת
ducha (f)	mik'laχat	מִקְלַחַת (נ)
cambiarse (vr)	lehaχlif bgadim	לְהַחְלִיף בְּגָדִים
toalla (f)	ma'gevet	מַגֶבֶת (נ)

barca (f)	sira	סִירָה (נ)
lancha (f) motora	sirat ma'no‘a	סִירַת מָנוֹעַ (נ)
esquís (m pl) acuáticos	ski 'mayim	סְקִי מַיִם (ז)

bicicleta (f) acuática	sirat pe'dalim	סִירַת פֶּדָלִים (נ)
surf (m)	gliʃat galim	גלִישַׁת גַלִים
surfista (m)	goleʃ	גוֹלֵשׁ (ז)
equipo (m) de buceo	'skuba	סקוּבָּה (נ)
aletas (f pl)	snapirim	סנַפִּירִים (ז"ר)
máscara (f) de buceo	maseχa	מַסֵכָה (נ)
buceador (m)	ʦolelan	צוֹלְלָן (ז)
bucear (vi)	liʦlol	לִצלוֹל
bajo el agua (adv)	mi'taχat lifnei ha'mayim	מִתַחַת לִפנֵי הַמַיִם
sombrilla (f)	ʃimʃiya	שִׁמשִׁייָה (נ)
tumbona (f)	kise 'noaχ	כִּיסֵא נוֹחַ (ז)
gafas (f pl) de sol	miʃkefei 'ʃemeʃ	מִשקְפֵי שֶׁמֶשׁ (ז"ר)
colchoneta (f) inflable	mizron mitna'peaχ	מִזרוֹן מִתנַפֵּחַ (ז)
jugar (divertirse)	lesaχek	לְשַׂחֵק
bañarse (vr)	lehitraχeʦ	לְהִתרַחֵץ
pelota (f) de playa	kadur yam	כַּדוּר יָם (ז)
inflar (vt)	lena'peaχ	לְנַפֵּחַ
inflable (colchoneta ~)	menupaχ	מְנוּפָּח
ola (f)	gal	גַל (ז)
boya (f)	maʦof	מָצוֹף (ז)
ahogarse (vr)	lit'boʿa	לִטבּוֹעַ
salvar (vt)	lehaʦil	לְהַצִיל
chaleco (m) salvavidas	χagorat haʦala	חֲגוֹרַת הַצָלָה (נ)
observar (vt)	liʦpot, lehaʃkif	לִצפּוֹת, לְהַשקִיף
socorrista (m)	maʦil	מַצִיל (ז)

EL EQUIPO TÉCNICO. EL TRANSPORTE

El equipo técnico

165. El computador

ordenador (m)	maχʃev	מַחשֵב (ז)
ordenador (m) portátil	maχʃev nayad	מַחשֵב נַייָד (ז)
encender (vt)	lehadlik	לְהַדלִיק
apagar (vt)	leχabot	לְכַבּוֹת
teclado (m)	mik'ledet	מִקלֶדֶת (נ)
tecla (f)	makaʃ	מַקָש (ז)
ratón (m)	aχbar	עַכבָּר (ז)
alfombrilla (f) para ratón	ʃa'tiaχ leʿaχbar	שָטִיחַ לְעַכבָּר (ז)
botón (m)	kaftor	כַּפתוֹר (ז)
cursor (m)	saman	סַמָן (ז)
monitor (m)	masaχ	מָסָך (ז)
pantalla (f)	tsag	צָג (ז)
disco (m) duro	disk ka'ʃiaχ	דִיסק קָשִיחַ (ז)
volumen (m) de disco duro	'nefaχ disk ka'ʃiaχ	נֶפַח דִיסק קָשִיחַ (ז)
memoria (f)	zikaron	זִיכָּרוֹן (ז)
memoria (f) operativa	zikaron giʃa akra'it	זִיכָּרוֹן גִישָה אַקרָאִית (ז)
archivo, fichero (m)	'kovets	קוֹבֶץ (ז)
carpeta (f)	tikiya	תִיקִייָה (נ)
abrir (vt)	lif'toaχ	לִפתוֹחַ
cerrar (vt)	lisgor	לִסגוֹר
guardar (un archivo)	liʃmor	לִשמוֹר
borrar (vt)	limχok	לִמחוֹק
copiar (vt)	lehaʿatik	לְהַעֲתִיק
ordenar (vt) (~ de A a Z, etc.)	lemayen	לְמַייֵן
copiar (vt)	lehaʿavir	לְהַעֲבִיר
programa (m)	toχna	תוֹכנָה (נ)
software (m)	toχna	תוֹכנָה (נ)
programador (m)	metaχnet	מְתַכנֵת (ז)
programar (vt)	letaχnet	לְתַכנֵת
hacker (m)	'haker	הָאקֶר (ז)
contraseña (f)	sisma	סִיסמָה (נ)
virus (m)	'virus	וִירוּס (ז)
detectar (vt)	limtso, le'ater	לִמצוֹא, לְאַתֵר
octeto (m)	bait	בַּייט (ז)

megaocteto (m)	megabait	מֶגָבַּייט (ז)
datos (m pl)	netunim	נְתוּנִים (ז"ר)
base (f) de datos	bsis netunim	בְּסִיס נְתוּנִים (ז)
cable (m)	'kevel	כֶּבֶל (ז)
desconectar (vt)	lenatek	לְנַתֵק
conectar (vt)	leχaber	לְחַבֵּר

166. El internet. El correo electrónico

internet (m), red (f)	'internet	אִינטֶרנֶט (ז)
navegador (m)	dafdefan	דַפדְפָן (ז)
buscador (m)	ma'noʿa χipus	מָנוֹעַ חִיפּוּשׂ (ז)
proveedor (m)	sapak	סַפָק (ז)
webmaster (m)	menahel ha'atar	מְנַהֵל הָאֲתָר (ז)
sitio (m) web	atar	אֲתָר (ז)
página (f) web	daf 'internet	דַף אִינטֶרנֶט (ז)
dirección (f)	'ktovet	כּתוֹבֶת (נ)
libro (m) de direcciones	'sefer ktovot	סֵפֶר כתוֹבוֹת (ז)
buzón (m)	teivat 'do'ar	תֵיבַת דוֹאַר (נ)
correo (m)	'do'ar, 'do'al	דוֹאַר (ז), דוֹאַ"ל (ז)
lleno (adj)	gaduʃ	גָדוּשׁ
mensaje (m)	hoda'a	הוֹדָעָה (נ)
correo (m) entrante	hoda'ot niχnasot	הוֹדָעוֹת נִכנָסוֹת (נ"ר)
correo (m) saliente	hoda'ot yots'ot	הוֹדָעוֹת יוֹצאוֹת (נ"ר)
expedidor (m)	ʃo'leaχ	שוֹלֵחַ (ז)
enviar (vt)	liʃloaχ	לִשלוֹחַ
envío (m)	ʃliχa	שלִיחָה (ז)
destinatario (m)	nim'an	נִמעָן (ז)
recibir (vt)	lekabel	לְקַבֵּל
correspondencia (f)	hitkatvut	הִתכַּתבוּת (נ)
escribirse con ...	lehitkatev	לְהִתכַּתֵב
archivo, fichero (m)	'kovets	קוֹבֶץ (ז)
descargar (vt)	lehorid	לְהוֹרִיד
crear (vt)	litsor	לִיצוֹר
borrar (vt)	limχok	לִמחוֹק
borrado (adj)	maχuk	מָחוּק
conexión (f) (ADSL, etc.)	χibur	חִיבּוּר (ז)
velocidad (f)	mehirut	מְהִירוּת (נ)
módem (m)	'modem	מוֹדֶם (ז)
acceso (m)	giʃa	גִישָה (נ)
puerto (m)	port	פּוֹרט (ז)
conexión (f) (establecer la ~)	χibur	חִיבּוּר (ז)
conectarse a ...	lehitχaber	לְהִתחַבֵּר
seleccionar (vt)	livχor	לִבחוֹר
buscar (vt)	leχapes	לְחַפֵּשׂ

167. La electricidad

electricidad (f)	χaʃmal	חַשְׁמַל (ז)
eléctrico (adj)	χaʃmali	חַשְׁמַלִי
central (f) eléctrica	taχanat 'koaχ	תַּחֲנַת כּוֹחַ (נ)
energía (f)	e'nergya	אֶנֶרְגְיָה (נ)
energía (f) eléctrica	e'nergya χaʃmalit	אֶנֶרְגְיָה חַשְׁמַלִית (נ)

bombilla (f)	nura	נוּרָה (נ)
linterna (f)	panas	פָּנָס (ז)
farola (f)	panas reχov	פָּנָס רְחוֹב (ז)

luz (f)	or	אוֹר (ז)
encender (vt)	lehadlik	לְהַדְלִיק
apagar (vt)	leχabot	לְכַבּוֹת
apagar la luz	leχabot	לְכַבּוֹת

quemarse (vr)	lehisaref	לְהִישָׂרֵף
circuito (m) corto	'ketser	קֶצֶר (ז)
ruptura (f)	χut ka'ru'a	חוּט קָרוּעַ (ז)
contacto (m)	maga	מַגָּע (ז)

interruptor (m)	'meteg	מֶתֶג (ז)
enchufe (m)	'ʃeka	שֶׁקַע (ז)
clavija (f)	'teka	תֶּקַע (ז)
alargador (m)	'kabel ma'ariχ	כֶּבֶל מַאֲרִיךְ (ז)

fusible (m)	natiχ	נָתִיךְ (ז)
hilo (m)	χut	חוּט (ז)
instalación (f) eléctrica	χivut	חִיווּט (ז)

amperio (m)	amper	אַמְפֶּר (ז)
amperaje (m)	'zerem χaʃmali	זֶרֶם חַשְׁמַלִי (ז)
voltio (m)	volt	וֹלְט (ז)
voltaje (m)	'metaχ	מֶתַח (ז)

aparato (m) eléctrico	maχʃir χaʃmali	מַכְשִׁיר חַשְׁמַלִי (ז)
indicador (m)	maχvan	מַחְווָן (ז)

electricista (m)	χaʃmalai	חַשְׁמַלַאי (ז)
soldar (vt)	lehalχim	לְהַלְחִים
soldador (m)	malχem	מַלְחֵם (ז)
corriente (f)	'zerem	זֶרֶם (ז)

168. Las herramientas

instrumento (m)	kli	כְּלִי (ז)
instrumentos (m pl)	klei avoda	כְּלֵי עֲבוֹדָה (ז״ר)
maquinaria (f)	tsiyud	צִיוּד (ז)

martillo (m)	patiʃ	פַּטִישׁ (ז)
destornillador (m)	mavreg	מַבְרֵג (ז)
hacha (f)	garzen	גַרְזֶן (ז)

sierra (f)	masor	מַסוֹר (ז)
serrar (vt)	lenaser	לְנַסֵר
cepillo (m)	maktso'a	מַקצוּעָה (נ)
cepillar (vt)	lehak'tsi'a	לְהַקצִיעַ
soldador (m)	malχem	מַלחֵם (ז)
soldar (vt)	lehalχim	לְהַלחִים
lima (f)	ptsira	פּצִירָה (נ)
tenazas (f pl)	tsvatot	צבָתוֹת (נ"ר)
alicates (m pl)	mel'kaχat	מֶלקַחַת (נ)
escoplo (m)	izmel	אִזמֵל (ז)
broca (f)	mak'deaχ	מַקדֵחַ (ז)
taladro (m)	makdeχa	מַקדֵחָה (נ)
taladrar (vi, vt)	lik'doaχ	לִקדוֹחַ
cuchillo (m)	sakin	סַכִּין (ז, נ)
navaja (f)	olar	אוֹלָר (ז)
filo (m)	'lahav	לַהַב (ז)
agudo (adj)	χad	חַד
embotado (adj)	kehe	קֵהֶה
embotarse (vr)	lehitkahot	לְהִתקַהוֹת
afilar (vt)	lehaʃχiz	לְהַשחִיז
perno (m)	'boreg	בּוֹרֶג (ז)
tuerca (f)	om	אוֹם (ז)
filete (m)	tavrig	תַברִיג (ז)
tornillo (m)	'boreg	בּוֹרֶג (ז)
clavo (m)	masmer	מַסמֵר (ז)
cabeza (f) del clavo	roʃ hamasmer	רֹאש הַמַסמֵר (ז)
regla (f)	sargel	סַרגֵל (ז)
cinta (f) métrica	'seret meida	סֶרֶט מֵידָה (ז)
nivel (m) de burbuja	'peles	פֶּלֶס (ז)
lupa (f)	zχuχit mag'delet	זכוּכִית מַגדֶלֶת (נ)
aparato (m) de medida	maχʃir medida	מַכשִיר מְדִידָה (ז)
medir (vt)	limdod	לִמדוֹד
escala (f) (~ métrica)	'skala	סקָאלָה (נ)
lectura (f)	medida	מְדִידָה (נ)
compresor (m)	madχes	מַדחֵס (ז)
microscopio (m)	mikroskop	מִיקרוֹסקוֹפּ (ז)
bomba (f) (~ de agua)	maʃeva	מַשאֵבָה (נ)
robot (m)	robot	רוֹבּוֹט (ז)
láser (m)	'leizer	לֵייזֶר (ז)
llave (f) de tuerca	maf'teaχ bragim	מַפתֵחַ בּרָגִים (ז)
cinta (f) adhesiva	neyar 'devek	נְייַר דֶבֶק (ז)
pegamento (m)	'devek	דֶבֶק (ז)
papel (m) de lija	neyar zχuχit	נְייַר זכוּכִית (ז)
resorte (m)	kfits	קפִיץ (ז)

imán (m)	magnet	מַגנֶט (ז)
guantes (m pl)	kfafot	כְּפָפוֹת (נ"ר)
cuerda (f)	'χevel	חֶבֶל (ז)
cordón (m)	sroχ	שׂרוֹך (ז)
hilo (m) (~ eléctrico)	χut	חוּט (ז)
cable (m)	'kevel	כֶּבֶל (ז)
almádana (f)	kurnas	קוּרנָס (ז)
barra (f)	lom	לוֹם (ז)
escalera (f) portátil	sulam	סוּלָם (ז)
escalera (f) de tijera	sulam	סוּלָם (ז)
atornillar (vt)	lehavrig	לְהַברִיג
destornillar (vt)	lif'toaχ, lehavrig	לִפתוֹחַ, לְהַברִיג
apretar (vt)	lehadek	לְהַדֵק
pegar (vt)	lehadbik	לְהַדבִּיק
cortar (vt)	laχtoχ	לַחתוֹך
fallo (m)	takala	תַקָלָה (נ)
reparación (f)	tikun	תִיקוּן (ז)
reparar (vt)	letaken	לְתַקֵן
regular, ajustar (vt)	leχavnen	לְכַווֵנֵן
verificar (vt)	livdok	לִבדוֹק
control (m)	bdika	בּדִיקָה (נ)
lectura (f) (~ del contador)	kri'a	קרִיאָה (נ)
fiable (máquina)	amin	אָמִין
complicado (adj)	murkav	מוּרכָּב
oxidarse (vr)	lehaχlid	לְהַחלִיד
oxidado (adj)	χalud	חָלוּד
óxido (m)	χaluda	חֲלוּדָה (נ)

El transporte

169. El avión

avión (m)	matos	מָטוֹס (ז)
billete (m) de avión	kartis tisa	כַּרטִיס טִיסָה (ז)
compañía (f) aérea	χevrat teʿufa	חֶברַת תְעוּפָה (נ)
aeropuerto (m)	nemal teʿufa	נְמַל תְעוּפָה (ז)
supersónico (adj)	al koli	עַל קוֹלִי
comandante (m)	kabarnit	קַבַּרנִיט (ז)
tripulación (f)	'ʦevet	צֶוֶות (ז)
piloto (m)	tayas	טַיָיס (ז)
azafata (f)	da'yelet	דַייֶלֶת (נ)
navegador (m)	navat	נַוָוט (ז)
alas (f pl)	kna'fayim	כּנָפַיִים (נ"ר)
cola (f)	zanav	זָנָב (ז)
cabina (f)	'kokpit	קוֹקפִּיט (ז)
motor (m)	ma'noʿa	מָנוֹעַ (ז)
tren (m) de aterrizaje	kan nesiʿa	כַּן נְסִיעָה (ז)
turbina (f)	tur'bina	טוּרבִּינָה (נ)
hélice (f)	madχef	מַדחֵף (ז)
caja (f) negra	kufsa ʃχora	קוּפסָה שחוֹרָה (נ)
timón (m)	'hege	הֶגֶה (ז)
combustible (m)	'delek	דֶלֶק (ז)
instructivo (m) de seguridad	hora'ot betiχut	הוֹרָאוֹת בְּטִיחוּת (נ"ר)
respirador (m) de oxígeno	maseχat χamʦan	מַסֵיכַת חַמצָן (נ)
uniforme (m)	madim	מַדִים (ז"ר)
chaleco (m) salvavidas	χagorat haʦala	חֲגוֹרַת הַצָלָה (נ)
paracaídas (m)	miʦnaχ	מִצנָח (ז)
despegue (m)	hamraʾa	הַמרָאָה (נ)
despegar (vi)	lehamri	לְהַמרִיא
pista (f) de despegue	maslul hamraʾa	מַסלוּל הַמרָאָה (ז)
visibilidad (f)	reʾut	רְאוּת (נ)
vuelo (m)	tisa	טִיסָה (נ)
altura (f)	'gova	גוֹבַה (ז)
pozo (m) de aire	kis avir	כִּיס אֲוִויר (ז)
asiento (m)	moʃav	מוֹשָב (ז)
auriculares (m pl)	ozniyot	אוֹזנִיוֹת (נ"ר)
mesita (f) plegable	magaʃ mitkapel	מַגָש מִתקַפֵּל (ז)
ventana (f)	ʦohar	צוֹהַר (ז)
pasillo (m)	maʿavar	מַעֲבָר (ז)

170. El tren

tren (m)	ra'kevet	רַכֶּבֶת (נ)
tren (m) eléctrico	ra'kevet parvarim	רַכֶּבֶת פַּרבָרִים (נ)
tren (m) rápido	ra'kevet mehira	רַכֶּבֶת מְהִירָה (נ)
locomotora (f) diésel	katar 'dizel	קַטָר דִיזֶל (ז)
tren (m) de vapor	katar	קַטָר (ז)
coche (m)	karon	קָרוֹן (ז)
coche (m) restaurante	kron misʿada	קרוֹן מִסעָדָה (ז)
rieles (m pl)	mesilot	מְסִילוֹת (נ"ר)
ferrocarril (m)	mesilat barzel	מְסִילַת בַּרזֶל (נ)
traviesa (f)	'eden	אֶדֶן (ז)
plataforma (f)	ratsif	רָצִיף (ז)
vía (f)	mesila	מְסִילָה (נ)
semáforo (m)	ramzor	רַמזוֹר (ז)
estación (f)	taχana	תַחֲנָה (נ)
maquinista (m)	nahag ra'kevet	נַהַג רַכֶּבֶת (ז)
maletero (m)	sabal	סַבָּל (ז)
mozo (m) del vagón	sadran ra'kevet	סַדרַן רַכֶּבֶת (ז)
pasajero (m)	no'seʿa	נוֹסֵעַ (ז)
revisor (m)	bodek	בּוֹדֵק (ז)
corredor (m)	prozdor	פרוֹזדוֹר (ז)
freno (m) de urgencia	maʿatsar χirum	מַעֲצָר חֵירוּם (ז)
compartimiento (m)	ta	תָא (ז)
litera (f)	dargaʃ	דַרגָשׁ (ז)
litera (f) de arriba	dargaʃ elyon	דַרגָשׁ עֶליוֹן (ז)
litera (f) de abajo	dargaʃ taχton	דַרגָשׁ תַחתוֹן (ז)
ropa (f) de cama	matsaʿim	מַצָעִים (ז"ר)
billete (m)	kartis	כַּרטִיס (ז)
horario (m)	'luaχ zmanim	לוּחַ זמַנִים (ז)
pantalla (f) de información	'ʃelet meida	שֶׁלֶט מֵידָע (ז)
partir (vi)	latset	לָצֵאת
partida (f) (del tren)	yetsiʾa	יְצִיאָה (נ)
llegar (tren)	leha'giʿa	לְהַגִיעַ
llegada (f)	hagaʿa	הַגָעָה (נ)
llegar en tren	leha'giʿa bera'kevet	לְהַגִיעַ בְּרַכֶּבֶת
tomar el tren	laʿalot lera'kevet	לַעֲלוֹת לְרַכֶּבֶת
bajar del tren	la'redet mehara'kevet	לָרֶדֶת מֵהָרַכֶּבֶת
descarrilamiento (m)	hitraskut	הִתרַסקוּת (נ)
descarrilarse (vr)	la'redet mipasei ra'kevet	לָרֶדֶת מִפַּסֵי רַכֶּבֶת
tren (m) de vapor	katar	קַטָר (ז)
fogonero (m)	masik	מַסִיק (ז)
hogar (m)	kivʃan	כִּבשָׁן (ז)
carbón (m)	peχam	פֶּחָם (ז)

171. El barco

buque (m)	sfina	סְפִינָה (נ)
navío (m)	sfina	סְפִינָה (נ)
buque (m) de vapor	oniyat kitor	אוֹנִיַּית קִיטוֹר (נ)
motonave (m)	sfinat nahar	סְפִינַת נָהָר (נ)
trasatlántico (m)	oniyat taʿanugot	אוֹנִיַּית תַּעֲנוּגוֹת (נ)
crucero (m)	sa'yeret	סַיֶּירֶת (נ)
yate (m)	'yaχta	יַכטָה (נ)
remolcador (m)	go'reret	גוֹרֶרֶת (נ)
barcaza (f)	arba	אַרבָּה (נ)
ferry (m)	maʿa'boret	מַעֲבּוֹרֶת (נ)
velero (m)	sfinat mifras	סְפִינַת מִפרָשׂ (נ)
bergantín (m)	briganit	בּרִיגָנִית (נ)
rompehielos (m)	ʃo'veret 'keraχ	שׁוֹבֶרֶת קֶרַח (נ)
submarino (m)	ʦo'lelet	צוֹלֶלֶת (נ)
bote (m) de remo	sira	סִירָה (נ)
bote (m)	sira	סִירָה (נ)
bote (m) salvavidas	sirat haʦala	סִירַת הַצָּלָה (נ)
lancha (f) motora	sirat ma'noʿa	סִירַת מָנוֹעַ (נ)
capitán (m)	rav χovel	רַב־חוֹבֵל (ז)
marinero (m)	malaχ	מַלָּח (ז)
marino (m)	yamai	יַמַּאי (ז)
tripulación (f)	'ʦevet	צֶוֶות (ז)
contramaestre (m)	rav malaχim	רַב־מַלָּחִים (ז)
grumete (m)	'naʿar sipun	נַעַר סִיפּוּן (ז)
cocinero (m) de abordo	tabaχ	טַבָּח (ז)
médico (m) del buque	rofe haʾoniya	רוֹפֵא הָאוֹנִיָּיה (ז)
cubierta (f)	sipun	סִיפּוּן (ז)
mástil (m)	'toren	תּוֹרֶן (ז)
vela (f)	mifras	מִפרָשׂ (ז)
bodega (f)	'beten oniya	בֶּטֶן אוֹנִיָּיה (נ)
proa (f)	χartom	חַרטוֹם (ז)
popa (f)	yarketei hasfina	יַרכְּתֵי הַסְפִינָה (ז"ר)
remo (m)	maʃot	מָשׁוֹט (ז)
hélice (f)	madχef	מַדחֵף (ז)
camarote (m)	ta	תָּא (ז)
sala (f) de oficiales	moʿadon kʦinim	מוֹעֲדוֹן קְצִינִים (ז)
sala (f) de máquinas	χadar meχonot	חֲדַר מְכוֹנוֹת (ז)
puente (m) de mando	'geʃer hapikud	גֶשֶׁר הַפִּיקוּד (ז)
sala (f) de radio	ta alχutan	תָּא אַלחוּטָן (ז)
onda (f)	'teder	תֶּדֶר (ז)
cuaderno (m) de bitácora	yoman haʾoniya	יוֹמַן הָאוֹנִיה (ז)
anteojo (m)	miʃ'kefet	מִשׁקֶפֶת (נ)
campana (f)	paʿamon	פַּעֲמוֹן (ז)

bandera (f)	'degel	דֶגֶל (ז)
cabo (m) (maroma)	avot ha'oniya	עֲבוֹת הָאוֹנִייָה (נ)
nudo (m)	'keʃer	קֶשֶׁר (ז)
pasamano (m)	ma'ake hasipun	מַעֲקֵה הַסִיפּוּן (ז)
pasarela (f)	'keveʃ	כֶּבֶשׁ (ז)
ancla (f)	'ogen	עוֹגֶן (ז)
levar ancla	leharim 'ogen	לְהָרִים עוֹגֶן
echar ancla	la'agon	לַעֲגוֹן
cadena (f) del ancla	ʃar'ʃeret ha'ogen	שַׁרשֶׁרֶת הָעוֹגֶן (נ)
puerto (m)	namal	נָמָל (ז)
embarcadero (m)	'mezaχ	מֵזַח (ז)
amarrar (vt)	la'agon	לַעֲגוֹן
desamarrar (vt)	lehaflig	לְהַפלִיג
viaje (m)	masa, tiyul	מַסָע (ז), טִיוּל (ז)
crucero (m) (viaje)	'ʃayit	שַׁיִט (ז)
derrota (f) (rumbo)	kivun	כִּיוּון (ז)
itinerario (m)	nativ	נָתִיב (ז)
canal (m) navegable	nativ 'ʃayit	נָתִיב שַׁיִט (ז)
bajío (m)	sirton	שִׂרטוֹן (ז)
encallar (vi)	la'alot al hasirton	לַעֲלוֹת עַל הַשִׂרטוֹן
tempestad (f)	sufa	סוּפָה (נ)
señal (f)	ot	אוֹת (ז)
hundirse (vr)	lit'bo'a	לִטבּוֹעַ
¡Hombre al agua!	adam ba'mayim!	אָדָם בַּמַיִם!
SOS	kri'at hatsala	קרִיאַת הַצָלָה
aro (m) salvavidas	galgal hatsala	גַלגַל הַצָלָה (ז)

172. El aeropuerto

aeropuerto (m)	nemal te'ufa	נְמַל תְעוּפָה (ז)
avión (m)	matos	מָטוֹס (ז)
compañía (f) aérea	χevrat te'ufa	חֶברַת תְעוּפָה (נ)
controlador (m) aéreo	bakar tisa	בַּקָר טִיסָה (ז)
despegue (m)	hamra'a	הַמרָאָה (נ)
llegada (f)	neχita	נְחִיתָה (נ)
llegar (en avión)	leha'gi'a betisa	לְהַגִיעַ בְּטִיסָה
hora (f) de salida	zman hamra'a	זמַן הַמרָאָה (ז)
hora (f) de llegada	zman neχita	זמַן נְחִיתָה (ז)
retrasarse (vr)	lehit'akev	לְהִתעַכֵּב
retraso (m) de vuelo	ikuv hatisa	עִיכּוּב הַטִיסָה (ז)
pantalla (f) de información	'luaχ meida	לוּחַ מֵידָע (ז)
información (f)	meida	מֵידָע (ז)
anunciar (vt)	leho'dia	לְהוֹדִיעַ
vuelo (m)	tisa	טִיסָה (נ)

aduana (f)	'meχes	מֶכֶס (ז)
aduanero (m)	pakid 'meχes	פָּקִיד מֶכֶס (ז)
declaración (f) de aduana	hatsharat meχes	הַצהָרַת מֶכֶס (נ)
rellenar (vt)	lemale	לְמַלֵא
rellenar la declaración	lemale 'tofes hatshara	לְמַלֵא טוֹפֶס הַצהָרָה
control (m) de pasaportes	bdikat darkonim	בּדִיקַת דַרכּוֹנִים (נ)
equipaje (m)	kvuda	כּבוּדָה (נ)
equipaje (m) de mano	kvudat yad	כּבוּדַת יָד (נ)
carrito (m) de equipaje	eglat kvuda	עֶגלַת כּבוּדָה (נ)
aterrizaje (m)	neχita	נְחִיתָה (נ)
pista (f) de aterrizaje	maslul neχita	מַסלוּל נְחִיתָה (ז)
aterrizar (vi)	linχot	לִנחוֹת
escaleras (f pl) (de avión)	'keveʃ	כֶּבֶשׁ (ז)
facturación (f) (check-in)	ʧek in	צֶ'ק אִין (ז)
mostrador (m) de facturación	dalpak ʧek in	דַלפַּק צֶ'ק אִין (ז)
hacer el check-in	leva'tseʿa ʧek in	לְבַצֵעַ צֶ'ק אִין
tarjeta (f) de embarque	kartis aliya lematos	כַּרטִיס עֲלִיָה לְמָטוֹס (ז)
puerta (f) de embarque	'ʃaʿar yetsi'a	שַעַר יְצִיאָה (ז)
tránsito (m)	maʿavar	מַעֲבָר (ז)
esperar (aguardar)	lehamtin	לְהַמתִין
zona (f) de preembarque	traklin tisa	טרַקלִין טִיסָה (ז)
despedir (vt)	lelavot	לְלַווֹת
despedirse (vr)	lomar lehitra'ot	לוֹמַר לְהִתרָאוֹת

173. La bicicleta. La motocicleta

bicicleta (f)	ofa'nayim	אוֹפַנַיִים (ז"ר)
scooter (f)	kat'noʿa	קַטנוֹעַ (ז)
motocicleta (f)	of'noʿa	אוֹפַנוֹעַ (ז)
ir en bicicleta	lirkov al ofa'nayim	לִרכּוֹב עַל אוֹפַנַיִים
manillar (m)	kidon	כִּידוֹן (ז)
pedal (m)	davʃa	דַוושָה (נ)
frenos (m pl)	blamim	בּלָמִים (ז"ר)
sillín (m)	ukaf	אוּכָּף (ז)
bomba (f)	maʃeva	מַשאֵבָה (נ)
portaequipajes (m)	sabal	סַבָּל (ז)
faro (m)	panas kidmi	פָּנָס קִדמִי (ז)
casco (m)	kasda	קַסדָה (נ)
rueda (f)	galgal	גַלגַל (ז)
guardabarros (m)	kanaf	כָּנָף (נ)
llanta (f)	χiʃuk	חִישוּק (ז)
rayo (m)	χiʃur	חִישוּר (ז)

Los coches

174. Tipos de carros

coche (m)	meχonit	מְכוֹנִית (נ)
coche (m) deportivo	meχonit sport	מְכוֹנִית סְפּוֹרְט (נ)
limusina (f)	limu'zina	לִימוּזִינָה (נ)
todoterreno (m)	'reχev 'ʃetaχ	רֶכֶב שֶׁטַח (ז)
cabriolé (m)	meχonit gag niftaχ	מְכוֹנִית גַּג נִפְתָּח (נ)
microbús (m)	'minibus	מִינִיבּוּס (ז)
ambulancia (f)	'ambulans	אַמְבּוּלַנְס (ז)
quitanieves (m)	maf'leset 'ʃeleg	מַפְלֶסֶת שֶׁלֶג (נ)
camión (m)	masa'it	מַשָּׂאִית (נ)
camión (m) cisterna	meχalit 'delek	מֵיכָלִית דֶּלֶק (נ)
camioneta (f)	masa'it kala	מַשָּׂאִית קַלָּה (נ)
remolcador (m)	gorer	גּוֹרֵר (ז)
remolque (m)	garur	גָּרוּר (ז)
confortable (adj)	'noaχ	נוֹחַ
de ocasión (adj)	meʃumaʃ	מְשׁוּמָּשׁ

175. Los carros. Taller de pintura

capó (m)	miχse hama'no'a	מִכְסֵה הַמָּנוֹעַ (ז)
guardabarros (m)	kanaf	כָּנָף (נ)
techo (m)	gag	גַּג (ז)
parabrisas (m)	ʃimʃa kidmit	שִׁמְשָׁה קִדְמִית (נ)
espejo (m) retrovisor	mar'a aχorit	מַרְאָה אֲחוֹרִית (נ)
limpiador (m)	mataz	מַתָז (ז)
limpiaparabrisas (m)	magev	מַגֵּב (ז)
ventana (f) lateral	ʃimʃat tsad	שִׁמְשַׁת צַד (נ)
elevalunas (m)	χalon χaʃmali	חַלּוֹן חַשְׁמַלִי (ז)
antena (f)	an'tena	אַנְטֶנָה (נ)
techo (m) solar	χalon gag	חַלּוֹן גַּג (ז)
parachoques (m)	pagoʃ	פָּגוֹשׁ (ז)
maletero (m)	ta mit'an	תָּא מִטְעָן (ז)
baca (f) (portaequipajes)	gagon	גָּגוֹן (ז)
puerta (f)	'delet	דֶּלֶת (נ)
tirador (m) de puerta	yadit	יָדִית (נ)
cerradura (f)	man'ul	מַנְעוּל (ז)
matrícula (f)	luχit riʃui	לוּחִית רִישׁוּי (נ)
silenciador (m)	am'am	עַמְעָם (ז)

tanque (m) de gasolina	meiχal 'delek	מֵיכָל דֶלֶק (ז)
tubo (m) de escape	maflet	מַפלֵט (ז)
acelerador (m)	gaz	גָז (ז)
pedal (m)	davʃa	דַוושָה (נ)
pedal (m) de acelerador	davʃat gaz	דַוושַת גָז (נ)
freno (m)	'belem	בֶּלֶם (ז)
pedal (m) de freno	davʃat hablamim	דַוושַת הַבַּלָמִים (נ)
frenar (vi)	livlom	לִבלוֹם
freno (m) de mano	'belem χaniya	בֶּלֶם חֲנִייָה (ז)
embrague (m)	matsmed	מַצמֵד (ז)
pedal (m) de embrague	davʃat hamatsmed	דַוושַת הַמַצמֵד (נ)
disco (m) de embrague	luχit hamatsmed	לוּחִית הַמַצמֵד (נ)
amortiguador (m)	bolem za'a'zu'a	בּוֹלֵם זַעֲזוּעִים (ז)
rueda (f)	galgal	גַלגַל (ז)
rueda (f) de repuesto	galgal χilufi	גַלגַל חִילוּפִי (ז)
neumático (m)	tsmig	צמִיג (ז)
tapacubo (m)	tsa'laχat galgal	צַלַחַת גַלגַל (נ)
ruedas (f pl) motrices	galgalim meni'im	גַלגַלִים מְנִיעִים (ז"ר)
de tracción delantera	shel hana'a kidmit	שֶל הֲנָעָה קִדמִית
de tracción trasera	shel hana'a aχorit	שֶל הֲנָעָה אֲחוֹרִית
de tracción integral	shel hana'a male'a	שֶל הֲנָעָה מָלֵאָה
caja (f) de cambios	teivat hiluχim	תֵיבַת הִילוּכִים (נ)
automático (adj)	oto'mati	אוֹטוֹמָטִי
mecánico (adj)	me'χani	מֶכָנִי
palanca (f) de cambios	yadit hiluχim	יָדִית הִילוּכִים (נ)
faro (m) delantero	panas kidmi	פָּנָס קִדמִי (ז)
faros (m pl)	panasim	פָּנָסִים (ז"ר)
luz (f) de cruce	or namuχ	אוֹר נָמוּך (ז)
luz (f) de carretera	or ga'voha	אוֹר גָבוֹהַ (ז)
luz (f) de freno	or 'belem	אוֹר בֶּלֶם (ז)
luz (f) de posición	orot χanaya	אוֹרוֹת חֲנָיָיה (ז"ר)
luces (f pl) de emergencia	orot χerum	אוֹרוֹת חֵירוּם (ז"ר)
luces (f pl) antiniebla	orot arafel	אוֹרוֹת עֲרָפֶל (ז"ר)
intermitente (m)	panas itut	פָּנָס אִיתוּת (ז)
luz (f) de marcha atrás	orot revers	אוֹרוֹת רֶבֶרס (ז"ר)

176. Los carros. El compartimento de pasajeros

habitáculo (m)	ta hanos'im	תָא הַנוֹסעִים (ז)
de cuero (adj)	asui me'or	עָשׂוּי מֵעוֹר
de felpa (adj)	ktifati	קטִיפָתִי
revestimiento (m)	ripud	רִיפּוּד (ז)
instrumento (m)	maχven	מַחווָן (ז)
salpicadero (m)	'luaχ maχvenim	לוּחַ מַחווָנִים (ז)

velocímetro (m)	mad mehirut	מַד מְהִירוּת (ז)
aguja (f)	'maχat	מַחַט (נ)
cuentakilómetros (m)	mad merχak	מַד מֶרְחָק (ז)
indicador (m)	χaiʃan	חַיְישָׁן (ז)
nivel (m)	ramat mi'lui	רָמַת מִילוּי (נ)
testigo (m) (~ luminoso)	nurat azhara	נוּרַת אַזְהָרָה (נ)
volante (m)	'hege	הֶגֶה (ז)
bocina (f)	tsofar	צוֹפָר (ז)
botón (m)	kaftor	כַּפְתּוֹר (ז)
interruptor (m)	'meteg	מֶתֶג (ז)
asiento (m)	moʃav	מוֹשָׁב (ז)
respaldo (m)	miʃˤenet	מִשְׁעֶנֶת (נ)
reposacabezas (m)	miʃˤenet roʃ	מִשְׁעֶנֶת רֹאשׁ (נ)
cinturón (m) de seguridad	χagorat betiχut	חֲגוֹרַת בְּטִיחוּת (נ)
abrocharse el cinturón	lehadek χagora	לְהַדֵּק חֲגוֹרָה
reglaje (m)	kivnun	כִּיווּנוּן (ז)
bolsa (f) de aire (airbag)	karit avir	כָּרִית אֲווִיר (נ)
climatizador (m)	mazgan	מַזְגָּן (ז)
radio (f)	'radyo	רָדְיוֹ (ז)
reproductor (m) de CD	'diskmen	דִיסְקְמֶן (ז)
encender (vt)	lehadlik	לְהַדְלִיק
antena (f)	an'tena	אַנְטֶנָה (נ)
guantera (f)	ta kfafot	תָּא כְּפָפוֹת (ז)
cenicero (m)	ma'afera	מַאֲפֵרָה (נ)

177. Los carros. El motor

motor (m)	ma'noˤa	מָנוֹעַ (ז)
diesel (adj)	shel 'dizel	שֶׁל דִיזֶל
a gasolina (adj)	'delek	דֶלֶק
volumen (m) del motor	'nefaχ ma'noˤa	נֶפַח מָנוֹעַ (ז)
potencia (f)	otsma	עוֹצְמָה (נ)
caballo (m) de fuerza	'koaχ sus	כּוֹח סוּס (ז)
pistón (m)	buχna	בּוּכְנָה (נ)
cilindro (m)	tsi'linder	צִילִינְדֶּר (ז)
válvula (f)	ʃastom	שַׁסְתּוֹם (ז)
inyector (m)	mazrek	מַזְרֵק (ז)
generador (m)	meχolel	מְחוֹלֵל (ז)
carburador (m)	me'ayed	מְאַיֵּיד (ז)
aceite (m) de motor	'ʃemen mano'im	שֶׁמֶן מָנוֹעִים (ז)
radiador (m)	matsnen	מַצְנֵן (ז)
liquido (m) refrigerante	nozel kirur	נוֹזֵל קִירוּר (ז)
ventilador (m)	me'avrer	מְאַווְרֵר (ז)
batería (f)	matsber	מַצְבֵּר (ז)
estárter (m)	mat'neˤa	מַתְנֵעַ (ז)

157

encendido (m)	hatsata	הַצָּתָה (נ)
bujía (f) de ignición	matset	מַצֵּת (ז)
terminal (f)	'hedek	הֶדֶק (ז)
terminal (f) positiva	'hedek χiyuvi	הֶדֶק חִיוּבִי (ז)
terminal (f) negativa	'hedek ʃlili	הֶדֶק שְׁלִילִי (ז)
fusible (m)	natiχ	נָתִיךְ (ז)
filtro (m) de aire	masnen avir	מַסנֵן אֲוִויר (ז)
filtro (m) de aceite	masnen 'ʃemen	מַסנֵן שֶׁמֶן (ז)
filtro (m) de combustible	masnen 'delek	מַסנֵן דֶלֶק (ז)

178. Los carros. Los choques. La reparación

accidente (m)	te'una	תְאוּנָה (נ)
accidente (m) de tráfico	te'unat draχim	תְאוּנַת דרָכִים (נ)
chocar contra ...	lehitnageʃ	לְהִתנַגֵּשׁ
tener un accidente	lehima'eχ	לְהִימָעֵךְ
daño (m)	'nezek	נֶזֶק (ז)
intacto (adj)	ʃalem	שָׁלֵם
pana (f)	takala	תַקָלָה (נ)
averiarse (vr)	lehitkalkel	לְהִתקַלקֵל
remolque (m) (cuerda)	'χevel grar	חֶבֶל גרָר (ז)
pinchazo (m)	'teker	תֶקֶר (ז)
desinflarse (vr)	lehitpantʃer	לְהִתפַּנצֵ'ר
inflar (vt)	lena'peaχ	לְנַפֵּחַ
presión (f)	'laχats	לַחַץ (ז)
verificar (vt)	livdok	לִבדוֹק
reparación (f)	ʃiputs	שִׁיפּוּץ (ז)
taller (m)	musaχ	מוּסָךְ (ז)
parte (f) de repuesto	'χelek χiluf	חֶלֶק חִילוּף (ז)
parte (f)	'χelek	חֶלֶק (ז)
perno (m)	'boreg	בּוֹרֶג (ז)
tornillo (m)	'boreg	בּוֹרֶג (ז)
tuerca (f)	om	אוֹם (ז)
arandela (f)	diskit	דִיסקִית (נ)
rodamiento (m)	mesav	מֵסַב (ז)
tubo (m)	tsinorit	צִינוֹרִית (נ)
junta (f)	'etem	אֶטֶם (ז)
hilo (m)	χut	חוּט (ז)
gato (m)	dʒek	גֶ'ק (ז)
llave (f) de tuerca	maf'teaχ bragim	מַפתֵחַ בּרָגִים (ז)
martillo (m)	patiʃ	פַּטִיש (ז)
bomba (f)	maʃeva	מַשאֵבָה (נ)
destornillador (m)	mavreg	מַברֵג (ז)
extintor (m)	mataf	מַטָף (ז)
triángulo (m) de avería	meʃulaʃ χirum	מְשׁוּלָשׁ חֵירוּם (ז)

calarse (vr)	ledomem	לְדוֹמֵם
parada (f) (del motor)	hadmama	הַדמָמָה (נ)
estar averiado	lihyot ʃavur	לְהיוֹת שָבוּר
recalentarse (vr)	lehitχamem yoter midai	לְהִתחַמֵם יוֹתֵר מִדַי
estar atascado	lehisatem	לְהִיסָתֵם
congelarse (vr)	likpo	לִקפּוֹא
reventar (vi)	lehitpa'keʿa	לְהִתפַּקֵעַ
presión (f)	'laχats	לַחַץ (ז)
nivel (m)	ramat mi'lui	רָמַת מִילוּי (נ)
flojo (correa ~a)	rafe	רָפֶה
abolladura (f)	dfika	דפִיקָה (נ)
ruido (m) (en el motor)	'raʿaʃ	רַעַש (ז)
grieta (f)	'sedek	סֶדֶק (ז)
rozadura (f)	srita	שׂרִיטָה (נ)

179. Los carros. La calle

camino (m)	'dereχ	דֶרֶך (נ)
autovía (f)	kviʃ mahir	כּבִיש מָהִיר (ז)
carretera (f)	kviʃ mahir	כּבִיש מָהִיר (ז)
dirección (f)	kivun	כִּיווּן (ז)
distancia (f)	merχak	מֶרחָק (ז)
puente (m)	'geʃer	גֶשֶר (ז)
aparcamiento (m)	χanaya	חֲנָיָה (נ)
plaza (f)	kikar	כִּיכָּר (נ)
intercambiador (m)	meχlaf	מֶחלָף (ז)
túnel (m)	minhara	מִנהָרָה (נ)
gasolinera (f)	taχanat 'delek	תַחֲנַת דֶלֶק (נ)
aparcamiento (m)	migraʃ χanaya	מִגרַש חֲנָיָה (ז)
surtidor (m)	maʃevat 'delek	מַשאֵבַת דֶלֶק (נ)
taller (m)	musaχ	מוּסָך (ז)
cargar gasolina	letadlek	לְתַדלֵק
combustible (m)	'delek	דֶלֶק (ז)
bidón (m) de gasolina	'dʒerikan	גֶ'רִיקָן (ז)
asfalto (m)	asfalt	אַספַלט (ז)
señalización (f) vial	simun	סִימוּן (ז)
bordillo (m)	sfat midraχa	שׂפַת מִדרָכָה (נ)
barrera (f) de seguridad	maʿake betiχut	מַעֲקֵה בְּטִיחוּת (ז)
cuneta (f)	teʿala	תְעָלָה (נ)
borde (m) de la carretera	ʃulei ha'dereχ	שוּלֵי הַדֶרֶך (ז"ר)
farola (f)	amud teʾura	עַמוּד תְאוּרָה (ז)
conducir (vi, vt)	linhog	לִנהוֹג
girar (~ a la izquierda)	lifnot	לִפנוֹת
dar la vuelta en U	leva'tseʿa pniyat parsa	לְבַצֵעַ פּנִיַית פַּרסָה
marcha (f) atrás	hiluχ aχori	הִילוּך אֲחוֹרִי (ז)
tocar la bocina	litspor	לִצפּוֹר
bocinazo (m)	tsfira	צפִירָה (נ)

atascarse (vr)	lehitaka	לְהִיתָקַע
patinar (vi)	lesovev et hagalgal al rek	לסוֹבֵב אֶת הַגַלגַלִים עַל רֵיק
parar (el motor)	ledomem	לְדוֹמֵם
velocidad (f)	mehirut	מְהִירוּת (נ)
exceder la velocidad	linhog bemehirut muf'rezet	לִנהוֹג בִּמְהִירוּת מוּפרֶזֶת
multar (vt)	liknos	לְקנוֹס
semáforo (m)	ramzor	רַמזוֹר (ז)
permiso (m) de conducir	riʃyon nehiga	רִשיוֹן נְהִיגָה (ז)
paso (m) a nivel	maʿavar pasei ra'kevet	מַעֲבַר פַּסֵי רַכֶּבֶת (ז)
cruce (m)	'tsomet	צוֹמֶת (ז)
paso (m) de peatones	maʿavar χatsaya	מַעֲבַר חֲצָיָה (ז)
curva (f)	pniya	פּנִייָה (נ)
zona (f) de peatones	midreχov	מִדרְחוֹב (ז)

180. Las señales de tráfico

reglas (f pl) de tránsito	χukei hatnuʿa	חוּקֵי הַתנוּעָה (ז"ר)
señal (m) de tráfico	tamrur	תַמרוּר (ז)
adelantamiento (m)	akifa	עֲקִיפָה (נ)
curva (f)	pniya	פּנִייָה (נ)
vuelta (f) en U	sivuv parsa	סִיבוּב פַּרסָה (ז)
rotonda (f)	maʿagal tnuʿa	מַעֲגַל תנוּעָה (ז)
prohibido el paso	ein knisa	אֵין כּנִיסָה
circulación prohibida	ein knisat reχavim	אֵין כּנִיסַת רְכָבִים
prohibido adelantar	akifa asura	עֲקִיפָה אֲסוּרָה
prohibido aparcar	χanaya asura	חֲנָיָה אֲסוּרָה
prohibido parar	atsira asura	עֲצִירָה אֲסוּרָה
curva (f) peligrosa	sivuv χad	סִיבוּב חַד (ז)
bajada con fuerte pendiente	yerida tlula	יְרִידָה תלוּלָה (נ)
sentido (m) único	tnuʿa χad sitrit	תנוּעָה חַד־סִטרִית (נ)
paso (m) de peatones	maʿavar χatsaya	מַעֲבַר חֲצָיָה (ז)
pavimento (m) deslizante	kviʃ χalaklak	כּבִיש חֲלַקלַק (ז)
ceda el paso	zχut kdima	זכוּת קדִימָה

LA GENTE. ACONTECIMIENTOS DE LA VIDA

181.   Los días festivos. Los eventos

fiesta (f)	χagiga	חֲגִיגָה (נ)
fiesta (f) nacional	χag le'umi	חַג לְאוּמִי (ז)
día (m) de fiesta	yom χag	יוֹם חַג (ז)
festejar (vt)	laχgog	לַחְגוֹג
evento (m)	hitraχaʃut	הִתְרַחֲשׁוּת (נ)
medida (f)	ei'ru'a	אֵירוּעַ (ז)
banquete (m)	se'uda χagigit	סְעוּדָה חֲגִיגִית (נ)
recepción (f)	ei'ruaχ	אֵירוּחַ (ז)
festín (m)	miʃte	מִשְׁתֶּה (ז)
aniversario (m)	yom haʃana	יוֹם הַשָּׁנָה (ז)
jubileo (m)	χag hayovel	חַג הַיּוֹבֵל (ז)
celebrar (vt)	laχgog	לַחְגוֹג
Año (m) Nuevo	ʃana χadaʃa	שָׁנָה חֲדָשָׁה (נ)
¡Feliz Año Nuevo!	ʃana tova!	שָׁנָה טוֹבָה!
Papá Noel (m)	'santa 'kla'us	סַנְטָה קְלָאוּס
Navidad (f)	χag hamolad	חַג הַמּוֹלָד (ז)
¡Feliz Navidad!	χag hamolad sa'meaχ!	חַג הַמּוֹלָד שָׂמֵחַ!
árbol (m) de Navidad	ets χag hamolad	עֵץ חַג הַמּוֹלָד (ז)
fuegos (m pl) artificiales	zikukim	זִיקוּקִים (ז"ר)
boda (f)	χatuna	חֲתוּנָה (נ)
novio (m)	χatan	חָתָן (ז)
novia (f)	kala	כַּלָּה (נ)
invitar (vt)	lehazmin	לְהַזְמִין
tarjeta (f) de invitación	hazmana	הַזְמָנָה (נ)
invitado (m)	o'reaχ	אוֹרֵחַ (ז)
visitar (vt) (a los amigos)	levaker	לְבַקֵּר
recibir a los invitados	lekabel orχim	לְקַבֵּל אוֹרְחִים
regalo (m)	matana	מַתָּנָה (נ)
regalar (vt)	latet matana	לָתֵת מַתָּנָה
recibir regalos	lekabel matanot	לְקַבֵּל מַתָּנוֹת
ramo (m) de flores	zer	זֵר (ז)
felicitación (f)	braχa	בְּרָכָה (נ)
felicitar (vt)	levareχ	לְבָרֵךְ
tarjeta (f) de felicitación	kartis braχa	כַּרְטִיס בְּרָכָה (ז)
enviar una tarjeta	liʃ'loaχ gluya	לִשְׁלוֹחַ גְּלוּיָה
recibir una tarjeta	lekabel gluya	לְקַבֵּל גְּלוּיָה

brindis (m)	leharim kosit	לְהָרִים כּוֹסִית
ofrecer (~ una copa)	leχabed	לְכַבֵּד
champaña (f)	ʃam'panya	שַׁמפַּנִיָה (נ)
divertirse (vr)	lehanot	לֵיהָנוֹת
diversión (f)	aliʦut	עֲלִיצוּת (נ)
alegría (f) (emoción)	simχa	שִׂמחָה (נ)
baile (m)	rikud	רִיקוּד (ז)
bailar (vi, vt)	lirkod	לִרקוֹד
vals (m)	vals	וַלס (ז)
tango (m)	'tango	טַנגוֹ (ז)

182. Los funerales. El entierro

cementerio (m)	beit kvarot	בֵּית קְבָרוֹת (ז)
tumba (f)	'kever	קֶבֶר (ז)
cruz (f)	ʦlav	צְלָב (ז)
lápida (f)	maʦeva	מַצֵבָה (נ)
verja (f)	gader	גָדֵר (נ)
capilla (f)	beit tfila	בֵּית תפִילָה (ז)
muerte (f)	'mavet	מָוֶות (ז)
morir (vi)	lamut	לָמוּת
difunto (m)	niftar	נִפטָר (ז)
luto (m)	'evel	אֵבֶל (ז)
enterrar (vt)	likbor	לִקבּוֹר
funeraria (f)	beit levayot	בֵּית לְוָויוֹת (ז)
entierro (m)	levaya	לְוָויָה (נ)
corona (f) funeraria	zer	זֵר (ז)
ataúd (m)	aron metim	אֲרוֹן מֵתִים (ז)
coche (m) fúnebre	kron hamet	קרוֹן הַמֵת (ז)
mortaja (f)	taχriχim	תַכרִיכִים (ז"ר)
cortejo (m) fúnebre	tahaluχat 'evel	תַהֲלוּכַת אֵבֶל (נ)
urna (f) funeraria	kad 'efer	כַּד אֵפֶר (ז)
crematorio (m)	misrafa	מִשׂרָפָה (נ)
necrología (f)	moda'at 'evel	מוֹדָעַת אֵבֶל (נ)
llorar (vi)	livkot	לִבכּוֹת
sollozar (vi)	lehitya'peaχ	לְהִתיַיפֵּחַ

183. La guerra. Los soldados

sección (f)	maχlaka	מַחלָקָה (נ)
compañía (f)	pluga	פלוּגָה (נ)
regimiento (m)	χativa	חֲטִיבָה (נ)
ejército (m)	ʦava	צָבָא (ז)
división (f)	ugda	אוּגדָה (נ)

destacamento (m)	kita	כִּיתָה (נ)
hueste (f)	'χayil	חַיִל (ז)
soldado (m)	χayal	חַייָל (ז)
oficial (m)	katsin	קָצִין (ז)
soldado (m) raso	turai	טוּרַאי (ז)
sargento (m)	samal	סַמָל (ז)
teniente (m)	'segen	סֶגֶן (ז)
capitán (m)	'seren	סֶרֶן (ז)
mayor (m)	rav 'seren	רַב־סֶרֶן (ז)
coronel (m)	aluf miʃne	אַלוּף מִשנֶה (ז)
general (m)	aluf	אַלוּף (ז)
marino (m)	yamai	יַמַאי (ז)
capitán (m)	rav χovel	רַב־חוֹבֵל (ז)
contramaestre (m)	rav malaχim	רַב־מַלָחִים (ז)
artillero (m)	totχan	תוֹתחָן (ז)
paracaidista (m)	tsanχan	צַנחָן (ז)
piloto (m)	tayas	טַייָס (ז)
navegador (m)	navat	נַווָט (ז)
mecánico (m)	meχonai	מְכוֹנַאי (ז)
zapador (m)	χablan	חַבְּלָן (ז)
paracaidista (m)	tsanχan	צַנחָן (ז)
explorador (m)	iʃ modi'in kravi	אִיש מוֹדִיעִין קְרָבִי (ז)
francotirador (m)	tsalaf	צַלָף (ז)
patrulla (f)	siyur	סִיוּר (ז)
patrullar (vi, vt)	lefatrel	לְפַטרֵל
centinela (m)	zakif	זָקִיף (ז)
guerrero (m)	loχem	לוֹחֵם (ז)
patriota (m)	patriyot	פַּטרִיוֹט (ז)
héroe (m)	gibor	גִיבּוֹר (ז)
heroína (f)	gibora	גִיבּוֹרָה (נ)
traidor (m)	boged	בּוֹגֵד (ז)
traicionar (vt)	livgod	לִבגוֹד
desertor (m)	arik	עָרִיק (ז)
desertar (vi)	la'arok	לַעֲרוֹק
mercenario (m)	sχir 'χerev	שׂכִיר חֶרֶב (ז)
recluta (m)	tiron	טִירוֹן (ז)
voluntario (m)	mitnadev	מִתנַדֵב (ז)
muerto (m)	harug	הָרוּג (ז)
herido (m)	pa'tsu'a	פָּצוּעַ (ז)
prisionero (m)	ʃavui	שָבוּי (ז)

184. La guerra. El ámbito militar. Unidad 1

guerra (f)	milχama	מִלחָמָה (נ)
estar en guerra	lehilaχem	לְהִילָחֵם

guerra (f) civil	mil'χemet ezraχim	מִלחֶמֶת אֶזרָחִים (נ)
pérfidamente (adv)	bogdani	בּוֹגדָנִי
declaración (f) de guerra	haχrazat milχama	הַכרָזַת מִלחָמָה (נ)
declarar (~ la guerra)	lehaχriz	לְהַכרִיז
agresión (f)	tokfanut	תוֹקְפָנוּת (נ)
atacar (~ a un país)	litkof	לִתקוֹף
invadir (vt)	liχboʃ	לִכבּוֹש
invasor (m)	koveʃ	כּוֹבֵש (ז)
conquistador (m)	koveʃ	כּוֹבֵש (ז)
defensa (f)	hagana	הֲגָנָה (נ)
defender (vt)	lehagen al	לְהָגֵן עַל
defenderse (vr)	lehitgonen	לְהִתגוֹנֵן
enemigo (m)	oyev	אוֹיֵב (ז)
adversario (m)	yariv	יָרִיב (ז)
enemigo (adj)	ʃel oyev	שֶל אוֹיֵב
estrategia (f)	astra'tegya	אַסטרָטֶגיָה (נ)
táctica (f)	'taktika	טַקטִיקָה (נ)
orden (f)	pkuda	פקוּדָה (נ)
comando (m)	pkuda	פקוּדָה (נ)
ordenar (vt)	lifkod	לִפקוֹד
misión (f)	mesima	מְשִׂימָה (נ)
secreto (adj)	sodi	סוֹדִי
batalla (f)	maʿaraχa	מַעֲרָכָה (נ)
combate (m)	krav	קְרָב (ז)
ataque (m)	hatkafa	הַתקָפָה (נ)
asalto (m)	histaʿarut	הִסתָעֲרוּת (נ)
tomar por asalto	lehistaʿer	לְהִסתַעֵר
asedio (m), sitio (m)	matsor	מָצוֹר (ז)
ofensiva (f)	mitkafa	מִתקָפָה (נ)
tomar la ofensiva	latset lemitkafa	לָצֵאת לְמִתקָפָה
retirada (f)	nesiga	נְסִיגָה (נ)
retirarse (vr)	la'seget	לָסֶגֶת
envolvimiento (m)	kitur	כִּיתוּר (ז)
cercar (vt)	leχater	לְכַתֵר
bombardeo (m)	haftsatsa	הַפצָצָה (נ)
lanzar una bomba	lehatil ptsatsa	לְהָטִיל פּצָצָה
bombear (vt)	lehaftsits	לְהַפצִיץ
explosión (f)	pitsuts	פִּיצוּץ (ז)
tiro (m), disparo (m)	yeriya	יְרִיָיה (נ)
disparar (vi)	lirot	לִירוֹת
tiroteo (m)	'yeri	יְרִי (ז)
apuntar a …	leχaven 'neʃek	לְכַוֵון נֶשֶק
encarar (apuntar)	leχaven	לְכַוֵון

alcanzar (el objetivo)	lik'lo'a	לִקלוֹעַ
hundir (vt)	lehat'bi'a	לְהַטבִּיעַ
brecha (f) (~ en el casco)	pirtsa	פִּרצָה (נ)
hundirse (vr)	lit'bo'a	לִטבּוֹעַ
frente (m)	χazit	חֲזִית (נ)
evacuación (f)	pinui	פִּינוּי (ז)
evacuar (vt)	lefanot	לְפַנוֹת
trinchera (f)	te'ala	תְּעָלָה (נ)
alambre (m) de púas	'tayil dokrani	תַּיִל דוֹקרָנִי (ז)
barrera (f) (~ antitanque)	maχsom	מַחסוֹם (ז)
torre (f) de vigilancia	migdal ʃmira	מִגדָל שמִירָה (ז)
hospital (m)	beit χolim tsva'i	בֵּית חוֹלִים צבָאִי (ז)
herir (vt)	lif'tso'a	לִפצוֹעַ
herida (f)	'petsa	פֶּצַע (ז)
herido (m)	pa'tsu'a	פָּצוּעַ (ז)
recibir una herida	lehipatsa	לְהִיפָּצַע
grave (herida)	kaʃe	קָשֶה

185. La guerra. El ámbito militar. Unidad 2

cautiverio (m)	'ʃevi	שֶבִי (ז)
capturar (vt)	la'kaχat be'ʃevi	לָקַחַת בְּשֶבִי
estar en cautiverio	lihyot be'ʃevi	לִהיוֹת בְּשֶבִי
caer prisionero	lipol be'ʃevi	לִיפּוֹל בַּשֶבִי
campo (m) de concentración	maχane rikuz	מַחֲנֶה רִיכּוּז (ז)
prisionero (m)	ʃavui	שָבוּי (ז)
escapar (de cautiverio)	liv'roaχ	לִברוֹחַ
traicionar (vt)	livgod	לִבגוֹד
traidor (m)	boged	בּוֹגֵד (ז)
traición (f)	bgida	בּגִידָה (נ)
fusilar (vt)	lehotsi la'horeg	לְהוֹצִיא לַהוֹרֵג
fusilamiento (m)	hotsa'a le'horeg	הוֹצָאָה לְהוֹרֵג (נ)
equipo (m) (uniforme, etc.)	tsiyud	צִיוּד (ז)
hombrera (f)	ko'tefet	כּוֹתֶפֶת (נ)
máscara (f) antigás	maseχat 'abaχ	מַסֵיכַת אַבָּ"ך (נ)
radio transmisor (m)	maχʃir 'keʃer	מַכשִיר קֶשֶר (ז)
cifra (f) (código)	'tsofen	צוֹפֶן (ז)
conspiración (f)	χaʃa'iut	חֲשָאִיוּת (נ)
contraseña (f)	sisma	סִיסמָה (נ)
mina (f) terrestre	mokeʃ	מוֹקֵש (ז)
minar (poner minas)	lemakeʃ	לְמַקֵש
campo (m) minado	sde mokʃim	שׂדֵה מוֹקשִים (ז)
alarma (f) aérea	az'aka	אַזעָקָה (נ)
alarma (f)	az'aka	אַזעָקָה (נ)

señal (f)	ot	אוֹת (ז)
cohete (m) de señales	zikuk azʿaka	זִיקוּק אַזעָקָה (ז)
estado (m) mayor	mifkada	מִפקָדָה (נ)
reconocimiento (m)	isuf modiʿin	אִיסוּף מוֹדִיעִין (ז)
situación (f)	matsav	מַצָב (ז)
informe (m)	doχ	דוֹח (ז)
emboscada (f)	maʾarav	מַאֲרָב (ז)
refuerzo (m)	tig'boret	תִגבּוֹרֶת (נ)
blanco (m)	matara	מַטָרָה (נ)
terreno (m) de prueba	sde imunim	שׂדֵה אִימוּנִים (ז)
maniobras (f pl)	timronim	תִמרוֹנִים (ז"ר)
pánico (m)	behala	בֶּהָלָה (נ)
devastación (f)	'heres	הֶרֶס (ז)
destrucciones (f pl)	harisot	הֲרִיסוֹת (נ"ר)
destruir (vt)	laharos	לַהֲרוֹס
sobrevivir (vi, vt)	lisrod	לִשׂרוֹד
desarmar (vt)	lifrok mi'neʃek	לִפרוֹק מִנֶשֶק
manejar (un arma)	lehiʃtameʃ be...	לְהִשתַמֵש בְּ...
¡Firmes!	amod dom!	עֲמוֹד דוֹם!
¡Descanso!	amod 'noaχ!	עֲמוֹד נוֹחַ!
hazaña (f)	maʿase gvura	מַעֲשֵׂה גבוּרָה (ז)
juramento (m)	ʃvuʿa	שבוּעָה (נ)
jurar (vt)	lehiʃava	לְהִישָבַע
condecoración (f)	itur	עִיטוּר (ז)
condecorar (vt)	lehaʿanik	לְהַעֲנִיק
medalla (f)	me'dalya	מֶדַלְיָה (נ)
orden (f) (~ de Merito)	ot hitstainut	אוֹת הִצטַיְינוּת (ז)
victoria (f)	nitsaχon	נִיצָחוֹן (ז)
derrota (f)	tvusa	תבוּסָה (נ)
armisticio (m)	hafsakat eʃ	הַפסָקַת אֵש (נ)
bandera (f)	'degel	דֶגֶל (ז)
gloria (f)	tehila	תְהִילָה (נ)
desfile (m) militar	mitsʿad	מִצעָד (ז)
marchar (desfilar)	litsʿod	לִצעוֹד

186. Las armas

arma (f)	'neʃek	נֶשֶק (ז)
arma (f) de fuego	'neʃek χam	נֶשֶק חַם (ז)
arma (f) blanca	'neʃek kar	נֶשֶק קַר (ז)
arma (f) química	'neʃek 'χimi	נֶשֶק כִימִי (ז)
nuclear (adj)	garʿini	גַרעִינִי
arma (f) nuclear	'neʃek garʿini	נֶשֶק גַרעִינִי (ז)
bomba (f)	ptsatsa	פּצָצָה (נ)

bomba (f) atómica	ptsatsa a'tomit	פְּצָצָה אֲטוֹמִית (נ)
pistola (f)	ekdaχ	אֶקְדָח (ז)
fusil (m)	rove	רוֹבֶה (ז)
metralleta (f)	tat mak'leʿa	תַת־מַקלֵעַ (ז)
ametralladora (f)	mak'leʿa	מַקלֵעַ (ז)
boca (f)	kane	קָנֶה (ז)
cañón (m) (del arma)	kane	קָנֶה (ז)
calibre (m)	ka'liber	קָלִיבֶּר (ז)
gatillo (m)	'hedek	הֶדֶק (ז)
alza (f)	ka'venet	כַּוֶונֶת (נ)
cargador (m)	maχsanit	מַחסָנִית (נ)
culata (f)	kat	קַת (נ)
granada (f) de mano	rimon	רִימוֹן (ז)
explosivo (m)	'χomer 'nefets	חוֹמֶר נֶפֶץ (ז)
bala (f)	ka'liʿa	קָלִיעַ (ז)
cartucho (m)	kadur	כַּדוּר (ז)
carga (f)	teʿina	טְעִינָה (נ)
pertrechos (m pl)	taχ'moʃet	תַחמוֹשֶת (נ)
bombardero (m)	maftsits	מַפצִיץ (ז)
avión (m) de caza	metos krav	מְטוֹס קְרָב (ז)
helicóptero (m)	masok	מַסוֹק (ז)
antiaéreo (m)	totaχ 'neged metosim	תוֹתָח נֶגֶד מְטוֹסִים (ז)
tanque (m)	tank	טַנק (ז)
cañón (m) (de un tanque)	totaχ	תוֹתָח (ז)
artillería (f)	arti'lerya	אַרטִילֶריָה (נ)
cañón (m) (arma)	totaχ	תוֹתָח (ז)
dirigir (un misil, etc.)	leχaven	לְכַוֵון
obús (m)	pagaz	פָּגָז (ז)
bomba (f) de mortero	ptsatsat margema	פְּצָצַת מַרגֵמָה (נ)
mortero (m)	margema	מַרגֵמָה (נ)
trozo (m) de obús	resis	רְסִיס (ז)
submarino (m)	tso'lelet	צוֹלֶלֶת (נ)
torpedo (m)	tor'pedo	טוֹרפֶּדוֹ (ז)
misil (m)	til	טִיל (ז)
cargar (pistola)	litʿon	לִטעוֹן
tirar (vi)	lirot	לִירוֹת
apuntar a …	leχaven	לְכַוֵון
bayoneta (f)	kidon	כִּידוֹן (ז)
espada (f) (duelo a ~)	'χerev	חֶרֶב (נ)
sable (m)	'χerev paraʃim	חֶרֶב פָּרָשִים (ז)
lanza (f)	χanit	חֲנִית (נ)
arco (m)	'keʃet	קֶשֶת (נ)
flecha (f)	χets	חֵץ (ז)
mosquete (m)	musket	מוּסקֶט (ז)
ballesta (f)	'keʃet metsu'levet	קֶשֶת מְצוּלֶבֶת (נ)

187. Los pueblos antiguos

primitivo (adj)	kadmon	קַדמוֹן
prehistórico (adj)	prehis'tori	פּרֵהִיסטוֹרִי
antiguo (adj)	atik	עַתִיק
Edad (f) de Piedra	idan ha''even	עִידַן הָאֶבֶן (ז)
Edad (f) de Bronce	idan ha'arad	עִידַן הָאָרָד (ז)
Edad (f) de Hielo	idan ha'keraχ	עִידַן הַקֶרַח (ז)
tribu (f)	'ʃevet	שֵבֶט (ז)
caníbal (m)	oχel adam	אוֹכֵל אָדָם (ז)
cazador (m)	tsayad	צַייָד (ז)
cazar (vi, vt)	latsud	לָצוּד
mamut (m)	ma'muta	מָמוּטָה (נ)
caverna (f)	me'ara	מְעָרָה (נ)
fuego (m)	eʃ	אֵש (נ)
hoguera (f)	medura	מְדוּרָה (נ)
pintura (f) rupestre	pet'roglif	פֶטרוֹגלִיף (ז)
útil (m)	kli	כּלִי (ז)
lanza (f)	χanit	חֲנִית (נ)
hacha (f) de piedra	garzen ha'even	גַרזֶן הָאֶבֶן (ז)
estar en guerra	lehilaχem	לְהִילָחֵם
domesticar (vt)	levayet	לְבַייֵת
ídolo (m)	'pesel	פֶּסֶל (ז)
adorar (vt)	la'avod et	לַעֲבוֹד אֶת
superstición (f)	emuna tfela	אֱמוּנָה תפֵלָה (נ)
rito (m)	'tekes	טֶקֶס (ז)
evolución (f)	evo'lutsya	אֶבוֹלוּציָה (נ)
desarrollo (m)	hitpatχut	הִתפַּתחוּת (נ)
desaparición (f)	he'almut	הֵיעָלמוּת (נ)
adaptarse (vr)	lehistagel	לְהִסתַגֵל
arqueología (f)	arχe'o'logya	אַרכֵיאוֹלוֹגיָה (נ)
arqueólogo (m)	arχe'olog	אַרכֵיאוֹלוֹג (ז)
arqueológico (adj)	arχe'o'logi	אַרכֵיאוֹלוֹגִי
sitio (m) de excavación	atar χafirot	אֲתַר חֲפִירוֹת (ז)
excavaciones (f pl)	χafirot	חֲפִירוֹת (נ"ר)
hallazgo (m)	mimtsa	מִמצָא (ז)
fragmento (m)	resis	רְסִיס (ז)

188. La edad media

pueblo (m)	am	עַם (ז)
pueblos (m pl)	amim	עַמִים (ז"ר)
tribu (f)	'ʃevet	שֵבֶט (ז)
tribus (f pl)	ʃvatim	שבָטִים (ז"ר)
bárbaros (m pl)	bar'barim	בַּרבָּרִים (ז"ר)

galos (m pl)	'galim	גָאלִים (ז"ר)
godos (m pl)	'gotim	גוֹתִים (ז"ר)
eslavos (m pl)	'slavim	סלָאבִים (ז"ר)
vikingos (m pl)	'vikingim	וִיקִינגִים (ז"ר)
romanos (m pl)	roma'im	רוֹמָאִים (ז"ר)
romano (adj)	'romi	רוֹמִי
bizantinos (m pl)	bi'zantim	בִּיזַנטִים (ז"ר)
Bizancio (m)	bizantion, bizants	בִּיזַנטיוֹן, בִּיזַנץ (נ)
bizantino (adj)	bi'zanti	בִּיזַנטִי
emperador (m)	keisar	קֵיסָר (ז)
jefe (m)	manhig	מַנהִיג (ז)
poderoso (adj)	rav 'koaχ	רַב־כּוֹחַ
rey (m)	'meleχ	מֶלֶך (ז)
gobernador (m)	ʃalit	שַלִיט (ז)
caballero (m)	abir	אַבִּיר (ז)
señor (m) feudal	fe'odal	פֵיאוֹדָל (ז)
feudal (adj)	fe'o'dali	פֵיאוֹדָלִי
vasallo (m)	vasal	וַסָל (ז)
duque (m)	dukas	דוּכָּס (ז)
conde (m)	rozen	רוֹזֵן (ז)
barón (m)	baron	בָּרוֹן (ז)
obispo (m)	'biʃof	בִּישוֹף (ז)
armadura (f)	ʃiryon	שִריוֹן (ז)
escudo (m)	magen	מָגֵן (ז)
espada (f) (danza de ~s)	'χerev	חֶרֶב (נ)
visera (f)	magen panim	מָגֵן פָּנִים (ז)
cota (f) de malla	ʃiryon kaskasim	שִריוֹן קַשׂקַשִׂים (ז)
cruzada (f)	masa tslav	מַסָע צלָב (ז)
cruzado (m)	tsalban	צַלבָּן (ז)
territorio (m)	'ʃetaχ	שֶטַח (ז)
atacar (~ a un país)	litkof	לִתקוֹף
conquistar (vt)	liχboʃ	לִכבּוֹש
ocupar (invadir)	lehiʃtalet	לְהִשתַלֵט
asedio (m), sitio (m)	matsor	מָצוֹר (ז)
sitiado (adj)	natsur	נָצוּר
asediar, sitiar (vt)	latsur	לָצוּר
inquisición (f)	inkvi'zitsya	אִינקוִויזִיציָה (נ)
inquisidor (m)	inkvi'zitor	אִינקוִויזִיטוֹר (ז)
tortura (f)	inui	עִינוּי (ז)
cruel (adj)	aχzari	אַכזָרִי
hereje (m)	kofer	כּוֹפֵר (ז)
herejía (f)	kfira	כּפִירָה (נ)
navegación (f) marítima	haflaga bayam	הַפלָגָה בַּיָם (נ)
pirata (m)	ʃoded yam	שוֹדֵד יָם (ז)
piratería (f)	pi'ratiyut	פִּירָטִיוּת (נ)

abordaje (m)	laʿalot al	לַעֲלוֹת עַל
botín (m)	ʃalal	שָׁלָל (ז)
tesoros (m pl)	otsarot	אוֹצָרוֹת (ז"ר)
descubrimiento (m)	taglit	תַגלִית (נ)
descubrir (tierras nuevas)	legalot	לְגַלוֹת
expedición (f)	miʃlaχat	מִשלַחַת (נ)
mosquetero (m)	musketer	מוּסקֶטֶר (ז)
cardenal (m)	χaʃman	חַשמָן (ז)
heráldica (f)	he'raldika	הֶרַלדִיקָה (נ)
heráldico (adj)	he'raldi	הֶרַלדִי

189. El líder. El jefe. Las autoridades

rey (m)	'meleχ	מֶלֶך (ז)
reina (f)	malka	מַלכָּה (נ)
real (adj)	malχuti	מַלכוּתִי
reino (m)	mamlaχa	מַמלָכָה (נ)
príncipe (m)	nasiχ	נָסִיך (ז)
princesa (f)	nesiχa	נְסִיכָה (נ)
presidente (m)	nasi	נָשִׂיא (ז)
vicepresidente (m)	sgan nasi	סגַן נָשִׂיא (ז)
senador (m)	se'nator	סֶנָאטוֹר (ז)
monarca (m)	'meleχ	מֶלֶך (ז)
gobernador (m)	ʃalit	שַׁלִיט (ז)
dictador (m)	rodan	רוֹדָן (ז)
tirano (m)	aruts	עָרוּץ (ז)
magnate (m)	eil hon	אֵיל הוֹן (ז)
director (m)	menahel	מְנַהֵל (ז)
jefe (m)	menahel, roʃ	מְנַהֵל (ז), רֹאש (ז)
gerente (m)	menahel	מְנַהֵל (ז)
amo (m)	bos	בּוֹס (ז)
dueño (m)	'baʿal	בַּעַל (ז)
jefe (m), líder (m)	manhig	מַנהִיג (ז)
jefe (m) (~ de delegación)	roʃ	רֹאש (ז)
autoridades (f pl)	ʃiltonot	שִלטוֹנוֹת (ז"ר)
superiores (m pl)	memunim	מְמוּנִים (ז"ר)
gobernador (m)	moʃel	מוֹשֵל (ז)
cónsul (m)	'konsul	קוֹנסוּל (ז)
diplomático (m)	diplomat	דִיפּלוֹמָט (ז)
alcalde (m)	roʃ haʿir	רֹאש הָעִיר (ז)
sheriff (m)	ʃerif	שֶרִיף (ז)
emperador (m)	keisar	קֵיסָר (ז)
zar (m)	tsar	צָאר (ז)
faraón (m)	parʿo	פַּרעֹה (ז)
jan (m), kan (m)	χan	חָאן (ז)

190. La calle. El camino. Las direcciones

camino (m)	'dereχ	(נ) דֶרֶך
vía (f)	kivun	(ז) כִּיווּן
carretera (f)	kviʃ mahir	(ז) כּבִיש מָהִיר
autovía (f)	kviʃ mahir	(ז) כּבִיש מָהִיר
camino (m) nacional	kviʃ leʾumi	(ז) כּבִיש לְאוּמִי
camino (m) principal	kviʃ raʃi	(ז) כביש רָאשִי
camino (m) de tierra	'dereχ afar	(נ) דֶרֶך עָפָר
sendero (m)	ʃvil	(ז) שבִיל
senda (f)	ʃvil	(ז) שבִיל
¿Dónde?	'eifo?	אֵיפֹה?
¿A dónde?	leʾan?	לְאָן?
¿De dónde?	meʾʾeifo?	מֵאֵיפֹה?
dirección (f)	kivun	(ז) כִּיווּן
mostrar (~ el camino)	lenatev	לְנַתֵב
a la izquierda (girar ~)	'smola	שׂמֹאלָה
a la derecha (girar)	ya'mina	יָמִינָה
todo recto (adv)	yaʃar	יָשָר
atrás (adv)	a'χora	אָחוֹרָה
curva (f)	ikul	(ז) עִיקוּל
girar (~ a la izquierda)	lifnot	לִפנוֹת
dar la vuelta en U	leva'tseʿa pniyat parsa	לְבַצֵע פּנִיַית פַּרסָה
divisarse (vr)	lihyot nirʾa	לִהיוֹת נִראָה
aparecer (vi)	leho'fiʿa	לְהוֹפִיעַ
alto (m)	taχana	(נ) תַחֲנָה
descansar (vi)	la'nuaχ	לָנוּחַ
reposo (m)	menuχa	(נ) מְנוּחָה
perderse (vr)	litʿot	לִתעוֹת
llevar a … (el camino)	lehovil le…	לְהוֹבִיל לְ...
llegar a …	latset le…	לָצֵאת לְ...
tramo (m) (~ del camino)	'keta	(ז) קֶטַע
asfalto (m)	asfalt	(ז) אַספַלט
bordillo (m)	sfat midraχa	(נ) שׂפַת מִדרָכָה
cuneta (f)	teʿala	(נ) תְעָלָה
pozo (m) de alcantarillado	bor	(ז) בּוֹר
arcén (m)	ʃulei ha'dereχ	(ז"ר) שוּלֵי הַדֶרֶך
bache (m)	bor	(ז) בּוֹר
ir (a pie)	la'leχet	לָלֶכֶת
adelantar (vt)	laʿakof	לַעֲקוֹף
paso (m)	'tsaʿad	(ז) צַעַד
a pie	ba'regel	בָּרֶגֶל

bloquear (vt)	laχsom	לַחסוֹם
barrera (f) (~ automática)	maχsom	מַחסוֹם (ז)
callejón (m) sin salida	mavoi satum	מָבוֹי סָתוּם (ז)

191. Violar la ley. Los criminales. Unidad 1

bandido (m)	ʃoded	שוֹדֵד (ז)
crimen (m)	'peʃa	פֶּשַע (ז)
criminal (m)	po'ʃe'a	פּוֹשֵעַ (ז)
ladrón (m)	ganav	גַנָב (ז)
robar (vt)	lignov	לִגנוֹב
robo (m)	gneva	גנֵיבָה (נ)
secuestrar (vt)	laχatof	לַחֲטוֹף
secuestro (m)	χatifa	חֲטִיפָה (נ)
secuestrador (m)	χotef	חוֹטֵף (ז)
rescate (m)	'kofer	כּוֹפֶר (ז)
exigir un rescate	lidroʃ 'kofer	לִדרוֹש כּוֹפֶר
robar (vt)	liʃdod	לִשדוֹד
robo (m)	ʃod	שוֹד (ז)
atracador (m)	ʃoded	שוֹדֵד (ז)
extorsionar (vt)	lisχot	לִסחוֹט
extorsionista (m)	saχtan	סַחטָן (ז)
extorsión (f)	saχtanut	סַחטָנוּת (נ)
matar, asesinar (vt)	lir'tsoaχ	לִרצוֹחַ
asesinato (m)	'retsaχ	רֶצַח (ז)
asesino (m)	ro'tseaχ	רוֹצֵחַ (ז)
tiro (m), disparo (m)	yeriya	יְרִייָה (נ)
disparar (vi)	lirot	לִירוֹת
matar (a tiros)	lirot la'mavet	לִירוֹת לַמָווֶת
tirar (vi)	lirot	לִירוֹת
tiroteo (m)	'yeri	יֶרִי (ז)
incidente (m)	takrit	תַקרִית (נ)
pelea (f)	ktata	קטָטָה (נ)
¡Socorro!	ha'tsilu!	הַצִילוּ!
víctima (f)	nifga	נִפגָע (ז)
perjudicar (vt)	lekalkel	לְקַלקֵל
daño (m)	'nezek	נֶזֶק (ז)
cadáver (m)	gufa	גוּפָה (נ)
grave (un delito ~)	χamur	חָמוּר
atacar (vt)	litkof	לִתקוֹף
pegar (golpear)	lehakot	לְהַכּוֹת
apporear (vt)	lehakot	לְהַכּוֹת
quitar (robar)	la'kaχat be'koaχ	לָקַחַת בְּכוֹחַ
acuchillar (vt)	lidkor le'mavet	לִדקוֹר לְמָווֶת

mutilar (vt)	lehatil mum	לְהָטִיל מוּם
herir (vt)	lif'tso'a	לִפצוֹעַ
chantaje (m)	saχtanut	סַחטָנוּת (נ)
hacer chantaje	lisχot	לִסחוֹט
chantajista (m)	saχtan	סַחטָן (ז)
extorsión (f)	dmei χasut	דמֵי חָסוּת (ז"ר)
extorsionador (m)	gove χasut	גוֹבֶה חָסוּת (ז)
gángster (m)	'gangster	גַנגסטֶר (ז)
mafia (f)	'mafya	מַאפיָה (נ)
carterista (m)	kayas	כַּייָס (ז)
ladrón (m) de viviendas	porets	פּוֹרֵץ (ז)
contrabandismo (m)	havraχa	הַברָחָה (נ)
contrabandista (m)	mav'riaχ	מַברִיחַ (ז)
falsificación (f)	ziyuf	זִיוּף (ז)
falsificar (vt)	lezayef	לְזַייֵף
falso (falsificado)	mezuyaf	מְזוּיָף

192. Violar la ley. Los criminales. Unidad 2

violación (f)	'ones	אוֹנֶס (ז)
violar (vt)	le'enos	לֶאֱנוֹס
violador (m)	anas	אַנָס (ז)
maniaco (m)	'manyak	מַנִיאָק (ז)
prostituta (f)	zona	זוֹנָה (נ)
prostitución (f)	znut	זנוּת (נ)
chulo (m), proxeneta (m)	sarsur	סַרסוּר (ז)
drogadicto (m)	narkoman	נַרקוֹמָן (ז)
narcotraficante (m)	soχer samim	סוֹחֵר סַמִים (ז)
hacer explotar	lefotsets	לְפוֹצֵץ
explosión (f)	pitsuts	פִּיצוּץ (ז)
incendiar (vt)	lehatsit	לְהַצִית
incendiario (m)	matsit	מַצִית (ז)
terrorismo (m)	terorizm	טֶרוֹרִיזם (ז)
terrorista (m)	meχabel	מְחַבֵּל (ז)
rehén (m)	ben aruba	בֶּן עֲרוּבָּה (ז)
estafar (vt)	lehonot	לְהוֹנוֹת
estafa (f)	hona'a	הוֹנָאָה (נ)
estafador (m)	ramai	רַמַאי (ז)
sobornar (vt)	leʃaχed	לְשַחֵד
soborno (m) (delito)	'ʃoχad	שוֹחַד (ז)
soborno (m) (dinero, etc.)	'ʃoχad	שוֹחַד (ז)
veneno (m)	'ra'al	רַעַל (ז)
envenenar (vt)	lehar'il	לְהַרעִיל

envenenarse (vr)	lehar'il et atsmo	לְהַרעִיל אֶת עַצמוֹ
suicidio (m)	hit'abdut	הִתאַבְּדוּת (נ)
suicida (m, f)	mit'abed	מִתאַבֵּד (ז)
amenazar (vt)	le'ayem	לְאַייֵם
amenaza (f)	iyum	אִיוּם (ז)
atentar (vi)	lehitnakeʃ	לְהִתנַקֵש
atentado (m)	nisayon hitnakʃut	נִיסָיוֹן הִתנַקשוּת (ז)
robar (un coche)	lignov	לִגנוֹב
secuestrar (un avión)	laχatof matos	לַחֲטוֹף מָטוֹס
venganza (f)	nekama	נְקָמָה (נ)
vengar (vt)	linkom	לִנקוֹם
torturar (vt)	la'anot	לְעַנוֹת
tortura (f)	inui	עִינוּי (ז)
atormentar (vt)	leyaser	לְייַסֵר
pirata (m)	ʃoded yam	שוֹדֵד יָם (ז)
gamberro (m)	χuligan	חוּלִיגָאן (ז)
armado (adj)	mezuyan	מְזוּיָן
violencia (f)	alimut	אַלִימוּת (נ)
ilegal (adj)	'bilti le'gali	בִּלתִי לֶגָלִי
espionaje (m)	rigul	רִיגוּל (ז)
espiar (vi, vt)	leragel	לְרַגֵל

193. La policía. La ley. Unidad 1

justicia (f)	'tsedek	צֶדֶק (ז)
tribunal (m)	beit miʃpat	בֵּית מִשפָּט (ז)
juez (m)	ʃofet	שוֹפֵט (ז)
jurados (m pl)	muʃba'im	מוּשבָּעִים (ז"ר)
tribunal (m) de jurados	χaver muʃba'im	חָבֵר מוּשבָּעִים (ז)
juzgar (vt)	liʃpot	לִשפּוֹט
abogado (m)	oreχ din	עוֹרֵך דִין (ז)
acusado (m)	omed lemiʃpat	עוֹמֵד לְמִשפָּט (ז)
banquillo (m) de los acusados	safsal ne'eʃamim	סַפסָל נֶאֱשָמִים (ז)
inculpación (f)	ha'aʃama	הַאֲשָמָה (נ)
inculpado (m)	ne'eʃam	נֶאֱשָם (ז)
sentencia (f)	gzar din	גזַר דִין (ז)
sentenciar (vt)	lifsok	לִפסוֹק
culpable (m)	aʃem	אָשֵם (ז)
castigar (vt)	leha'aniʃ	לְהַעֲנִיש
castigo (m)	'oneʃ	עוֹנֶש (ז)
multa (f)	knas	קנָס (ז)
cadena (f) perpetua	ma'asar olam	מַאֲסָר עוֹלָם (ז)

pena (f) de muerte	'oneʃ 'mavet	עוֹנֶשׁ מָוֶות (ז)
silla (f) eléctrica	kise χaʃmali	כִּיסֵא חַשמַלִי (ז)
horca (f)	gardom	גַרדוֹם (ז)
ejecutar (vt)	lehotsi la'horeg	לְהוֹצִיא לַהוֹרֵג
ejecución (f)	hatsa'a le'horeg	הוֹצָאָה לְהוֹרֵג (ז)
prisión (f)	beit 'sohar	בֵּית סוֹהַר (ז)
celda (f)	ta	תָא (ז)
escolta (f)	miʃmar livui	מִשמָר לִיווּי (ז)
guardia (m) de prisiones	soher	סוֹהֵר (ז)
prisionero (m)	asir	אָסִיר (ז)
esposas (f pl)	azikim	אֲזִיקִים (ז"ר)
esposar (vt)	liχbol be'azikim	לִכבּוֹל בְּאֲזִיקִים
escape (m)	briχa	בּרִיחָה (נ)
escaparse (vr)	liv'roaχ	לִברוֹחַ
desaparecer (vi)	lehe'alem	לְהֵיעָלֵם
liberar (vt)	leʃaχrer	לְשַחרֵר
amnistía (f)	χanina	חֲנִינָה (נ)
policía (f) (~ nacional)	miʃtara	מִשטָרָה (נ)
policía (m)	ʃoter	שוֹטֵר (ז)
comisaría (f) de policía	taχanat miʃtara	תַחֲנַת מִשטָרָה (נ)
porra (f)	ala	אַלָה (נ)
megáfono (m)	megafon	מֶגָפוֹן (ז)
coche (m) patrulla	na'yedet	נַיֶידֶת (נ)
sirena (f)	tsofar	צוֹפָר (ז)
poner la sirena	lehaf'il tsofar	לְהַפעִיל צוֹפָר
canto (m) de la sirena	tsfira	צפִירָה (נ)
escena (f) del delito	zirat 'peʃa	זִירַת פֶּשַע (נ)
testigo (m)	ed	עֵד (ז)
libertad (f)	'χofeʃ	חוֹפֶש (ז)
cómplice (m)	ʃutaf	שוּתָף (ז)
escapar de ...	lehiχave	לְהֵיחָבֵא
rastro (m)	akev	עָקֵב (ז)

194. La policía. La ley. Unidad 2

búsqueda (f)	χipus	חִיפּוּש (ז)
buscar (~ el criminal)	leχapes	לְחַפֵּש
sospecha (f)	χaʃad	חֲשָד (ז)
sospechoso (adj)	χaʃud	חָשוּד
parar (~ en la calle)	la'atsor	לַעֲצוֹר
retener (vt)	la'atsor	לַעֲצוֹר
causa (f) (~ penal)	tik	תִיק (ז)
investigación (f)	χakira	חֲקִירָה (נ)
detective (m)	balaʃ	בַּלָש (ז)
investigador (m)	χoker	חוֹקֵר (ז)

versión (f)	haʃara	הַשׁעָרָה (נ)
motivo (m)	me'niʿa	מַנִיעַ (ז)
interrogatorio (m)	χakira	חֲקִירָה (נ)
interrogar (vt)	laχkor	לַחקוֹר
interrogar (al testigo)	letaʃ'el	לְתַשׁאֵל
control (m) (de vehículos, etc.)	bdika	בּדִיקָה (נ)
redada (f)	matsod	מָצוֹד (ז)
registro (m) (~ de la casa)	χipus	חִיפּוּשׂ (ז)
persecución (f)	mirdaf	מִרדָף (ז)
perseguir (vt)	lirdof aχarei	לִרדוֹף אַחֲרֵי
rastrear (~ al criminal)	laʿakov aχarei	לַעֲקוֹב אַחֲרֵי
arresto (m)	ma'asar	מַאֲסָר (ז)
arrestar (vt)	le'esor	לֶאֱסוֹר
capturar (vt)	lilkod	לִלכּוֹד
captura (f)	leχida	לְכִידָה (נ)
documento (m)	mismaχ	מִסמָך (ז)
prueba (f)	hoχaχa	הוֹכָחָה (נ)
probar (vt)	leho'χiaχ	לְהוֹכִיחַ
huella (f) (pisada)	akev	עָקֵב (ז)
huellas (f pl) digitales	tviʿot etsbaʿot	טבִיעוֹת אֶצבָּעוֹת (נ"ר)
elemento (m) de prueba	re'aya	רְאָיָה (נ)
coartada (f)	'alibi	אָלִיבִּי (ז)
inocente (no culpable)	χaf mi'peʃa	חַף מִפֶּשַׁע
injusticia (f)	i 'tsedek	אִי צֶדֶק (ז)
injusto (adj)	lo tsodek	לֹא צוֹדֵק
criminal (adj)	plili	פּלִילִי
confiscar (vt)	lehaχrim	לְהַחרִים
narcótico (f)	sam	סַם (ז)
arma (f)	'neʃek	נֶשֶׁק (ז)
desarmar (vt)	lifrok mi'neʃek	לִפרוֹק מִנֶשֶׁק
ordenar (vt)	lifkod	לִפקוֹד
desaparecer (vi)	leheʿalem	לְהֵיעָלֵם
ley (f)	χok	חוֹק (ז)
legal (adj)	χuki	חוּקִי
ilegal (adj)	'bilti χuki	בִּלתִי חוּקִי
responsabilidad (f)	aχrayut	אַחרָיוּת (נ)
responsable (adj)	aχrai	אַחרַאי

LA NATURALEZA

La tierra. Unidad 1

195. El espacio

cosmos (m)	χalal	חָלָל (ז)
espacial, cósmico (adj)	ʃel χalal	שֶל חָלָל
espacio (m) cósmico	χalal χitson	חָלָל חִיצוֹן (ז)
mundo (m)	olam	עוֹלָם (ז)
universo (m)	yekum	יְקוּם (ז)
galaxia (f)	ga'laksya	גָלַקסיָה (נ)
estrella (f)	koχav	כּוֹכָב (ז)
constelación (f)	tsvir koχavim	צבִיר כּוֹכָבִים (ז)
planeta (m)	koχav 'leχet	כּוֹכַב לֶכֶת (ז)
satélite (m)	lavyan	לַוויָן (ז)
meteorito (m)	mete'orit	מֶטֶאוֹרִיט (ז)
cometa (f)	koχav ʃavit	כּוֹכַב שָבִיט (ז)
asteroide (m)	aste'ro'id	אַסטֶרוֹאִיד (ז)
órbita (f)	maslul	מַסלוּל (ז)
girar (vi)	lesovev	לסוֹבֵב
atmósfera (f)	atmos'fera	אַטמוֹספֶרָה (נ)
Sol (m)	'ʃemeʃ	שֶמֶש (נ)
Sistema (m) Solar	ma'a'reχet ha'ʃemeʃ	מַעֲרֶכֶת הַשֶמֶש (נ)
eclipse (m) de Sol	likui χama	לִיקוּי חַמָה (ז)
Tierra (f)	kadur ha''arets	כַּדוּר הָאָרֶץ (ז)
Luna (f)	ya'reaχ	יָרֵחַ (ז)
Marte (m)	ma'adim	מַאֲדִים (ז)
Venus (f)	'noga	נוֹגַה (ז)
Júpiter (m)	'tsedek	צֶדֶק (ז)
Saturno (m)	ʃabtai	שַבּתַאי (ז)
Mercurio (m)	koχav χama	כּוֹכַב חַמָה (ז)
Urano (m)	u'ranus	אוּרָנוּס (ז)
Neptuno (m)	neptun	נֶפטוּן (ז)
Plutón (m)	'pluto	פלוּטוֹ (ז)
la Vía Láctea	ʃvil haχalav	שבִיל הֶחָלָב (ז)
la Osa Mayor	duba gdola	דוּבָּה גדוֹלָה (נ)
la Estrella Polar	koχav hatsafon	כּוֹכַב הַצָפוֹן (ז)
marciano (m)	toʃav ma'adim	תוֹשַב מַאֲדִים (ז)
extraterrestre (m)	χutsan	חוּצָן (ז)

planetícola (m)	xaizar	חַייזָר (ז)
platillo (m) volante	tsa'laxat me'o'fefet	צַלַחַת מְעוֹפֶפֶת (נ)
nave (f) espacial	xalalit	חֲלָלִית (נ)
estación (f) orbital	taxanat xalal	תַחֲנַת חָלָל (נ)
despegue (m)	hamra'a	הַמרָאָה (נ)
motor (m)	ma'no'a	מָנוֹעַ (ז)
tobera (f)	nexir	נְחִיר (ז)
combustible (m)	'delek	דֶלֶק (ז)
carlinga (f)	'kokpit	קוֹקפִּיט (ז)
antena (f)	an'tena	אַנטֶנָה (נ)
ventana (f)	eʃnav	אֶשנָב (ז)
batería (f) solar	'luax so'lari	לוּחַ סוֹלָרִי (ז)
escafandra (f)	xalifat xalal	חֲלִיפַת חָלָל (נ)
ingravidez (f)	'xoser miʃkal	חוֹסֶר מִשקָל (ז)
oxígeno (m)	xamtsan	חַמצָן (ז)
atraque (m)	agina	עֲגִינָה (נ)
realizar el atraque	la'agon	לַעֲגוֹן
observatorio (m)	mitspe koxavim	מִצפֵּה כּוֹכָבִים (ז)
telescopio (m)	teleskop	טֶלֶסקוֹפ (ז)
observar (vt)	litspot, lehaʃkif	לִצפּוֹת, לְהַשקִיף
explorar (~ el universo)	laxkor	לַחקוֹר

196. La tierra

Tierra (f)	kadur ha"arets	כַּדוּר הָאָרֶץ (ז)
globo (m) terrestre	kadur ha"arets	כַּדוּר הָאָרֶץ (ז)
planeta (m)	koxav 'lexet	כּוֹכַב לֶכֶת (ז)
atmósfera (f)	atmos'fera	אַטמוֹספֶרָה (נ)
geografía (f)	ge'o'grafya	גֵיאוֹגרַפיָה (נ)
naturaleza (f)	'teva	טֶבַע (ז)
globo (m) terráqueo	'globus	גלוֹבּוּס (ז)
mapa (m)	mapa	מַפָּה (נ)
atlas (m)	'atlas	אַטלָס (ז)
Europa (f)	ei'ropa	אֵירוֹפָּה (נ)
Asia (f)	'asya	אַסיָה (נ)
África (f)	'afrika	אַפרִיקָה (נ)
Australia (f)	ost'ralya	אוֹסטרַליָה (נ)
América (f)	a'merika	אָמֶרִיקָה (נ)
América (f) del Norte	a'merika hatsfonit	אָמֶרִיקָה הַצפוֹנִית (נ)
América (f) del Sur	a'merika hadromit	אָמֶרִיקָה הַדרוֹמִית (נ)
Antártida (f)	ya'beʃet an'tarktika	יַבֶּשֶת אַנטַארקטִיקָה (נ)
Ártico (m)	'arktika	אַרקטִיקָה (נ)

197. Los puntos cardinales

norte (m)	tsafon	צָפוֹן (ז)
al norte	tsa'fona	צָפוֹנָה
en el norte	batsafon	בַּצָפוֹן
del norte (adj)	tsfoni	צפוֹנִי
sur (m)	darom	דָרוֹם (ז)
al sur	da'roma	דָרוֹמָה
en el sur	badarom	בַּדָרוֹם
del sur (adj)	dromi	דרוֹמִי
oeste (m)	ma'arav	מַעֲרָב (ז)
al oeste	ma'a'rava	מַעֲרָבָה
en el oeste	bama'arav	בַּמַעֲרָב
del oeste (adj)	ma'aravi	מַעֲרָבִי
este (m)	mizraχ	מִזרָח (ז)
al este	miz'raχa	מִזרָחָה
en el este	bamizraχ	בַּמִזרָח
del este (adj)	mizraχi	מִזרָחִי

198. El mar. El océano

mar (m)	yam	יָם (ז)
océano (m)	ok'yanos	אוֹקיָאנוֹס (ז)
golfo (m)	mifrats	מִפרָץ (ז)
estrecho (m)	meitsar	מֵיצַר (ז)
tierra (f) firme	yabaʃa	יַבָּשָה (נ)
continente (m)	ya'beʃet	יַבֶּשֶת (נ)
isla (f)	i	אִי (ז)
península (f)	χatsi i	חֲצִי אִי (ז)
archipiélago (m)	arχipelag	אַרכִיפֶּלָג (ז)
bahía (f)	mifrats	מִפרָץ (ז)
puerto (m)	namal	נָמָל (ז)
laguna (f)	la'guna	לָגוּנָה (נ)
cabo (m)	kef	כֵּף (ז)
atolón (m)	atol	אָטוֹל (ז)
arrecife (m)	ʃunit	שוּנִית (נ)
coral (m)	almog	אַלמוֹג (ז)
arrecife (m) de coral	ʃunit almogim	שוּנִית אַלמוֹגִים (נ)
profundo (adj)	amok	עָמוֹק
profundidad (f)	'omek	עוֹמֶק (ז)
abismo (m)	tehom	תְהוֹם (נ)
fosa (f) oceánica	maχteʃ	מַכתֵש (ז)
corriente (f)	'zerem	זֶרֶם (ז)
bañar (rodear)	lehakif	לְהַקִיף
orilla (f)	χof	חוֹף (ז)

costa (f)	χof yam	חוֹף יָם (ז)
flujo (m)	ge'ut	גֵאוּת (נ)
reflujo (m)	'ʃefel	שֵׁפֶל (ז)
banco (m) de arena	sirton	שִׂרטוֹן (ז)
fondo (m)	karka'it	קַרקָעִית (נ)
ola (f)	gal	גַל (ז)
cresta (f) de la ola	pisgat hagal	פִּסגַת הָגַל (נ)
espuma (f)	'ketsef	קֶצֶף (ז)
tempestad (f)	sufa	סוּפָה (נ)
huracán (m)	hurikan	הוּרִיקָן (ז)
tsunami (m)	tsu'nami	צוּנָאמִי (ז)
bonanza (f)	'roga	רוֹגַע (ז)
calmo, tranquilo	ʃalev	שָׁלֵו
polo (m)	'kotev	קוֹטֶב (ז)
polar (adj)	kotbi	קוֹטבִּי
latitud (f)	kav 'roχav	קַו רוֹחַב (ז)
longitud (f)	kav 'oreχ	קַו אוֹרֶך (ז)
paralelo (m)	kav 'roχav	קַו רוֹחַב (ז)
ecuador (m)	kav hamaʃve	קַו הַמַשווֶה (ז)
cielo (m)	ʃa'mayim	שָׁמַיִם (ז"ר)
horizonte (m)	'ofek	אוֹפֶק (ז)
aire (m)	avir	אֲווִיר (ז)
faro (m)	migdalor	מִגדַלוֹר (ז)
bucear (vi)	litslol	לִצלוֹל
hundirse (vr)	lit'bo'a	לִטבּוֹעַ
tesoros (m pl)	otsarot	אוֹצָרוֹת (ז"ר)

199. Los nombres de los mares y los océanos

océano (m) Atlántico	ha'ok'yanus ha'at'lanti	הָאוֹקייָנוֹס הָאַטלַנטִי (ז)
océano (m) Índico	ha'ok'yanus ha'hodi	הָאוֹקייָנוֹס הַהוֹדִי (ז)
océano (m) Pacífico	ha'ok'yanus haʃaket	הָאוֹקייָנוֹס הַשָׁקֵט (ז)
océano (m) Glacial Ártico	ok'yanos ha'keraχ hatsfoni	אוֹקייָנוֹס הַקֶרַח הַצפוֹנִי (ז)
mar (m) Negro	hayam haʃaχor	הַיָם הַשַחוֹר (ז)
mar (m) Rojo	yam suf	יַם סוּף (ז)
mar (m) Amarillo	hayam hatsahov	הַיָם הַצָהוֹב (ז)
mar (m) Blanco	hayam halavan	הַיָם הַלָבָן (ז)
mar (m) Caspio	hayam ha'kaspi	הַיָם הַכַּספִּי (ז)
mar (m) Muerto	yam ha'melaχ	יַם הַמֶלַח (ז)
mar (m) Mediterráneo	hayam hatiχon	הַיָם הַתִיכוֹן (ז)
mar (m) Egeo	hayam ha'e'ge'i	הַיָם הָאֶגֶאִי (ז)
mar (m) Adriático	hayam ha'adri'yati	הַיָם הָאַדרִיָאתִי (ז)
mar (m) Arábigo	hayam ha'aravi	הַיַם הָעֲרָבִי (ז)
mar (m) del Japón	hayam haya'pani	הַיָם הַיָפָנִי (ז)

mar (m) de Bering	yam 'bering	יַם בֶּרִינג (ז)
mar (m) de la China Meridional	yam sin hadromi	יַם סִין הַדרוֹמִי (ז)
mar (m) del Coral	yam ha'almogim	יַם הָאַלמוֹגִים (ז)
mar (m) de Tasmania	yam tasman	יַם טַסמָן (ז)
mar (m) Caribe	hayam haka'ribi	הַיָם הַקָרִיבִּי (ז)
mar (m) de Barents	yam 'barents	ים בָּרֶנץ (ז)
mar (m) de Kara	yam 'kara	יַם קָארָה (ז)
mar (m) del Norte	hayam hatsfoni	הַיָם הַצפוֹנִי (ז)
mar (m) Báltico	hayam ha'balti	הַיָם הַבָּלטִי (ז)
mar (m) de Noruega	hayam hanor'vegi	הַיָם הַנוֹרבֶגִי (ז)

200. Las montañas

montaña (f)	har	הַר (ז)
cadena (f) de montañas	'reχes harim	רֶכֶס הָרִים (ז)
cresta (f) de montañas	'reχes har	רֶכֶס הַר (ז)
cima (f)	pisga	פִּסגָה (נ)
pico (m)	pisga	פִּסגָה (נ)
pie (m)	margelot	מַרגְלוֹת (נ"ר)
cuesta (f)	midron	מִדרוֹן (ז)
volcán (m)	har 'gaʿaʃ	הַר גַעַש (ז)
volcán (m) activo	har 'gaʿaʃ paʿil	הַר גַעַש פָּעִיל (ז)
volcán (m) apagado	har 'gaʿaʃ radum	הַר גַעַש רָדוּם (ז)
erupción (f)	hitpartsut	הִתפָּרְצוּת (נ)
cráter (m)	loʿa	לוֹעַ (ז)
magma (f)	megama	מְגָמָה (נ)
lava (f)	'lava	לָאבָה (נ)
fundido (lava ~a)	lohet	לוֹהֵט
cañón (m)	kanyon	קָניוֹן (ז)
desfiladero (m)	gai	גַיא (ז)
grieta (f)	'beka	בֶּקַע (ז)
precipicio (m)	tehom	תְהוֹם (נ)
puerto (m) (paso)	maʿavar harim	מַעֲבַר הָרִים (ז)
meseta (f)	rama	רָמָה (נ)
roca (f)	tsuk	צוּק (ז)
colina (f)	givʿa	גִבעָה (נ)
glaciar (m)	karχon	קַרחוֹן (ז)
cascada (f)	mapal 'mayim	מַפַּל מַיִם (ז)
geiser (m)	'geizer	גֵייזֶר (ז)
lago (m)	agam	אֲגַם (ז)
llanura (f)	miʃor	מִישוֹר (ז)
paisaje (m)	nof	נוֹף (ז)
eco (m)	hed	הֵד (ז)

alpinista (m)	metapes harim	מְטַפֵּס הָרִים (ז)
escalador (m)	metapes sla'im	מְטַפֵּס סלָעִים (ז)
conquistar (vt)	lixboʃ	לִכבּוֹשׁ
ascensión (f)	tipus	טִיפּוּס (ז)

201. Los nombres de las montañas

Alpes (m pl)	harei ha"alpim	הָרֵי הָאַלפִּים (ז"ר)
Montblanc (m)	mon blan	מוֹן בּלָאן (ז)
Pirineos (m pl)	pire'ne'im	פִּירָנֶאִים (ז"ר)
Cárpatos (m pl)	kar'patim	קרפָּטִים (ז"ר)
Urales (m pl)	harei ural	הָרֵי אוּרָל (ז"ר)
Cáucaso (m)	harei hakavkaz	הָרֵי הַקַווקָז (ז"ר)
Elbrus (m)	elbrus	אֶלבּרוּס (ז)
Altai (m)	harei altai	הָרֵי אַלטַאי (ז"ר)
Tian-Shan (m)	tyan ʃan	טיָאן שָאן (ז)
Pamir (m)	harei pamir	הָרֵי פָּאמִיר (ז"ר)
Himalayos (m pl)	harei hehima'laya	הָרֵי הֶהִימָלַאיָה (ז"ר)
Everest (m)	everest	אֶוֶורֶסט (ז)
Andes (m pl)	harei ha"andim	הָרֵי הָאַנדִים (ז"ר)
Kilimanjaro (m)	kiliman'dʒaro	קִילִימַנגָ'רוֹ (ז)

202. Los ríos

río (m)	nahar	נָהָר (ז)
manantial (m)	ma'ayan	מַעיָין (ז)
lecho (m) (curso de agua)	afik	אָפִיק (ז)
cuenca (f) fluvial	agan nahar	אַגַן נָהָר (ז)
desembocar en ...	lehiʃapex	לְהִישָפֵך
afluente (m)	yuval	יוּבַל (ז)
ribera (f)	xof	חוֹף (ז)
corriente (f)	'zerem	זֶרֶם (ז)
río abajo (adv)	bemorad hanahar	בְּמוֹרַד הַנָהָר
río arriba (adv)	bema'ale hanahar	בְּמַעֲלֵה הַזֶרֶם
inundación (f)	hatsafa	הַצָפָה (נ)
riada (f)	ʃitafon	שִיטָפוֹן (ז)
desbordarse (vr)	la'alot al gdotav	לַעֲלוֹת עַל גדוֹתָיו
inundar (vt)	lehatsif	לְהָצִיף
bajo (m) arenoso	sirton	שִׂרטוֹן (ז)
rápido (m)	'eʃed	אֶשֶד (ז)
presa (f)	'sexer	סֶכֶר (ז)
canal (m)	te'ala	תְעָלָה (נ)
lago (m) artificiale	ma'agar 'mayim	מַאֲגַר מַיִם (ז)
esclusa (f)	ta 'ʃayit	תָא שַיִט (ז)

cuerpo (m) de agua	ma'agar 'mayim	מַאֲגַר מַיִם (ז)
pantano (m)	bitsa	בִּיצָה (נ)
ciénaga (m)	bitsa	בִּיצָה (נ)
remolino (m)	me'ar'bolet	מְעַרבּוֹלֶת (נ)
arroyo (m)	'naχal	נַחַל (ז)
potable (adj)	ʃel ʃtiya	שֶל שתִיָיה
dulce (agua ~)	metukim	מְתוּקִים
hielo (m)	'keraχ	קֶרַח (ז)
helarse (el lago, etc.)	likpo	לִקפוֹא

203. Los nombres de los ríos

Sena (m)	hasen	הַסֶן (ז)
Loira (m)	lu'ar	לוּאָר (ז)
Támesis (m)	'temza	תֶמזָה (ז)
Rin (m)	hrain	הרַיין (ז)
Danubio (m)	da'nuba	דָנוּבָּה (ז)
Volga (m)	'volga	ווֹלגָה (ז)
Don (m)	nahar don	נָהָר דוֹן (ז)
Lena (m)	'lena	לֶנָה (ז)
Río (m) Amarillo	hvang ho	הוּוַנג הוֹ (ז)
Río (m) Azul	yangtse	יַאנגצֶה (ז)
Mekong (m)	mekong	מֶקוֹנג (ז)
Ganges (m)	'ganges	גַנגֶס (ז)
Nilo (m)	'nilus	נִילוּס (ז)
Congo (m)	'kongo	קוֹנגוֹ (ז)
Okavango (m)	ok'vango	אוֹקַבַנגוֹ (ז)
Zambeze (m)	zam'bezi	זַמבֶּזִי (ז)
Limpopo (m)	limpopo	לִימפּוֹפּוֹ (ז)
Misisipi (m)	misi'sipi	מִיסִיסִיפִּי (ז)

204. El bosque

bosque (m)	'ya'ar	יַעַר (ז)
de bosque (adj)	ʃel 'ya'ar	שֶל יַעַר
espesura (f)	avi ha'ya'ar	עָבִי הַיַעַר (ז)
bosquecillo (m)	χurʃa	חוּרשָה (נ)
claro (m)	ka'raχat 'ya'ar	קָרַחַת יַעַר (נ)
maleza (f)	svaχ	סבַך (ז)
matorral (m)	'siaχ	שִׂיחַ (ז)
senda (f)	ʃvil	שבִיל (ז)
barranco (m)	'emek tsar	עֵמֶק צַר (ז)
árbol (m)	ets	עֵץ (ז)

hoja (f)	ale	עָלֶה (ז)
follaje (m)	alva	עַלווָה (נ)
caída (f) de hojas	ʃa'leχet	שַלֶכֶת (נ)
caer (las hojas)	linʃor	לִנשוֹר
cima (f)	tsa'meret	צַמֶרֶת (נ)
rama (f)	anaf	עָנָף (ז)
rama (f) (gruesa)	anaf ave	עָנָף עָבֶה (ז)
brote (m)	nitsan	נִיצָן (ז)
aguja (f)	'maχat	מַחַט (נ)
piña (f)	itstrubal	אִצטְרוּבָּל (ז)
agujero (m)	χor ba'ets	חוֹר בָּעֵץ (ז)
nido (m)	ken	קֵן (ז)
madriguera (f)	meχila	מְחִילָה (נ)
tronco (m)	'geza	גֶזַע (ז)
raíz (f)	'ʃoreʃ	שוֹרֶש (ז)
corteza (f)	klipa	קלִיפָּה (נ)
musgo (m)	taχav	טַחַב (ז)
extirpar (vt)	la'akor	לַעֲקוֹר
talar (vt)	liχrot	לִכרוֹת
deforestar (vt)	levare	לְבָרֵא
tocón (m)	'gedem	גֶדֶם (ז)
hoguera (f)	medura	מְדוּרָה (נ)
incendio (m)	srefa	שֹׂרֵיפָה (נ)
apagar (~ el incendio)	leχabot	לְכַבּוֹת
guarda (m) forestal	ʃomer 'ya'ar	שוֹמֵר יַעַר (ז)
protección (f)	ʃmira	שמִירָה (נ)
proteger (vt)	liʃmor	לִשמוֹר
cazador (m) furtivo	tsayad lelo reʃut	צַייָד לְלֹא רְשוּת (ז)
cepo (m)	mal'kodet	מַלכּוֹדֶת (נ)
recoger (setas, bayas)	lelaket	לְלַקֵט
perderse (vr)	lit'ot	לִתעוֹת

205. Los recursos naturales

recursos (m pl) naturales	otsarot 'teva	אוֹצָרוֹת טֶבַע (ז"ר)
minerales (m pl)	mine'ralim	מִינֶרָלִים (ז"ר)
depósitos (m pl)	mirbats	מִרבָּץ (ז)
yacimiento (m)	mirbats	מִרבָּץ (ז)
extraer (vt)	liχrot	לִכרוֹת
extracción (f)	kriya	כּרִייָה (נ)
mineral (m)	afra	עַפּרָה (נ)
mina (f)	miχre	מִכרֶה (ז)
pozo (m) de mina	pir	פִּיר (ז)
minero (m)	kore	כּוֹרֶה (ז)
gas (m)	gaz	גָז (ז)

gasoducto (m)	tsinor gaz	צִינוֹר גָז (ז)
petróleo (m)	neft	נֵפט (ז)
oleoducto (m)	tsinor neft	צִינוֹר נֵפט (ז)
torre (f) petrolera	be'er neft	בְּאֵר נֵפט (נ)
torre (f) de sondeo	migdal ki'duaχ	מִגדַל קידוּחַ (ז)
petrolero (m)	meχalit	מֵיכָלִית (נ)
arena (f)	χol	חוֹל (ז)
caliza (f)	'even gir	אֶבֶן גִיר (נ)
grava (f)	χatsats	חָצָץ (ז)
turba (f)	kavul	כָּבוּל (ז)
arcilla (f)	tit	טִיט (ז)
carbón (m)	peχam	פֶּחָם (ז)
hierro (m)	barzel	בַּרזֶל (ז)
oro (m)	zahav	זָהָב (ז)
plata (f)	'kesef	כֶּסֶף (ז)
níquel (m)	'nikel	נִיקֶל (ז)
cobre (m)	ne'χoʃet	נְחוֹשֶת (נ)
zinc (m)	avats	אָבָץ (ז)
manganeso (m)	mangan	מַנגָן (ז)
mercurio (m)	kaspit	כַּספִית (נ)
plomo (m)	o'feret	עוֹפֶרֶת (נ)
mineral (m)	mineral	מִינֶרָל (ז)
cristal (m)	gaviʃ	גָבִיש (ז)
mármol (m)	'ʃayiʃ	שַיִש (ז)
uranio (m)	u'ranyum	אוּרַניוּם (ז)

La tierra. Unidad 2

206. El tiempo

tiempo (m)	'mezeg avir	מֶזֶג אֲוִויר (ז)
previsión (m) del tiempo	taχazit 'mezeg ha'avir	תַּחֲזִית מֶזֶג הָאֲוִויר (נ)
temperatura (f)	tempera'tura	טֶמְפֶּרָטוּרָה (נ)
termómetro (m)	madχom	מַדְחוֹם (ז)
barómetro (m)	ba'rometer	בָּרוֹמֶטֶר (ז)

húmedo (adj)	laχ	לַח
humedad (f)	laχut	לַחוּת (נ)
bochorno (m)	χom	חוֹם (ז)
tórrido (adj)	χam	חַם
hace mucho calor	χam	חַם

hace calor (templado)	χamim	חָמִים
templado (adj)	χamim	חָמִים

hace frío	kar	קַר
frío (adj)	kar	קַר

sol (m)	'ʃemeʃ	שֶׁמֶשׁ (נ)
brillar (vi)	lizhor	לִזְהוֹר
soleado (un día ~)	ʃimʃi	שִׁמְשִׁי
elevarse (el sol)	liz'roaχ	לִזְרוֹחַ
ponerse (vr)	liʃ'koʿa	לִשְׁקוֹעַ

nube (f)	anan	עָנָן (ז)
nuboso (adj)	meʿunan	מְעוֹנָן
nubarrón (m)	av	עָב (ז)
nublado (adj)	sagriri	סַגְרִירִי

lluvia (f)	'geʃem	גֶּשֶׁם (ז)
está lloviendo	yored 'geʃem	יוֹרֵד גֶּשֶׁם

lluvioso (adj)	gaʃum	גָּשׁוּם
lloviznar (vi)	letaftef	לְטַפְטֵף

aguacero (m)	matar	מָטָר (ז)
chaparrón (m)	mabul	מַבּוּל (ז)
fuerte (la lluvia ~)	χazak	חָזָק

charco (m)	ʃlulit	שְׁלוּלִית (נ)
mojarse (vr)	lehitratev	לְהִתְרַטֵּב

niebla (f)	arapel	עֲרָפֶל (ז)
nebuloso (adj)	meʿurpal	מְעוּרְפָּל
nieve (f)	'ʃeleg	שֶׁלֶג (ז)
está nevando	yored 'ʃeleg	יוֹרֵד שֶׁלֶג

207. Los eventos climáticos severos. Los desastres naturales

tormenta (f)	sufat re'amim	סוּפַת רְעָמִים (נ)
relámpago (m)	barak	בָּרָק (ז)
relampaguear (vi)	livhok	לְבהוֹק
trueno (m)	'ra'am	רַעַם (ז)
tronar (vi)	lir'om	לְרעוֹם
está tronando	lir'om	לְרעוֹם
granizo (m)	barad	בָּרָד (ז)
está granizando	yored barad	יוֹרֵד בָּרָד
inundar (vt)	lehatsif	לְהָצִיף
inundación (f)	ʃitafon	שִׁיטָפוֹן (ז)
terremoto (m)	re'idat adama	רְעִידַת אֲדָמָה (נ)
sacudida (f)	re'ida	רְעִידָה (נ)
epicentro (m)	moked	מוֹקֵד (ז)
erupción (f)	hitpartsut	הִתפָּרצוּת (נ)
lava (f)	'lava	לָאבָה (נ)
torbellino (m)	hurikan	הוּרִיקָן (ז)
tornado (m)	tor'nado	טוֹרנָדוֹ (ז)
tifón (m)	taifun	טַייפוּן (ז)
huracán (m)	hurikan	הוּרִיקָן (ז)
tempestad (f)	sufa	סוּפָה (נ)
tsunami (m)	tsu'nami	צוּנָאמִי (ז)
ciclón (m)	tsiklon	צִיקלוֹן (ז)
mal tiempo (m)	sagrir	סַגרִיר (ז)
incendio (m)	srefa	שׂרֵיפָה (נ)
catástrofe (f)	ason	אָסוֹן (ז)
meteorito (m)	mete'orit	מֶטֶאוֹרִיט (ז)
avalancha (f)	ma'polet ʃlagim	מַפּוֹלֶת שלָגִים (נ)
alud (m) de nieve	ma'polet ʃlagim	מַפּוֹלֶת שלָגִים (נ)
ventisca (f)	sufat ʃlagim	סוּפַת שלָגִים (נ)
nevasca (f)	sufat ʃlagim	סוּפַת שלָגִים (נ)

208. Los ruidos. Los sonidos

silencio (m)	'ʃeket	שֶׁקֶט (ז)
sonido (m)	tslil	צלִיל (ז)
ruido (m)	'ra'aʃ	רַעַשׁ (ז)
hacer ruido	lir'oʃ	לִרעוֹשׁ
ruidoso (adj)	ro'eʃ	רוֹעֵשׁ
alto (adv)	bekol	בְּקוֹל
fuerte (~ voz)	ram	רָם
constante (ruido, etc.)	ka'vu'a	קָבוּעַ

grito (m)	tseʿaka	צְעָקָה (נ)
gritar (vi)	litsʿok	לִצעוֹק
susurro (m)	leχiʃa	לְחִישָה (נ)
susurrar (vi, vt)	lilχoʃ	לִלחוֹש
ladrido (m)	neviχa	נְבִיחָה (נ)
ladrar (vi)	lin'boaχ	לִנבּוֹחַ
gemido (m)	anaka	אֲנָקָה (נ)
gemir (vi)	lehe'anek	לְהֵיאָנֵק
tos (f)	ʃiʿul	שִיעוּל (ז)
toser (vi)	lehiʃtaʿel	לְהִשתַעֵל
silbido (m)	ʃrika	שרִיקָה (נ)
silbar (vi)	liʃrok	לִשרוֹק
llamada (f) (golpes)	hakaʃa	הַקָשָה (נ)
golpear (la puerta)	lidfok	לִדפּוֹק
crepitar (vi)	lehitba'keʿa	לְהִתבַּקֵעַ
crepitación (f)	naftsuts	נַפצוּץ (ז)
sirena (f)	tsofar	צוֹפָר (ז)
pito (m) (de la fábrica)	tsfira	צפִירָה (נ)
pitar (un tren, etc.)	litspor	לִצפּוֹר
bocinazo (m)	tsfira	צפִירָה (נ)
tocar la bocina	litspor	לִצפּוֹר

209. El invierno

invierno (m)	'χoref	חוֹרֶף (ז)
de invierno (adj)	χorpi	חוֹרפִּי
en invierno	ba'χoref	בַּחוֹרֶף
nieve (f)	'ʃeleg	שֶלֶג (ז)
está nevando	yored 'ʃeleg	יוֹרֵד שֶלֶג
nevada (f)	yeridat 'ʃeleg	יְרִידַת שֶלֶג (נ)
montón (m) de nieve	aremat 'ʃeleg	עֲרֵימַת שֶלֶג (נ)
copo (m) de nieve	ptit 'ʃeleg	פתִית שֶלֶג (ז)
bola (f) de nieve	kadur 'ʃeleg	כַּדוּר שֶלֶג (ז)
monigote (m) de nieve	iʃ 'ʃeleg	אִיש שֶלֶג (ז)
carámbano (m)	netif 'keraχ	נְטִיף קֶרַח (ז)
diciembre (m)	de'tsember	דֶצֶמבֶּר (ז)
enero (m)	'yanu'ar	יָנוּאָר (ז)
febrero (m)	'febru'ar	פֶבּרוּאָר (ז)
helada (f)	kfor	כּפוֹר (ז)
helado (~a noche)	kfori	כּפוֹרִי
bajo cero (adv)	mi'taχat la''efes	מִתַחַת לָאֶפֶס
primeras heladas (f pl)	kara	קָרָה (נ)
escarcha (f)	kfor	כּפוֹר (ז)
frío (m)	kor	קוֹר (ז)

hace frío	kar	קַר
abrigo (m) de piel	meʿil parva	מְעִיל פַּרוָוה (ז)
manoplas (f pl)	kfafot	כְּפָפוֹת (נ"ר)
enfermarse (vr)	laχalot	לַחֲלוֹת
resfriado (m)	hitstanenut	הִצטַנְנוּת (נ)
resfriarse (vr)	lehitstanen	לְהִצטַנֵן
hielo (m)	'keraχ	קֶרַח (ז)
hielo (m) negro	ʃiχvat 'keraχ	שִכבַת קֶרַח (נ)
helarse (el lago, etc.)	likpo	לִקפּוֹא
bloque (m) de hielo	karχon	קַרחוֹן (ז)
esquís (m pl)	ski	סקִי (ז)
esquiador (m)	goleʃ	גוֹלֵש (ז)
esquiar (vi)	laʿasot ski	לַעֲשׂוֹת סקִי
patinar (vi)	lehaχlik	לְהַחלִיק

La fauna

210. Los mamíferos. Los predadores

carnívoro (m)	χayat 'teref	חַיַּת טֶרֶף (נ)
tigre (m)	'tigris	טִיגְרִיס (ז)
león (m)	arye	אַרְיֵה (ז)
lobo (m)	ze'ev	זְאֵב (ז)
zorro (m)	ʃu'al	שׁוּעָל (ז)
jaguar (m)	yagu'ar	יָגוּאָר (ז)
leopardo (m)	namer	נָמֵר (ז)
guepardo (m)	bardelas	בַּרדְלָס (ז)
pantera (f)	panter	פַּנתֵר (ז)
puma (f)	'puma	פּוּמָה (נ)
leopardo (m) de las nieves	namer 'ʃeleg	נָמֵר שֶׁלֶג (ז)
lince (m)	ʃunar	שׁוּנָר (ז)
coyote (m)	ze'ev ha'aravot	זְאֵב הָעֲרָבוֹת (ז)
chacal (m)	tan	תַּן (ז)
hiena (f)	ʦa'vo'a	צָבוֹעַ (ז)

211. Los animales salvajes

animal (m)	'ba'al χayim	בַּעַל חַיִים (ז)
bestia (f)	χaya	חַיָּה (נ)
ardilla (f)	sna'i	סנָאִי (ז)
erizo (m)	kipod	קִיפּוֹד (ז)
liebre (f)	arnav	אַרנָב (ז)
conejo (m)	ʃafan	שָׁפָן (ז)
tejón (m)	girit	גִירִית (נ)
mapache (m)	dvivon	דבִיבוֹן (ז)
hámster (m)	oger	אוֹגֵר (ז)
marmota (f)	mar'mita	מַרמִיטָה (נ)
topo (m)	χafar'peret	חֲפַרפֶּרֶת (נ)
ratón (m)	aχbar	עַכבָּר (ז)
rata (f)	χulda	חוּלדָה (נ)
murciélago (m)	atalef	עֲטַלֵף (ז)
armiño (m)	hermin	הֶרמִין (ז)
cebellina (f)	ʦobel	צוֹבֶּל (ז)
marta (f)	dalak	דָלָק (ז)
comadreja (f)	χamus	חָמוּס (ז)
visón (m)	χorfan	חוֹרפָן (ז)

castor (m)	bone	בּוֹנֶה (ז)
nutria (f)	lutra	לוּטרָה (נ)
caballo (m)	sus	סוּס (ז)
alce (m)	ayal hakore	אַייַל הַקוֹרֵא (ז)
ciervo (m)	ayal	אַייָל (ז)
camello (m)	gamal	גָמָל (ז)
bisonte (m)	bizon	בִּיזוֹן (ז)
uro (m)	bizon ei'ropi	בִּיזוֹן אֵירוֹפִּי (ז)
búfalo (m)	te'o	תְאוֹ (ז)
cebra (f)	'zebra	זֶבּרָה (נ)
antílope (m)	anti'lopa	אַנטִילוֹפָּה (ז)
corzo (m)	ayal hakarmel	אַייַל הַכַּרמֶל (ז)
gamo (m)	yaχmur	יַחמוּר (ז)
gamuza (f)	ya'el	יָעֵל (ז)
jabalí (m)	χazir bar	חֲזִיר בָּר (ז)
ballena (f)	livyatan	לִווייָתָן (ז)
foca (f)	'kelev yam	כֶּלֶב יָם (ז)
morsa (f)	sus yam	סוּס יָם (ז)
oso (m) marino	dov yam	דוֹב יָם (ז)
delfín (m)	dolfin	דוֹלפִין (ז)
oso (m)	dov	דוֹב (ז)
oso (m) blanco	dov 'kotev	דוֹב קוֹטֶב (ז)
panda (f)	'panda	פַּנדָה (נ)
mono (m)	kof	קוֹף (ז)
chimpancé (m)	ʃimpanze	שִימפַּנזָה (נ)
orangután (m)	orang utan	אוֹרַנג־אוּטָן (ז)
gorila (m)	go'rila	גוֹרִילָה (נ)
macaco (m)	makak	מָקָק (ז)
gibón (m)	gibon	גִיבּוֹן (ז)
elefante (m)	pil	פִּיל (ז)
rinoceronte (m)	karnaf	קַרנַף (ז)
jirafa (f)	dʒi'rafa	ג'ירָפָה (נ)
hipopótamo (m)	hipopotam	הִיפּוֹפּוֹטָם (ז)
canguro (m)	'kenguru	קֶנגוּרוּ (ז)
koala (f)	ko''ala	קוֹאָלָה (ז)
mangosta (f)	nemiya	נְמִייָה (נ)
chinchilla (f)	ʧin'ʧila	צִ'ינצִ'ילָה (נ)
mofeta (f)	bo'eʃ	בּוֹאֵש (ז)
espín (m)	darban	דָרבָּן (ז)

212. Los animales domésticos

gata (f)	χatula	חֲתוּלָה (נ)
gato (m)	χatul	חָתוּל (ז)
perro (m)	'kelev	כֶּלֶב (ז)

caballo (m)	sus	סוּס (ז)
garañón (m)	sus harbaʿa	סוּס הַרבָּעָה (ז)
yegua (f)	susa	סוּסָה (נ)
vaca (f)	para	פָּרָה (נ)
toro (m)	ʃor	שׁוֹר (ז)
buey (m)	ʃor	שׁוֹר (ז)
oveja (f)	kivsa	כִּבשָׂה (נ)
carnero (m)	'ayil	אַיִל (ז)
cabra (f)	ez	עֵז (נ)
cabrón (m)	'tayiʃ	תַּיִשׁ (ז)
asno (m)	χamor	חֲמוֹר (ז)
mulo (m)	'pered	פֶּרֶד (ז)
cerdo (m)	χazir	חֲזִיר (ז)
cerdito (m)	χazarzir	חֲזַרזִיר (ז)
conejo (m)	arnav	אַרנָב (ז)
gallina (f)	tarne'golet	תַּרנְגוֹלֶת (נ)
gallo (m)	tarnegol	תַּרנְגוֹל (ז)
pato (m)	barvaz	בַּרווָז (ז)
ánade (m)	barvaz	בַּרווָז (ז)
ganso (m)	avaz	אֲווָז (ז)
pavo (m)	tarnegol 'hodu	תַּרנְגוֹל הוֹדוּ (ז)
pava (f)	tarne'golet 'hodu	תַּרנְגוֹלֶת הוֹדוּ (נ)
animales (m pl) domésticos	χayot 'bayit	חַיוֹת בַּיִת (נ"ר)
domesticado (adj)	mevuyat	מְבוּיָת
domesticar (vt)	levayet	לְבַייֵת
criar (vt)	lehar'biʿa	לְהַרבִּיעַ
granja (f)	χava	חַווָה (נ)
aves (f pl) de corral	ofot 'bayit	עוֹפוֹת בַּיִת (נ"ר)
ganado (m)	bakar	בָּקָר (ז)
rebaño (m)	'eder	עֵדֶר (ז)
caballeriza (f)	urva	אוּרווָה (נ)
porqueriza (f)	dir χazirim	דִיר חֲזִירִים (ז)
vaquería (f)	'refet	רֶפֶת (נ)
conejal (m)	arnaviya	אַרנָבִייָה (נ)
gallinero (m)	lul	לוּל (ז)

213. Los perros. Las razas de perros

perro (m)	'kelev	כֶּלֶב (ז)
perro (m) pastor	'kelev roʿe	כֶּלֶב רוֹעֶה (ז)
pastor (m) alemán	roʿe germani	רוֹעֶה גֶרמָנִי (ז)
caniche (m), poodle (m)	'pudel	פּוּדֶל (ז)
teckel (m)	'taχaʃ	תַּחַשׁ (ז)
buldog (m)	buldog	בּוּלדוֹג (ז)

bóxer (m)	'bokser	בּוֹקסֶר (ז)
mastín (m) inglés	mastif	מַסטִיף (ז)
rottweiler (m)	rot'vailer	רוֹטוָוייְלֶר (ז)
dóberman (m)	'doberman	דוֹבֶּרמָן (ז)
basset hound (m)	'baset 'ha'und	בָּאסֶט־הָאונד (ז)
Bobtail (m)	bobteil	בּוֹבּטֵייל (ז)
dálmata (m)	dal'mati	דַלמָטִי (ז)
cocker spaniel (m)	'koker 'spani'el	קוֹקֶר סְפָּנִיאֵל (ז)
Terranova (m)	nyu'fa'undlend	ניוּפָאונדלֶנד (ז)
san bernardo (m)	sen bernard	סֶן בֶּרנָרד (ז)
husky (m)	'haski	הָאסקִי (ז)
chow chow (m)	'ʧa'u 'ʧa'u	צָ'או צָ'או (ז)
pomerania (m)	ʃpits	שפִּיץ (ז)
pug (m), carlino (m)	pag	פָּאג (ז)

214. Los sonidos de los animales

ladrido (m)	neviχa	נְבִיחָה (נ)
ladrar (vi)	lin'boaχ	לִנבּוֹחַ
maullar (vi)	leyalel	לְייַלֵל
ronronear (vi)	legarger	לְגַרגֵר
mugir (vi)	ligʿot	לִגעוֹת
bramar (toro)	ligʿot	לִגעוֹת
rugir (vi)	linhom	לִנהוֹם
aullido (m)	yelala	יְלָלָה (נ)
aullar (vi)	leyalel	לְייַלֵל
gañir (vi)	leyabev	לְייַבֵּב
balar (vi)	lifʿot	לִפעוֹת
gruñir (cerdo)	leχarχer	לְחַרחֵר
chillar (vi)	lits'voaχ	לִצווֹחַ
croar (vi)	lekarker	לְקַרקֵר
zumbar (vi)	lezamzem	לְזַמזֵם
chirriar (vi)	letsartser	לְצַרצֵר

215. Los animales jóvenes

cría (f)	gur	גוּר (ז)
gatito (m)	χataltul	חֲתַלתוּל (ז)
ratoncillo (m)	aχbaron	עַכבָּרוֹן (ז)
cachorro (m)	klavlav	כְּלַבלָב (ז)
cría (f) de liebre	arnavon	אַרנָבוֹן (ז)
conejito (m)	ʃfanfan	שפַנפָן (ז)
lobato (m)	gur ze'evim	גוּר זְאֵבִים (ז)
cría (f) de zorro	ʃuʿalon	שוּעָלוֹן (ז)

osito (m)	dubon	דוּבּוֹן (ז)
cachorro (m) de león	gur arye	גוּר אַרְיֵה (ז)
cachorro (m) de tigre	gur namerim	גוּר נְמֵרִים (ז)
elefantino (m)	pilon	פִּילוֹן (ז)
cerdito (m)	χazarzir	חֲזַרזִיר (ז)
ternero (m)	'egel	עֵגֶל (ז)
cabrito (m)	gdi	גדִי (ז)
cordero (m)	tale	טָלֶה (ז)
cervato (m)	'ofer	עוֹפֶר (ז)
cría (f) de camello	'beχer	בֶּכֶר (ז)
serpezuela (f)	gur naχaʃim	גוּר נְחָשִׁים (ז)
ranita (f)	tsfardeʿon	צְפַרדְעוֹן (ז)
pajarillo (m)	gozal	גוֹזָל (ז)
pollo (m)	ef'roaχ	אֶפרוֹחַ (ז)
patito (m)	barvazon	בַּרווָזוֹן (ז)

216. Los pájaros

pájaro (m)	tsipor	צִיפּוֹר (נ)
paloma (f)	yona	יוֹנָה (נ)
gorrión (m)	dror	דרוֹר (ז)
paro (m)	yargazi	יַרגָזִי (ז)
cotorra (f)	orev neχalim	עוֹרֵב נְחָלִים (ז)
cuervo (m)	orev ʃaχor	עוֹרֵב שָׁחוֹר (ז)
corneja (f)	orev afor	עוֹרֵב אֲפוֹר (ז)
chova (f)	ka'ak	קָאָק (ז)
grajo (m)	orev hamizra	עוֹרֵב הַמִזרָע (ז)
pato (m)	barvaz	בַּרווָז (ז)
ganso (m)	avaz	אֲווָז (ז)
faisán (m)	pasyon	פַּסיוֹן (ז)
águila (f)	'ayit	עַיִט (ז)
azor (m)	nets	נֵץ (ז)
halcón (m)	baz	בַּז (ז)
buitre (m)	ozniya	עוֹזנִייָה (ז)
cóndor (m)	kondor	קוֹנדוֹר (ז)
cisne (m)	barbur	בַּרבּוּר (ז)
grulla (f)	agur	עָגוּר (ז)
cigüeña (f)	χasida	חֲסִידָה (נ)
loro (m), papagayo (m)	'tuki	תוּכִּי (ז)
colibrí (m)	ko'libri	קוֹלִיבּרִי (ז)
pavo (m) real	tavas	טַווָס (ז)
avestruz (m)	bat yaʿana	בַּת יַעֲנָה (נ)
garza (f)	anafa	אֲנָפָה (נ)
flamenco (m)	fla'mingo	פלָמִינגוֹ (ז)
pelícano (m)	saknai	שַׂקנַאי (ז)

ruiseñor (m)	zamir	זָמִיר (ז)
golondrina (f)	snunit	סנוּנִית (נ)
tordo (m)	kiχli	קִיכְלִי (ז)
zorzal (m)	kiχli mezamer	קִיכְלִי מְזַמֵּר (ז)
mirlo (m)	kiχli ʃaχor	קִיכְלִי שָׁחוֹר (ז)
vencejo (m)	sis	סִיס (ז)
alondra (f)	efroni	עֶפרוֹנִי (ז)
codorniz (f)	slav	שְׂלָיו (ז)
pico (m)	'neker	נַקָּר (ז)
cuco (m)	kukiya	קוּקִייָה (נ)
lechuza (f)	yanʃuf	יַנשוּף (ז)
búho (m)	'oaχ	אוֹחַ (ז)
urogallo (m)	seχvi 'yaʿar	שֶׂכוִוי יַעַר (ז)
gallo lira (m)	seχvi	שֶׂכוִוי (ז)
perdiz (f)	χogla	חוֹגלָה (נ)
estornino (m)	zarzir	זַרזִיר (ז)
canario (m)	ka'narit	קַנָרִית (נ)
ortega (f)	seχvi hayaʿarot	שֶׂכוִוי הַיְעָרוֹת (ז)
pinzón (m)	paroʃ	פְּרוּש (ז)
camachuelo (m)	admonit	אַדמוֹנִית (נ)
gaviota (f)	'ʃaχaf	שַׁחַף (ז)
albatros (m)	albatros	אַלבַּטרוֹס (ז)
pingüino (m)	pingvin	פִּינגווִין (ז)

217. Los pájaros. El canto y los sonidos

cantar (vi)	laʃir	לָשִיר
gritar, llamar (vi)	litsʿok	לִצעוֹק
cantar (el gallo)	lekarker	לְקַרקֵר
quiquiriquí (m)	kuku'riku	קוּקוּרִיקוּ
cloquear (vi)	lekarker	לְקַרקֵר
graznar (vi)	lits'roaχ	לִצרוֹחַ
graznar, parpar (vi)	legaʿa'geʿa	לְגַעְגֵעַ
piar (vi)	letsayets	לְצַייֵץ
gorjear (vi)	letsaftsef, letsayets	לְצַפצֵף, לְצַייֵץ

218. Los peces. Los animales marinos

brema (f)	avroma	אַברוֹמָה (נ)
carpa (f)	karpiyon	קַרפִּיוֹן (ז)
perca (f)	'okunus	אוֹקוּנוּס (ז)
siluro (m)	sfamnun	שְׂפַמנוּן (ז)
lucio (m)	zeʾev 'mayim	זְאֵב מַיִם (ז)
salmón (m)	'salmon	סַלמוֹן (ז)
esturión (m)	χidkan	חִדקָן (ז)

arenque (m)	ma'liaχ	מָלִיחַ (ז)
salmón (m) del Atlántico	iltit	אִילְתִּית (נ)
caballa (f)	makarel	מָקָרֶל (ז)
lenguado (m)	dag moʃe ra'benu	דַג מֹשֶה רַבֵּנוּ (ז)
lucioperca (m)	amnun	אַמְנוּן (ז)
bacalao (m)	ʃibut	שִיבּוּט (ז)
atún (m)	'tuna	טוּנָה (נ)
trucha (f)	forel	פוֹרֶל (ז)
anguila (f)	tslofaχ	צלוֹפָח (ז)
tembladera (f)	trisanit	תְרִיסָנִית (נ)
morena (f)	mo'rena	מוֹרֶנָה (נ)
piraña (f)	pi'ranya	פִּירַנְיָה (נ)
tiburón (m)	kariʃ	כָּרִיש (ז)
delfín (m)	dolfin	דוֹלפִין (ז)
ballena (f)	livyatan	לְווִיָתָן (ז)
centolla (f)	sartan	סַרטָן (ז)
medusa (f)	me'duza	מֶדוּזָה (נ)
pulpo (m)	tamnun	תַמנוּן (ז)
estrella (f) de mar	koχav yam	כּוֹכַב יָם (ז)
erizo (m) de mar	kipod yam	קִיפּוֹד יָם (ז)
caballito (m) de mar	suson yam	סוּסוֹן יָם (ז)
ostra (f)	ʦidpa	צִדפָּה (נ)
camarón (m)	χasilon	חֲסִילוֹן (ז)
bogavante (m)	'lobster	לוֹבּסטֶר (ז)
langosta (f)	'lobster koʦani	לוֹבּסטֶר קוֹצָנִי (ז)

219. Los anfibios. Los reptiles

serpiente (f)	naχaʃ	נָחָש (ז)
venenoso (adj)	arsi	אַרסִי
víbora (f)	'ʦefa	צֶפַע (ז)
cobra (f)	'peten	פֶּתֶן (ז)
pitón (m)	piton	פִּיתוֹן (ז)
boa (f)	χanak	חַנָק (ז)
culebra (f)	naχaʃ 'mayim	נְחַש מַיִם (ז)
serpiente (m) de cascabel	ʃfifon	שפִיפוֹן (ז)
anaconda (f)	ana'konda	אֲנָקוֹנדָה (נ)
lagarto (f)	letaʼa	לְטָאָה (נ)
iguana (f)	igu"ana	אִיגוּאָנָה (נ)
varano (m)	'koaχ	כּוֹחַ (ז)
salamandra (f)	sala'mandra	סָלָמַנדרָה (נ)
camaleón (m)	zikit	זִיקִית (נ)
escorpión (m)	akrav	עַקרָב (ז)
tortuga (f)	ʦav	צָב (ז)
rana (f)	ʦfar'deʿa	צפַרדֵעַ (נ)

sapo (m)	karpada	קַרפָּדָה (נ)
cocodrilo (m)	tanin	תַּנִין (ז)

220. Los insectos

insecto (m)	xarak	חָרָק (ז)
mariposa (f)	parpar	פַּרפַּר (ז)
hormiga (f)	nemala	נְמָלָה (נ)
mosca (f)	zvuv	זבוּב (ז)
mosquito (m) (picadura de ~)	yatuʃ	יַתוּש (ז)
escarabajo (m)	xipuʃit	חִיפּוּשִׁית (נ)
avispa (f)	tsirʿa	צִרעָה (נ)
abeja (f)	dvora	דבוֹרָה (נ)
abejorro (m)	dabur	דַבּוּר (ז)
moscardón (m)	zvuv hasus	זבוּב הַסוּס (ז)
araña (f)	akaviʃ	עַכָּבִיש (ז)
telaraña (f)	kurei akaviʃ	קוּרֵי עַכָּבִיש (ז"ר)
libélula (f)	ʃapirit	שַׁפִּירִית (נ)
saltamontes (m)	xagav	חָגָב (ז)
mariposa (f) nocturna	aʃ	עָש (ז)
cucaracha (f)	makak	מַקָק (ז)
garrapata (f)	kartsiya	קַרצִייָה (נ)
pulga (f)	parʿoʃ	פַּרעוֹש (ז)
mosca (f) negra	yavxuʃ	יַבחוּש (ז)
langosta (f)	arbe	אַרבֶּה (ז)
caracol (m)	xilazon	חִילָזוֹן (ז)
grillo (m)	tsartsar	צְרָצַר (ז)
luciérnaga (f)	gaxlilit	גַחלִילִית (נ)
mariquita (f)	parat moʃe ra'benu	פָּרַת מֹשֶה רַבֵּנוּ (נ)
escarabajo (m) sanjuanero	xipuʃit aviv	חִיפּוּשִׁית אָבִיב (נ)
sanguijuela (f)	aluka	עֲלוּקָה (נ)
oruga (f)	zaxal	זַחַל (ז)
gusano (m)	to'laʿat	תוֹלַעַת (נ)
larva (f)	'deren	דֶרֶן (ז)

221. Los animales. Las partes del cuerpo

pico (m)	makor	מַקוֹר (ז)
alas (f pl)	kna'fayim	כּנָפַיִים (נ"ר)
pata (f)	'regel	רֶגֶל (נ)
plumaje (m)	pluma	פלוּמָה (נ)
pluma (f)	notsa	נוֹצָה (נ)
penacho (m)	tsitsa	צִיצָה (נ)
branquias (f pl)	zimim	זִימִים (ז"ר)
huevas (f pl)	beitsei dagim	בֵּיצֵי דָגִים (נ"ר)

larva (f)	'deren	דֶרֶן (ז)
aleta (f)	snapir	סנַפִּיר (ז)
escamas (f pl)	kaskasim	קַשׂקַשִׂים (ז"ר)
colmillo (m)	niv	נִיב (ז)
garra (f), pata (f)	'regel	רֶגֶל (נ)
hocico (m)	partsuf	פַּרצוּף (ז)
boca (f)	lo'a	לוֹעַ (ז)
cola (f)	zanav	זָנָב (ז)
bigotes (m pl)	safam	שָׂפָם (ז)
casco (m) (pezuña)	parsa	פַּרסָה (נ)
cuerno (m)	'keren	קֶרֶן (נ)
caparazón (m)	ʃiryon	שִׁריוֹן (ז)
concha (f) (de moluscos)	konχiya	קוֹנכִייָה (נ)
cáscara (f) (de huevo)	klipa	קלִיפָּה (נ)
pelo (m) (de perro)	parva	פַּרוָוה (נ)
piel (f) (de vaca, etc.)	or	עוֹר (ז)

222. Las costumbres de los animales

volar (vi)	la'uf	לָעוּף
dar vueltas	laχug	לָחוּג
echar a volar	la'uf	לָעוּף
batir las alas	lenafnef	לְנַפנֵף
picotear (vt)	lenaker	לְנַקֵר
empollar (vt)	lidgor	לִדגוֹר
salir del cascarón	liv'ko'a	לִבקוֹעַ
hacer el nido	lekanen	לְקַנֵן
reptar (serpiente)	lizχol	לִזחוֹל
picar (vt)	la'akots	לַעֲקוֹץ
morder (animal)	linʃoχ	לִנשוֹך
olfatear (vt)	leraχ'reaχ	לְרַחרֵחַ
ladrar (vi)	lin'boaχ	לִנבּוֹחַ
sisear (culebra)	lirʃof	לִרשוֹף
asustar (vt)	lehafχid	לְהַפחִיד
atacar (vt)	litkof	לִתקוֹף
roer (vt)	leχarsem	לְכַרסֵם
arañar (vt)	lisrot	לִשׂרוֹט
esconderse (vr)	lehistater	לְהִסתַתֵר
jugar (gatitos, etc.)	lesaχek	לְשַׂחֵק
cazar (vi, vt)	latsud	לָצוּד
hibernar (vi)	laχrof	לַחרוֹף
extinguirse (vr)	lehikaχed	לְהִיכָּחֵד

223. Los animales. El hábitat

hábitat (m)	beit gidul	בֵּית גִידוּל (ז)
migración (f)	hagira	הֲגִירָה (נ)
montaña (f)	har	הַר (ז)
arrecife (m)	ʃunit	שׁוּנִית (נ)
roca (f)	'sela	סֶלַע (ז)
bosque (m)	'yaʿar	יַעַר (ז)
jungla (f)	'dʒungel	ג׳וּנגֶל (ז)
sabana (f)	sa'vana	סָוָונָה (נ)
tundra (f)	'tundra	טוּנדרָה (נ)
estepa (f)	arava	עֲרָבָה (נ)
desierto (m)	midbar	מִדבָּר (ז)
oasis (m)	neve midbar	נְווֵה מִדבָּר (ז)
mar (m)	yam	יָם (ז)
lago (m)	agam	אֲגַם (ז)
océano (m)	ok'yanos	אוֹקיָאנוֹס (ז)
pantano (m)	bitsa	בִּיצָה (נ)
de agua dulce (adj)	ʃel 'mayim metukim	שֶל מַיִם מְתוּקִים
estanque (m)	breχa	בְּרֵיכָה (נ)
río (m)	nahar	נָהָר (ז)
cubil (m)	meʾura	מְאוּרָה (נ)
nido (m)	ken	קֵן (ז)
agujero (m)	χor baʿets	חוֹר בָּעֵץ (ז)
madriguera (f)	meχila	מְחִילָה (נ)
hormiguero (m)	kan nemalim	קַן נְמָלִים (ז)

224. El cuidado de los animales

zoo (m)	gan hayot	גַן חַיוֹת (ז)
reserva (f) natural	ʃmurat 'teva	שמוּרַת טֶבַע (נ)
club (m) de criadores	beit gidul	בֵּית גִידוּל (ז)
jaula (f) al aire libre	kluv	כּלוּב (ז)
jaula (f)	kluv	כּלוּב (ז)
perrera (f)	meluna	מְלוּנָה (נ)
palomar (m)	ʃovaχ	שׁוֹבָך (ז)
acuario (m)	ak'varyum	אַקוֶוריוּם (ז)
delfinario (m)	dolfi'naryum	דוֹלפִינַריוּם (ז)
criar (~ animales)	legadel	לְגַדֵל
crías (f pl)	tseʾetsaʾim	צֶאֱצָאִים (ז"ר)
domesticar (vt)	levayet	לְבַייֵת
adiestrar (~ animales)	leʾalef	לְאַלֵף
pienso (m), comida (f)	mazon, mispo	מָזוֹן (ז), מִספּוֹא (ז)
dar de comer	lehaʾaχil	לְהַאֲכִיל

tienda (f) de animales	xanut xayot	חֲנוּת חַיּוֹת (נ)
bozal (m) de perro	maxsom	מַחסוֹם (ז)
collar (m)	kolar	קוֹלָר (ז)
nombre (m) (de perro, etc.)	kinui	כִּינוּי (ז)
pedigrí (m)	ʃal'ʃelet yuxsin	שַלשֶלֶת יוּחסִין (נ)

225. Los animales. Miscelánea

manada (f) (de lobos)	lahaka	לַהֲקָה (נ)
bandada (f) (de pájaros)	lahaka	לַהֲקָה (נ)
banco (m) de peces	lahaka	לַהֲקָה (נ)
caballada (f)	'eder	עֵדֶר (ז)
macho (m)	zaxar	זָכָר (ז)
hembra (f)	nekeva	נְקֵבָה (נ)
hambriento (adj)	ra'ev	רָעֵב
salvaje (adj)	pra'i	פּרָאִי
peligroso (adj)	mesukan	מְסוּכָּן

226. Los caballos

caballo (m)	sus	סוּס (ז)
raza (f)	'geza	גֶזַע (ז)
potro (m)	syax	סְייָח (ז)
yegua (f)	susa	סוּסָה (נ)
caballo mustang (m)	mustang	מוּסטַנג (ז)
poni (m)	'poni	פּוֹנִי (ז)
caballo (m) de tiro	sus avoda	סוּס עֲבוֹדָה (ז)
crin (f)	ra'ama	רַעֲמָה (נ)
cola (f)	zanav	זָנָב (ז)
casco (m) (pezuña)	parsa	פַּרסָה (נ)
herradura (f)	parsa	פַּרסָה (נ)
herrar (vt)	lefarzel	לְפַרזֵל
herrero (m)	'nefax	נֶפַּח (ז)
silla (f)	ukaf	אוּכָּף (ז)
estribo (m)	arkuba	אַרכּוּבָּה (נ)
bridón (m)	'resen	רֶסֶן (ז)
riendas (f pl)	moʃxot	מוֹשכוֹת (נ"ר)
fusta (f)	ʃot	שוֹט (ז)
jinete (m)	roxev	רוֹכֵב (ז)
ensillar (vt)	le'akef	לְאַכֵּף
montar al caballo	la'alot al sus	לַעֲלוֹת עַל סוּס
galope (m)	dehira	דְהִירָה (נ)
ir al galope	lidhor	לִדהוֹר

trote (m)	tfifa	טְפִיפָה (נ)
al trote (adv)	bidhira	בִּדהִירָה
ir al trote, trotar (vi)	litpof	לְטפּוֹף
caballo (m) de carreras	sus merots	סוּס מֵירוֹץ (ז)
carreras (f pl)	merots susim	מֵירוֹץ סוּסִים (ז)
caballeriza (f)	urva	אוּרווָה (נ)
dar de comer	leha'axil	לְהַאֲכִיל
heno (m)	xatsil	חָצִיל (ז)
dar de beber	lehaʃkot	לְהַשקוֹת
limpiar (el caballo)	lirxots	לִרחוֹץ
carro (m)	agala	עֲגָלָה (נ)
pastar (vi)	lir'ot	לִרעוֹת
relinchar (vi)	litshol	לִצהוֹל
cocear (vi)	liv'ot	לִבעוֹט

La flora

227. Los árboles

árbol (m)	ets	עֵץ (ז)
foliáceo (adj)	naʃir	נָשִׁיר
conífero (adj)	maχtani	מַחטָנִי
de hoja perenne	yarok ad	יָרוֹק עַד
manzano (m)	ta'puaχ	תַפּוּחַ (ז)
peral (m)	agas	אַגָס (ז)
cerezo (m)	gudgedan	גודגְדָן (ז)
guindo (m)	duvdevan	דובדְבָן (ז)
ciruelo (m)	ʃezif	שְזִיף (ז)
abedul (m)	ʃadar	שַדָר (ז)
roble (m)	alon	אַלוֹן (ז)
tilo (m)	'tilya	טִילִיָה (נ)
pobo (m)	aspa	אַספָּה (נ)
arce (m)	'eder	אֶדֶר (ז)
picea (m)	a'ʃuaχ	אַשוּחַ (ז)
pino (m)	'oren	אוֹרֶן (ז)
alerce (m)	arzit	אַרזִית (נ)
abeto (m)	a'ʃuaχ	אַשוּחַ (ז)
cedro (m)	'erez	אֶרֶז (ז)
álamo (m)	tsaftsefa	צַפצֵפָה (נ)
serbal (m)	ben χuzrar	בֶּן־חוזרָר (ז)
sauce (m)	arava	עֲרָבָה (נ)
aliso (m)	alnus	אַלנוּס (ז)
haya (f)	aʃur	אָשוּר (ז)
olmo (m)	bu'kitsa	בּוּקִיצָה (נ)
fresno (m)	mela	מֵילָה (נ)
castaño (m)	armon	עַרמוֹן (ז)
magnolia (f)	mag'nolya	מַגנוֹלִיָה (נ)
palmera (f)	'dekel	דֶקֶל (ז)
ciprés (m)	broʃ	בּרוֹש (ז)
mangle (m)	mangrov	מַנגרוֹב (ז)
baobab (m)	ba'obab	בָּאוֹבַּב (ז)
eucalipto (m)	eika'liptus	אֵיקָלִיפּטוּס (ז)
secoya (f)	sek'voya	סֶקוּוֹיָה (נ)

228. Los arbustos

mata (f)	'siaχ	שִׂיחַ (ז)
arbusto (m)	'siaχ	שִׂיחַ (ז)

vid (f)	'gefen	גֶפֶן (ז)
viñedo (m)	'kerem	כֶּרֶם (ז)
frambueso (m)	'petel	פֶטֶל (ז)
grosella (f) negra	'siaχ dumdemaniyot ʃχorot	שִׂיחַ דומדְמָנִיוֹת שחוֹרוֹת (ז)
grosellero (f) rojo	'siaχ dumdemaniyot adumot	שִׂיחַ דומדְמָנִיוֹת אֲדוּמוֹת (ז)
grosellero (m) espinoso	χazarzar	חֲזַרזָר (ז)
acacia (f)	ʃita	שִיטָה (נ)
berberís (m)	berberis	בֶּרבֶּרִיס (ז)
jazmín (m)	yasmin	יַסמִין (ז)
enebro (m)	arʿar	עַרעָר (ז)
rosal (m)	'siaχ vradim	שִׂיחַ ורָדִים (ז)
escaramujo (m)	'vered bar	וֶרֶד בָּר (ז)

229. Los hongos

seta (f)	pitriya	פִּטרִייָה (נ)
seta (f) comestible	pitriya raʾuya lemaʾaχal	פִּטרִייָה רָאוּיָה לְמַאֲכָל
seta (f) venenosa	pitriya raʿila	פִּטרִייָה רָעִילָה (נ)
sombrerete (m)	kipat pitriya	כִּיפַּת פִּטרִייָה (נ)
estipe (m)	'regel	רֶגֶל (נ)
seta calabaza (f)	por'ʧini	פּוֹרצִ'ינִי (ז)
boleto (m) castaño	pitriyat 'kova aduma	פִּטרִייַת כּוֹבַע אֲדוּמָה (נ)
boleto (m) áspero	pitriyat 'yaʿar	פִּטרִייַת יַעַר (נ)
rebozuelo (m)	gviʿonit neʾe'χelet	גבִיעוֹנִית נֶאֱכֶלֶת (נ)
rúsula (f)	χarifit	חֲרִיפִית (נ)
colmenilla (f)	gamʦuʦ	גַמצוּץ (ז)
matamoscas (m)	zvuvanit	זבוּבָנִית (נ)
oronja (f) verde	pitriya raʿila	פִּטרִייָה רָעִילָה (נ)

230. Las frutas. Las bayas

fruto (m)	pri	פּרִי (ז)
frutos (m pl)	perot	פֵּירוֹת (ז"ר)
manzana (f)	ta'puaχ	תַפּוּחַ (ז)
pera (f)	agas	אַגָס (ז)
ciruela (f)	ʃezif	שְזִיף (ז)
fresa (f)	tut sade	תוּת שָׂדֶה (ז)
guinda (f)	duvdevan	דוּבדְבָן (ז)
cereza (f)	gudgedan	גוּדגְדָן (ז)
uva (f)	anavim	עֲנָבִים (ז"ר)
frambuesa (f)	'petel	פֶטֶל (ז)
grosella (f) negra	dumdemanit ʃχora	דומדְמָנִית שחוֹרָה (נ)
grosella (f) roja	dumdemanit aduma	דומדְמָנִית אֲדוּמָה (נ)
grosella (f) espinosa	χazarzar	חֲזַרזָר (ז)
arándano (m) agrio	χamuʦit	חֲמוּצִית (נ)

naranja (f)	tapuz	תַּפּוּז (ז)
mandarina (f)	klemen'tina	קְלֶמֶנְטִינָה (נ)
ananás (m)	'ananas	אָנָנָס (ז)
banana (f)	ba'nana	בָּנָנָה (נ)
dátil (m)	tamar	תָּמָר (ז)
limón (m)	limon	לִימוֹן (ז)
albaricoque (m)	'miʃmeʃ	מִשְׁמֵשׁ (ז)
melocotón (m)	afarsek	אֲפַרְסֵק (ז)
kiwi (m)	'kivi	קִיוִוי (ז)
pomelo (m)	eʃkolit	אֶשְׁכּוֹלִית (נ)
baya (f)	garger	גַּרְגֵּר (ז)
bayas (f pl)	gargerim	גַּרְגְּרִים (ז"ר)
arándano (m) rojo	uχmanit aduma	אוּכְמָנִית אֲדוּמָה (נ)
fresa (f) silvestre	tut 'ya‘ar	תוּת יַעַר (ז)
arándano (m)	uχmanit	אוּכְמָנִית (נ)

231. Las flores. Las plantas

flor (f)	'peraχ	פֶּרַח (ז)
ramo (m) de flores	zer	זֵר (ז)
rosa (f)	'vered	וֶרֶד (ז)
tulipán (m)	tsiv‘oni	צִבְעוֹנִי (ז)
clavel (m)	tsi'poren	צִיפּוֹרֶן (ז)
gladiolo (m)	glad'yola	גְּלַדִיוֹלָה (נ)
aciano (m)	dganit	דְּגָנִיָה (נ)
campanilla (f)	pa‘amonit	פַּעֲמוֹנִית (נ)
diente (m) de león	ʃinan	שִׁינָן (ז)
manzanilla (f)	kamomil	קָמוֹמִיל (ז)
áloe (m)	alvai	אַלְוַוי (ז)
cacto (m)	'kaktus	קַקְטוֹס (ז)
ficus (m)	'fikus	פִיקוֹס (ז)
azucena (f)	ʃoʃana	שׁוֹשַׁנָה (נ)
geranio (m)	ge'ranyum	גֵּרָנְיוֹם (ז)
jacinto (m)	yakinton	יָקִינְטוֹן (ז)
mimosa (f)	mi'moza	מִימוֹזָה (נ)
narciso (m)	narkis	נַרְקִיס (ז)
capuchina (f)	'kova hanazir	כּוֹבַע הַנָּזִיר (ז)
orquídea (f)	saχlav	סַחְלָב (ז)
peonía (f)	admonit	אַדְמוֹנִית (נ)
violeta (f)	sigalit	סִיגָלִית (נ)
trinitaria (f)	amnon vetamar	אַמְנוֹן וְתָמָר (ז)
nomeolvides (f)	ziχ'rini	זִכְרִינִי (ז)
margarita (f)	marganit	מַרְגָנִית (נ)
amapola (f)	'pereg	פֶּרֶג (ז)
cáñamo (m)	ka'nabis	קָנָאבִּיס (ז)

menta (f)	'menta	מֶנתָה (נ)
muguete (m)	zivanit	זִיווָנִית (נ)
campanilla (f) de las nieves	ga'lantus	גָלָנטוּס (ז)
ortiga (f)	sirpad	סִרפָּד (ז)
acedera (f)	χumʿa	חוּמעָה (נ)
nenúfar (m)	nufar	נוּפָר (ז)
helecho (m)	ʃaraχ	שָׁרָך (ז)
liquen (m)	χazazit	חֲזָזִית (נ)
invernadero (m) tropical	χamama	חֲמָמָה (נ)
césped (m)	midʃa'a	מִדשָׁאָה (נ)
macizo (m) de flores	arugat praχim	עֲרוּגַת פּרָחִים (נ)
planta (f)	'tsemaχ	צֶמַח (ז)
hierba (f)	'deʃe	דֶשֶׁא (ז)
hoja (f) de hierba	givʿol 'esev	גִבעוֹל עֵשֶׂב (ז)
hoja (f)	ale	עָלֶה (ז)
pétalo (m)	ale ko'teret	עֲלֵה כּוֹתֶרֶת (ז)
tallo (m)	givʿol	גִבעוֹל (ז)
tubérculo (m)	'pkaʿat	פְּקַעַת (נ)
retoño (m)	'nevet	נֶבֶט (ז)
espina (f)	kots	קוֹץ (ז)
florecer (vi)	lif'roaχ	לִפרוֹחַ
marchitarse (vr)	linbol	לִנבּוֹל
olor (m)	'reaχ	רֵיחַ (ז)
cortar (vt)	ligzom	לִגזוֹם
coger (una flor)	liktof	לִקטוֹף

232. Los cereales, los granos

grano (m)	tvu'a	תבוּאָה (נ)
cereales (m pl) (plantas)	dganim	דגָנִים (ז"ר)
espiga (f)	ʃi'bolet	שִׁיבּוֹלֶת (נ)
trigo (m)	χita	חִיטָה (נ)
centeno (m)	ʃifon	שִׁיפוֹן (ז)
avena (f)	ʃi'bolet ʃuʿal	שִׁיבּוֹלֶת שׁוּעָל (נ)
mijo (m)	'doχan	דוֹחַן (ז)
cebada (f)	seʿora	שְׂעוֹרָה (נ)
maíz (m)	'tiras	תִירָס (ז)
arroz (m)	'orez	אוֹרֶז (ז)
alforfón (m)	ku'semet	כּוּסֶמֶת (נ)
guisante (m)	afuna	אֲפוּנָה (נ)
fréjol (m)	ʃuʿit	שְׁעוּעִית (נ)
soya (f)	'soya	סוֹיָה (נ)
lenteja (f)	adaʃim	עֲדָשִׁים (נ"ר)
habas (f pl)	pol	פּוֹל (ז)

233. Los vegetales. Las verduras

legumbres (f pl)	yerakot	יְרָקוֹת (ז"ר)
verduras (f pl)	'yerek	יָרָק (ז)
tomate (m)	agvaniya	עַגְבָנִיָּה (נ)
pepino (m)	melafefon	מְלָפְפוֹן (ז)
zanahoria (f)	'gezer	גֶּזֶר (ז)
patata (f)	ta'puaχ adama	תַּפּוּחַ אֲדָמָה (ז)
cebolla (f)	batsal	בָּצָל (ז)
ajo (m)	ʃum	שׁוּם (ז)
col (f)	kruv	כְּרוּב (ז)
coliflor (f)	kruvit	כְּרוּבִית (נ)
col (f) de Bruselas	kruv nitsanim	כְּרוּב נִצָּנִים (ז)
brócoli (m)	'brokoli	בְּרוֹקוֹלִי (ז)
remolacha (f)	'selek	סֶלֶק (ז)
berenjena (f)	χatsil	חָצִיל (ז)
calabacín (m)	kiʃu	קִישׁוּא (ז)
calabaza (f)	'dlaʿat	דְּלַעַת (נ)
nabo (m)	'lefet	לֶפֶת (נ)
perejil (m)	petro'zilya	פֶּטְרוֹזִילְיָה (נ)
eneldo (m)	ʃamir	שָׁמִיר (ז)
lechuga (f)	'χasa	חַסָּה (נ)
apio (m)	'seleri	סֶלֶרִי (ז)
espárrago (m)	aspa'ragos	אַסְפָּרָגוֹס (ז)
espinaca (f)	'tered	תֶּרֶד (ז)
guisante (m)	afuna	אֲפוּנָה (נ)
habas (f pl)	pol	פּוֹל (ז)
maíz (m)	'tiras	תִּירָס (ז)
fréjol (m)	ʃuʿit	שְׁעוּעִית (נ)
pimentón (m)	'pilpel	פִּלְפֵּל (ז)
rábano (m)	tsnonit	צְנוֹנִית (נ)
alcachofa (f)	artiʃok	אַרְטִישׁוֹק (ז)

GEOGRAFÍA REGIONAL

234. Europa occidental

Europa (f)	ei'ropa	אֵירוֹפָּה (נ)
Unión (f) Europea	ha'iχud ha'eiro'pe'i	הָאִיחוּד הָאֵירוֹפִּי (ז)
europeo (m)	eiro'pe'i	אֵירוֹפֶּאִי (ז)
europeo (adj)	eiro'pe'i	אֵירוֹפֶּאִי
Austria (f)	'ostriya	אוֹסטרִיָה (נ)
austriaco (m)	'ostri	אוֹסטרִי (ז)
austriaca (f)	'ostrit	אוֹסטרִית (נ)
austriaco (adj)	'ostri	אוֹסטרִי
Gran Bretaña (f)	bri'tanya hagdola	בּרִיטַניָה הַגדוֹלָה (נ)
Inglaterra (f)	'angliya	אַנגלִיָה (נ)
inglés (m)	'briti	בּרִיטִי (ז)
inglesa (f)	'btitit	בּרִיטִית (נ)
inglés (adj)	angli	אַנגלִי
Bélgica (f)	'belgya	בֶּלגִיָה (נ)
belga (m)	'belgi	בֶּלגִי (ז)
belga (f)	'belgit	בֶּלגִית (נ)
belga (adj)	'belgi	בֶּלגִי
Alemania (f)	ger'manya	גֶרמַניָה (נ)
alemán (m)	germani	גֶרמָנִי (ז)
alemana (f)	germaniya	גֶרמָנִיָה (נ)
alemán (adj)	germani	גֶרמָנִי
Países Bajos (m pl)	'holand	הוֹלַנד (נ)
Holanda (f)	'holand	הוֹלַנד (נ)
holandés (m)	ho'landi	הוֹלַנדִי (ז)
holandesa (f)	ho'landit	הוֹלַנדִית (נ)
holandés (adj)	ho'landi	הוֹלַנדִי
Grecia (f)	yavan	יָווָן (נ)
griego (m)	yevani	יְווָנִי (ז)
griega (f)	yevaniya	יְווָנִיָה (נ)
griego (adj)	yevani	יְווָנִי
Dinamarca (f)	'denemark	דֶנֶמַרק (נ)
danés (m)	'deni	דֶנִי (ז)
danesa (f)	'denit	דֶנִית (נ)
danés (adj)	'deni	דֶנִי
Irlanda (f)	'irland	אִירלַנד (נ)
irlandés (m)	'iri	אִירִי (ז)
irlandesa (f)	ir'landit	אִירלַנדִית (נ)
irlandés (adj)	'iri	אִירִי

Islandia (f)	'island	אִיסלַנד (נ)
islandés (m)	isˈlandi	אִיסלַנדִי (ז)
islandesa (f)	is'landit	אִיסלַנדִית (נ)
islandés (adj)	is'landi	אִיסלַנדִי
España (f)	sfarad	סְפָרַד (נ)
español (m)	sfaradi	סְפָרַדִי (ז)
española (f)	sfaradiya	סְפָרַדִיָה (נ)
español (adj)	sfaradi	סְפָרַדִי
Italia (f)	i'talya	אִיטַליָה (נ)
italiano (m)	italki	אִיטַלקִי (ז)
italiana (f)	italkiya	אִיטַלקִיָה (נ)
italiano (adj)	italki	אִיטַלקִי
Chipre (m)	kafrisin	קַפרִיסִין (נ)
chipriota (m)	kafri'sa'i	קַפרִיסָאִי (ז)
chipriota (f)	kafri'sa'it	קַפרִיסָאִית (נ)
chipriota (adj)	kafri'sa'i	קַפרִיסָאִי
Malta (f)	'malta	מַלטָה (נ)
maltés (m)	'malti	מַלטִי (ז)
maltesa (f)	'maltit	מַלטִית (נ)
maltés (adj)	'malti	מַלטִי
Noruega (f)	nor'vegya	נוֹרבֶגִיָה (נ)
noruego (m)	nor'vegi	נוֹרבֶגִי (ז)
noruega (f)	nor'vegit	נוֹרבֶגִית (נ)
noruego (adj)	nor'vegi	נוֹרבֶגִי
Portugal (f)	portugal	פּוֹרטוּגָל (נ)
portugués (m)	portu'gali	פּוֹרטוּגָלִי (ז)
portuguesa (f)	portu'galit	פּוֹרטוּגָלִית (נ)
portugués (adj)	portu'gezi	פּוֹרטוּגֶזִי
Finlandia (f)	'finland	פִינלַנד (נ)
finlandés (m)	'fini	פִינִי (ז)
finlandesa (f)	'finit	פִינִית (נ)
finlandés (adj)	'fini	פִינִי
Francia (f)	tsarfat	צָרפַת (נ)
francés (m)	tsarfati	צָרפָתִי (ז)
francesa (f)	tsarfatiya	צָרפָתִיָה (נ)
francés (adj)	tsarfati	צָרפָתִי
Suecia (f)	'ʃvedya	שבֶדיָה (נ)
sueco (m)	'ʃvedi	שבֶדִי (ז)
sueca (f)	'ʃvedit	שבֶדִית (נ)
sueco (adj)	'ʃvedi	שבֶדִי
Suiza (f)	'ʃvaits	שווַיץ (נ)
suizo (m)	ʃvei'tsari	שווַיצָרִי (ז)
suiza (f)	ʃvei'tsarit	שווַיצָרִית (נ)
suizo (adj)	ʃve'tsari	שווַיצָרִי
Escocia (f)	'skotland	סקוֹטלַנד (נ)
escocés (m)	'skoti	סקוֹטִי (ז)

escocesa (f)	'skotit	סקוֹטִית (נ)
escocés (adj)	'skoti	סקוֹטִי
Vaticano (m)	vatikan	וָתִיקָן (ז)
Liechtenstein (m)	liχtenʃtain	לִיכטֶנשטַיין (נ)
Luxemburgo (m)	luksemburg	לוּקסֶמבּוּרג (נ)
Mónaco (m)	mo'nako	מוֹנָקוֹ (נ)

235. Europa central y oriental

Albania (f)	al'banya	אַלבַּנִיָה (נ)
albanés (m)	al'bani	אַלבָּנִי (ז)
albanesa (f)	al'banit	אַלבָּנִית (נ)
albanés (adj)	al'bani	אַלבָּנִי
Bulgaria (f)	bul'garya	בּוּלגַריָה (נ)
búlgaro (m)	bul'gari	בּוּלגָרִי (ז)
búlgara (f)	bulgariya	בּוּלגָרִיָה (נ)
búlgaro (adj)	bul'gari	בּוּלגָרִי
Hungría (f)	hun'garya	הוּנגַריָה (נ)
húngaro (m)	hungari	הוּנגָרִי (ז)
húngara (f)	hungariya	הוּנגָרִיָה (נ)
húngaro (adj)	hun'gari	הוּנגָרִי
Letonia (f)	'latviya	לַטבִיָה (נ)
letón (m)	'latvi	לַטבִי (ז)
letona (f)	'latvit	לַטבִית (נ)
letón (adj)	'latvi	לַטבִי
Lituania (f)	'lita	לִיטָא (נ)
lituano (m)	lita'i	לִיטָאִי (ז)
lituana (f)	lita'it	לִיטָאִית (נ)
lituano (adj)	lita'i	לִיטָאִי
Polonia (f)	polin	פּוֹלִין (נ)
polaco (m)	polani	פּוֹלָנִי (ז)
polaca (f)	polaniya	פּוֹלָנִיָה (נ)
polaco (adj)	polani	פּוֹלָנִי
Rumania (f)	ro'manya	רוֹמַניָה (נ)
rumano (m)	romani	רוֹמָנִי (ז)
rumana (f)	romaniya	רוֹמָנִיה (נ)
rumano (adj)	ro'mani	רוֹמָנִי
Serbia (f)	'serbya	סֶרבִּיָה (נ)
serbio (m)	'serbi	סֶרבִּי (ז)
serbia (f)	'serbit	סֶרבִּית (נ)
serbio (adj)	'serbi	סֶרבִּי
Eslovaquia (f)	slo'vakya	סלוֹבַקיָה (נ)
eslovaco (m)	slo'vaki	סלוֹבָקִי (ז)
eslovaca (f)	slo'vakit	סלוֹבָקִית (נ)
eslovaco (adj)	slo'vaki	סלוֹבָקִי

Croacia (f)	kro"atya	קרוֹאַטיָה (נ)
croata (m)	kro"ati	קרוֹאָטִי (ז)
croata (f)	kro"atit	קרוֹאָטִית (נ)
croata (adj)	kro"ati	קרוֹאָטִי
Chequia (f)	'ʧeχya	צֶ'כיָה (נ)
checo (m)	'ʧeχi	צֶ'כִי (ז)
checa (f)	'ʧeχit	צֶ'כִית (נ)
checo (adj)	'ʧeχi	צֶ'כִי
Estonia (f)	es'tonya	אֶסטוֹניָה (נ)
estonio (m)	es'toni	אֶסטוֹנִי (ז)
estonia (f)	es'tonit	אֶסטוֹנִית (נ)
estonio (adj)	es'toni	אֶסטוֹנִי
Bosnia y Herzegovina	'bosniya	בּוֹסנִיָה (נ)
Macedonia	make'donya	מָקֶדוֹניָה (נ)
Eslovenia	slo'venya	סלוֹבֶניָה (נ)
Montenegro (m)	monte'negro	מוֹנטֶנֶגרוֹ (נ)

236. Los países de la antes Unión Soviética

Azerbaidzhán (m)	azerbaiʤan	אָזֶרבַּייגָ'ן (נ)
azerbaidzhano (m)	azerbai'ʤani	אָזֶרבַּייגָ'נִי (ז)
azerbaidzhana (f)	azerbai'ʤanit	אָזֶרבַּייגָ'נִית (נ)
azerbaidzhano (adj)	azerbai'ʤani	אָזֶרבַּייגָ'נִי
Armenia (f)	ar'menya	אַרמֶניָה (נ)
armenio (m)	ar'meni	אַרמֶנִי (ז)
armenia (f)	ar'menit	אַרמֶנִית (נ)
armenio (adj)	ar'meni	אַרמֶנִי
Bielorrusia (f)	'belarus	בֶּלָרוּס (נ)
bielorruso (m)	bela'rusi	בֶּלָרוּסִי (ז)
bielorrusa (f)	bela'rusit	בֶּלָרוּסִית (נ)
bielorruso (adj)	byelo'rusi	בּיֶלוֹרוּסִי
Georgia (f)	'gruzya	גרוּזיָה (נ)
georgiano (m)	gru'zini	גרוּזִינִי (ז)
georgiana (f)	gru'zinit	גרוּזִינִית (נ)
georgiano (adj)	gru'zini	גרוּזִינִי
Kazajstán (m)	kazaχstan	קָזַחסטָן (נ)
kazajo (m)	ka'zaχi	קָזָחִי (ז)
kazaja (f)	ka'zaχit	קָזָחִית (נ)
kazajo (adj)	ka'zaχi	קָזָחִי
Kirguizistán (m)	kirgizstan	קירגִיזסטָן (נ)
kirguís (m)	kir'gizi	קירגִיזִי (ז)
kirguisa (f)	kir'gizit	קירגִיזִית (נ)
kirguís (adj)	kir'gizi	קירגִיזִי
Moldavia (f)	mol'davya	מוֹלדַביָה (נ)
moldavo (m)	mol'davi	מוֹלדָבִי (ז)

moldava (f)	mol'davit	מוֹלדָבִית (נ)
moldavo (adj)	mol'davi	מוֹלדָבִי
Rusia (f)	'rusya	רוּסיָה (נ)
ruso (m)	rusi	רוּסִי (ז)
rusa (f)	rusiya	רוּסִייָה (נ)
ruso (adj)	rusi	רוּסִי
Tayikistán (m)	tadʒikistan	טָג'יקִיסטָן (נ)
tayiko (m)	ta'dʒiki	טָג'יקִי (ז)
tayika (f)	ta'dʒikit	טָג'יקִית (נ)
tayiko (adj)	ta'dʒiki	טָג'יקִי
Turkmenia (f)	turkmenistan	טוּרקמֶנִיסטָן (נ)
turkmeno (m)	turk'meni	טוּרקמֶנִי (ז)
turkmena (f)	turk'menit	טוּרקמֶנִית (נ)
turkmeno (adj)	turk'meni	טוּרקמֶנִי
Uzbekistán (m)	uzbekistan	אוּזבֶּקִיסטָן (נ)
uzbeko (m)	uz'beki	אוּזבֶּקִי (ז)
uzbeka (f)	uz'bekit	אוּזבֶּקִית (נ)
uzbeko (adj)	uz'beki	אוּזבֶּקִי
Ucrania (f)	uk'rayna	אוּקרָאִינָה (נ)
ucraniano (m)	ukra'ʔini	אוּקרָאִינִי (ז)
ucraniana (f)	ukra'ʔinit	אוּקרָאִינִית (נ)
ucraniano (adj)	ukra'ʔini	אוּקרָאִינִי

237. Asia

Asia (f)	'asya	אַסיָה (נ)
asiático (adj)	as'yati	אַסייָתִי
Vietnam (m)	vyetnam	וייֶטנָאם (נ)
vietnamita (m)	vyet'nami	וייֶטנָאמִי (ז)
vietnamita (f)	vyet'namit	וייֶטנָאמִית (נ)
vietnamita (adj)	vyet'nami	וייֶטנָאמִי
India (f)	'hodu	הוֹדוּ (נ)
indio (m)	'hodi	הוֹדִי (ז)
india (f)	'hodit	הוֹדִית (נ)
indio (adj)	'hodi	הוֹדִי
Israel (m)	yisra'el	יִשׂרָאֵל (נ)
israelí (m)	yisra'eli	יִשׂרְאֵלִי (ז)
israelí (f)	yisra'elit	יִשׂרְאֵלִית (נ)
israelí (adj)	yisra'eli	יִשׂרְאֵלִי
hebreo (m)	yehudi	יְהוּדִי (ז)
hebrea (f)	yehudiya	יְהוּדִיָה (נ)
hebreo (adj)	yehudi	יְהוּדִי
China (f)	sin	סִין (נ)
chino (m)	'sini	סִינִי (נ)

china (f)	'sinit	סִינִית (נ)
chino (adj)	'sini	סִינִי
coreano (m)	korei"ani	קוֹרֵיאָנִי (ז)
coreana (f)	korei"anit	קוֹרֵיאָנִית (נ)
coreano (adj)	korei"ani	קוֹרֵיאָנִי
Líbano (m)	levanon	לְבָנוֹן (נ)
libanés (m)	leva'noni	לְבָנוֹנִי (ז)
libanesa (f)	leva'nonit	לְבָנוֹנִית (נ)
libanés (adj)	leva'noni	לְבָנוֹנִי
Mongolia (f)	mon'golya	מוֹנגוֹלִיָה (נ)
mongol (m)	mon'goli	מוֹנגוֹלִי (ז)
mongola (f)	mon'golit	מוֹנגוֹלִית (נ)
mongol (adj)	mon'goli	מוֹנגוֹלִי
Malasia (f)	ma'lezya	מָלֶזְיָה (נ)
malayo (m)	ma'la'i	מָלָאִי (ז)
malaya (f)	ma'la'it	מָלָאִית (נ)
malayo (adj)	ma'la'i	מָלָאִי
Pakistán (m)	pakistan	פָּקִיסטָן (נ)
pakistaní (m)	pakis'tani	פָּקִיסטָנִי (ז)
pakistaní (f)	pakis'tanit	פָּקִיסטָנִית (נ)
pakistaní (adj)	pakis'tani	פָּקִיסטָנִי
Arabia (f) Saudita	arav hasa'udit	עֲרָב הַסָעוּדִית (נ)
árabe (m)	aravi	עֲרָבִי (ז)
árabe (f)	araviya	עֲרָבִיָה (נ)
árabe (adj)	aravi	עֲרָבִי
Tailandia (f)	'tailand	תָאִילַנד (נ)
tailandés (m)	tai'landi	תָאִילַנדִי (ז)
tailandesa (f)	tai'landit	תָאִילַנדִית (נ)
tailandés (adj)	tai'landi	תָאִילַנדִי
Taiwán (m)	taivan	טַייוָואן (נ)
taiwanés (m)	tai'vani	טַייוָואנִי (ז)
taiwanesa (f)	tai'vanit	טַייוָואנִית (נ)
taiwanés (adj)	tai'vani	טַייוָואנִי
Turquía (f)	'turkiya	טוּרקִיָה (נ)
turco (m)	turki	טוּרקִי (ז)
turca (f)	turkiya	טוּרקִיָה (נ)
turco (adj)	turki	טוּרקִי
Japón (m)	yapan	יַפָּן (נ)
japonés (m)	ya'pani	יַפָּנִי (ז)
japonesa (f)	ya'panit	יַפָּנִית (נ)
japonés (adj)	ya'pani	יַפָּנִי
Afganistán (m)	afganistan	אַפגָנִיסטָן (נ)
Bangladesh (m)	banglade∫	בַּנגלָדֶש (נ)
Indonesia (f)	indo'nezya	אִינדוֹנֶזְיָה (נ)
Jordania (f)	yarden	יַרדֵן (נ)

Irak (m)	irak	עִירָאק (נ)
Irán (m)	iran	אִירָן (נ)
Camboya (f)	kam'bodya	קַמבּוֹדיָה (נ)
Kuwait (m)	kuveit	כּוּוֵית (נ)
Laos (m)	la'os	לָאוֹס (נ)
Myanmar (m)	miyanmar	מִיַאנמָר (נ)
Nepal (m)	nepal	נֶפָּאל (נ)
Emiratos (m pl) Árabes Unidos	iχud ha'emi'royot ha'araviyot	אִיחוּד הָאֶמִירוּיוֹת הַעֲרָבִיוֹת (ז)
Siria (f)	'surya	סוּרִיָה (נ)
Palestina (f)	falastin	פָלַסטִין (נ)
Corea (f) del Sur	ko'rei'a hadromit	קוֹרֵיאָה הַדרוֹמִית (נ)
Corea (f) del Norte	ko'rei'a hatsfonit	קוֹרֵיאָה הַצפוֹנִית (נ)

238. América del Norte

Estados Unidos de América (m pl)	artsot habrit	אַרצוֹת הַבּרִית (נ"ר)
americano (m)	ameri'ka'i	אֲמֶרִיקָאִי (ז)
americana (f)	ameri'ka'it	אֲמֶרִיקָאִית (נ)
americano (adj)	ameri'ka'i	אֲמֶרִיקָאִי
Canadá (f)	'kanada	קָנָדָה (נ)
canadiense (m)	ka'nadi	קָנָדִי (ז)
canadiense (f)	ka'nadit	קָנָדִית (נ)
canadiense (adj)	ka'nadi	קָנָדִי
Méjico (m)	'meksiko	מֶקסִיקוֹ (נ)
mejicano (m)	meksi'kani	מֶקסִיקָנִי (ז)
mejicana (f)	meksi'kanit	מֶקסִיקָנִית (נ)
mejicano (adj)	meksi'kani	מֶקסִיקָנִי

239. Centroamérica y Sudamérica

Argentina (f)	argen'tina	אַרגֶנטִינָה (נ)
argentino (m)	argentinai	אַרגֶנטִינָאִי (ז)
argentina (f)	argenti'na'it	אַרגֶנטִינָאִית (נ)
argentino (adj)	argenti'na'it	אַרגֶנטִינָאִי
Brasil (f)	brazil	בּרָזִיל (נ)
brasileño (m)	brazil'a'i	בּרָזִילָאִי (ז)
brasileña (f)	brazi'la'it	בּרָזִילָאִית (נ)
brasileño (adj)	brazi'la'i	בּרָזִילָאִי
Colombia (f)	ko'lombya	קוֹלוֹמבּיָה (נ)
colombiano (m)	kolom'byani	קוֹלוֹמבּיָאנִי (ז)
colombiana (f)	kolomb'yanit	קוֹלוֹמבּיָאנִית (נ)
colombiano (adj)	kolom'byani	קוֹלוֹמבּיָאנִי
Cuba (f)	'kuba	קוּבָּה (נ)
cubano (m)	ku'bani	קוּבָּנִי (ז)

cubana (f)	ku'banit	קוּבָּנִית (נ)
cubano (adj)	ku'bani	קוּבָּנִי
Chile (m)	'ʧile	צִ'ילֶה (נ)
chileno (m)	ʧili"ani	צִ'ילִיאָנִי (ז)
chilena (f)	ʧili"anit	צִ'ילִיאָנִית (נ)
chileno (adj)	ʧili"ani	צִ'ילִיאָנִי
Bolivia (f)	bo'livya	בּוֹלִיבְיָה (נ)
Venezuela (f)	venetsu"ela	וֶנֶצוּאֶלָה (נ)
Paraguay (m)	paragvai	פָּרַגווַאי (נ)
Perú (m)	peru	פֶּרוּ (נ)
Surinam (m)	surinam	סוּרִינָאם (נ)
Uruguay (m)	urugvai	אוּרוּגוַאי (נ)
Ecuador (m)	ekvador	אֶקווָדוֹר (נ)
Islas (f pl) Bahamas	iyey ba'hama	אִיֵי בָּהָאמָה (ז"ר)
Haití (m)	ha"iti	הָאִיטִי (נ)
República (f) Dominicana	hare'publika hadomeni'kanit	הָרֶפּוּבּלִיקָה הַדוֹמִינִיקָנִית (נ)
Panamá (f)	pa'nama	פָּנָמָה (נ)
Jamaica (f)	dʒa'maika	ג'מַייקָה (נ)

240. África

Egipto (m)	mits'rayim	מִצרַיִם (נ)
egipcio (m)	mitsri	מִצרִי (ז)
egipcia (f)	mitsriya	מִצרִייָה (נ)
egipcio (adj)	mitsri	מִצרִי
Marruecos (m)	ma'roko	מָרוֹקוֹ (נ)
marroquí (m)	maro'ka'i	מָרוֹקָאִי (ז)
marroquí (f)	maro'ka'it	מָרוֹקָאִית (נ)
marroquí (adj)	maro'ka'i	מָרוֹקָאִי
Túnez (m)	tu'nisya	טוּנִיסְיָה (נ)
tunecino (m)	tuni'sa'i	טוּנִיסָאִי (ז)
tunecina (f)	tuni'sa'it	טוּנִיסָאִית (נ)
tunecino (adj)	tuni'sa'i	טוּנִיסָאִי
Ghana (f)	'gana	גָאנָה (נ)
Zanzíbar (m)	zanzibar	זָנזִיבָּר (נ)
Kenia (f)	'kenya	קֶנִיָה (נ)
Libia (f)	luv	לוּב (נ)
Madagascar (m)	madagaskar	מָדָגַסקָר (ז)
Namibia (f)	na'mibya	נָמִיבְּיָה (נ)
Senegal	senegal	סֶנֶגָל (נ)
Tanzania (f)	tan'zanya	טַנזַניָה (נ)
República (f) Sudafricana	drom 'afrika	דרוֹם אַפרִיקָה (נ)
africano (m)	afri'ka'i	אַפרִיקָאִי (ז)
africana (f)	afri'ka'it	אַפרִיקָאִית (נ)
africano (adj)	afri'ka'i	אַפרִיקָאִי

241. Australia. Oceanía

Australia (f)	ost'ralya	אוֹסטרָלִיָה (נ)
australiano (m)	ost'rali	אוֹסטרָלִי (ז)
australiana (f)	ost'ralit	אוֹסטרָלִית (נ)
australiano (adj)	ost'rali	אוֹסטרָלִי
Nueva Zelanda (f)	nyu 'ziland	נְיוּ זִילַנד (נ)
neocelandés (m)	nyu zi'landi	נְיוּ זִילַנדִי (ז)
neocelandesa (f)	nyu zi'landit	נְיוּ זִילַנדִית (נ)
neocelandés (adj)	nyu zi'landi	נְיוּ זִילַנדִי
Tasmania (f)	tas'manya	טַסמַנִיָה (נ)
Polinesia (f) Francesa	poli'nezya hatsarfatit	פּוֹלִינֶזְיָה הַצָרְפָתִית (נ)

242. Las ciudades

Ámsterdam	'amsterdam	אַמסטֶרדָם (נ)
Ankara	ankara	אַנקָרָה (נ)
Atenas	a'tuna	אָתוּנָה (נ)
Bagdad	bagdad	בַּגדָד (נ)
Bangkok	bangkok	בַּנגקוֹק (נ)
Barcelona	bartse'lona	בַּרצֶלוֹנָה (נ)
Beirut	beirut	בֵּירוּת (נ)
Berlín	berlin	בֶּרלִין (נ)
Bombay	bombei	בּוֹמבַּי (נ)
Bonn	bon	בּוֹן (נ)
Bratislava	bratis'lava	בּרָטִיסלָאבָה (נ)
Bruselas	brisel	בּרִיסֶל (נ)
Bucarest	'bukareʃt	בּוּקָרֶשט (נ)
Budapest	'budapeʃt	בּוּדָפֶּשט (נ)
Burdeos	bordo	בּוֹרדוֹ (נ)
El Cairo	kahir	קָהִיר (נ)
Calcuta	kol'kata	קוֹלקָטָה (נ)
Chicago	ʃi'kago	שִיקָאגוֹ (נ)
Copenhague	kopen'hagen	קוֹפֶּנהָגֶן (נ)
Dar-es-Salam	dar e salam	דָאר אֶ־סַלָאם (נ)
Delhi	'delhi	דֶלהִי (נ)
Dubai	dubai	דוּבַּאי (נ)
Dublín	'dablin	דַבּלִין (נ)
Dusseldorf	'diseldorf	דִיסֶלדוֹרף (נ)
Estambul	istanbul	אִיסטַנבּוּל (נ)
Estocolmo	'stokholm	סטוֹקהוֹלם (נ)
Florencia	fi'rentse	פִירֶנצֶה (נ)
Fráncfort del Meno	'frankfurt	פרַנקפוּרט (נ)
Ginebra	dʒe'neva	גֶ'נֶבָה (נ)
La Habana	ha'vana	הָוָואנָה (נ)
Hamburgo	'hamburg	הַמבּוּרג (נ)

Hanói	hanoi	הָאנוֹי (נ)
La Haya	hag	הָאג (נ)
Helsinki	'helsinki	הֶלסִינקִי (נ)
Hiroshima	hiro'ʃima	הִירוֹשִימָה (נ)
Hong Kong (m)	hong kong	הונג קונג (נ)
Jerusalén	yeruʃa'layim	יְרוּשָלַיִם (נ)
Kiev	'kiyev	קִייֶב (נ)
Kuala Lumpur	ku"ala lumpur	קוּאָלָה לוּמפּוּר (נ)
Lisboa	lisbon	לִיסבּוֹן (נ)
Londres	'london	לוֹנדוֹן (נ)
Los Ángeles	los 'andʒeles	לוֹס אַנגֶ'לֶס (נ)
Lyon	li'on	לִיאוֹן (נ)
Madrid	madrid	מַדרִיד (נ)
Marsella	marsei	מַרסֵי (נ)
Méjico	'meksiko 'siti	מֶקסִיקוֹ סִיטִי (נ)
Miami	ma'yami	מָיָאמִי (נ)
Montreal	montri'ol	מוֹנטרִיאוֹל (נ)
Moscú	'moskva	מוֹסקבָה (נ)
Munich	'minχen	מִינכֶן (נ)
Nairobi	nai'robi	נַיירוֹבִּי (נ)
Nápoles	'napoli	נָפּוֹלִי (נ)
Niza	nis	נִיס (נ)
Nueva York	nyu york	ניו יוֹרק (נ)
Oslo	'oslo	אוֹסלוֹ (נ)
Ottawa	'otava	אוֹטָווָה (נ)
París	pariz	פָּרִיז (נ)
Pekín	beidʒing	בֵּייגִ'ינג (נ)
Praga	prag	פּרָאג (נ)
Río de Janeiro	'riyo de ʒa'nero	רִיוֹ דֶה זָ'נֵרוֹ (נ)
Roma	'roma	רוֹמָא (נ)
San Petersburgo	sant 'petersburg	סָנט פֶּטֶרסבּוּרג (נ)
Seúl	se'ul	סֶאוּל (נ)
Shanghái	ʃanχai	שַנחַאי (נ)
Singapur	singapur	סִינגָפּוּר (נ)
Sydney	'sidni	סִידנִי (נ)
Taipei	taipe	טַייפֶּה (נ)
Tokio	'tokyo	טוֹקיוֹ (נ)
Toronto	to'ronto	טוֹרוֹנטוֹ (נ)
Varsovia	'varʃa	וַרשָה (נ)
Venecia	ve'netsya	וֶנֶציָה (נ)
Viena	'vina	וִינָה (נ)
Washington	'voʃington	ווֹשִינגטוֹן (נ)

243. La política. El gobierno. Unidad 1

política (f)	po'litika	פּוֹלִיטִיקָה (נ)
político (adj)	po'liti	פּוֹלִיטִי

político (m)	politikai	פּוֹלִיטִיקָאי (ז)
Estado (m)	medina	מְדִינָה (נ)
ciudadano (m)	ezraχ	אֶזרָח (ז)
ciudadanía (f)	ezraχut	אֶזרָחוּת (נ)
escudo (m) nacional	'semel le'umi	סֶמֶל לְאוּמִי (ז)
himno (m) nacional	himnon le'umi	הִמנוֹן לְאוּמִי (ז)
gobierno (m)	memʃala	מֶמשָׁלָה (נ)
jefe (m) de estado	roʃ medina	רֹאשׁ מְדִינָה (ז)
parlamento (m)	parlament	פַּרלָמֶנט (ז)
partido (m)	miflaga	מִפלָגָה (נ)
capitalismo (m)	kapitalizm	קַפִּיטָלִיזם (ז)
capitalista (adj)	kapita'listi	קַפִּיטָלִיסטִי
socialismo (m)	sotsyalizm	סוֹצִיָאלִיזם (ז)
socialista (adj)	sotsya'listi	סוֹצִיָאלִיסטִי
comunismo (m)	komunizm	קוֹמוּנִיזם (ז)
comunista (adj)	komu'nisti	קוֹמוּנִיסטִי
comunista (m)	komunist	קוֹמוּנִיסט (ז)
democracia (f)	demo'kratya	דֶמוֹקרַטיָה (נ)
demócrata (m)	demokrat	דֶמוֹקרָט (ז)
democrático (adj)	demo'krati	דֶמוֹקרָטִי
partido (m) democrático	miflaga demo'kratit	מִפלָגָה דֶמוֹקרָטִית (נ)
liberal (m)	libe'rali	לִיבֶּרָלִי (ז)
liberal (adj)	libe'rali	לִיבֶּרָלִי
conservador (m)	ʃamran	שַׁמרָן (ז)
conservador (adj)	ʃamrani	שַׁמרָנִי
república (f)	re'publika	רֶפּוּבּלִיקָה (נ)
republicano (m)	republi'kani	רֶפּוּבּלִיקָנִי (ז)
partido (m) republicano	miflaga republi'kanit	מִפלָגָה רֶפּוּבּלִיקָנִית (נ)
elecciones (f pl)	bχirot	בּחִירוֹת (נ"ר)
elegir (vi)	livχor	לִבחוֹר
elector (m)	matsʼbiʿa	מַצבִּיעַ (ז)
campaña (f) electoral	masa bχirot	מַסָע בּחִירוֹת (ז)
votación (f)	hatsbaʿa	הַצבָּעָה (נ)
votar (vi)	lehatsʼbiʿa	לְהַצבִּיעַ
derecho (m) a voto	zχut hatsbaʿa	זכוּת הַצבָּעָה (נ)
candidato (m)	muʿamad	מוּעֲמָד (ז)
presentar su candidatura	lehatsig muʿamadut	לְהַצִיג מוּעֲמָדוּת
campaña (f)	masa	מַסָע (ז)
de oposición (adj)	opozitsyoni	אוֹפּוֹזִיצִיוֹנִי
oposición (f)	opo'zitsya	אוֹפּוֹזִיצִיָה (נ)
visita (f)	bikur	בִּיקוּר (ז)
visita (f) oficial	bikur riʃmi	בִּיקוּר רִשמִי (ז)
internacional (adj)	benleʼumi	בֵּינלְאוּמִי

negociaciones (f pl)	masa umatan	מַשָׂא וּמַתָּן (ז)
negociar (vi)	laset velatet	לָשֵׂאת וְלָתֵת

244. La política. El gobierno. Unidad 2

sociedad (f)	χevra	חֶברָה (נ)
constitución (f)	χuka	חוּקָה (נ)
poder (m)	ʃilton	שִׁלטוֹן (ז)
corrupción (f)	ʃχitut	שחִיתוּת (נ)
ley (f)	χok	חוֹק (ז)
legal (adj)	χuki	חוּקִי
justicia (f)	'tsedek	צֶדֶק (ז)
justo (adj)	tsodek	צוֹדֵק
comité (m)	'vaʿad	וַעַד (ז)
proyecto (m) de ley	hatsaʿat χok	הַצָעַת חוֹק (נ)
presupuesto (m)	taktsiv	תַקצִיב (ז)
política (f)	mediniyut	מְדִינִיוּת (נ)
reforma (f)	re'forma	רֶפוֹרמָה (נ)
radical (adj)	radi'kali	רָדִיקָלִי
potencia (f) (~ militar, etc.)	otsma	עוֹצמָה (נ)
poderoso (adj)	rav 'koaχ	רַב־כּוֹחַ
partidario (m)	tomeχ	תוֹמֵך (ז)
influencia (f)	haʃpaʿa	הַשפָּעָה (נ)
régimen (m)	miʃtar	מִשטָר (ז)
conflicto (m)	siχsuχ	סִכסוּך (ז)
complot (m)	'keʃer	קֶשֶר (ז)
provocación (f)	provo'katsya, hitgarut	פרוֹבוֹקַציָה, הִתגָרוּת (נ)
derrocar (al régimen)	leha'diaχ	לְהַדִיחַ
derrocamiento (m)	hadaχa mikes malχut	הֲדָחָה מִכֵּס מַלכוּת (נ)
revolución (f)	mahapeχa	מַהפֵּכָה (נ)
golpe (m) de estado	hafiχa	הֲפִיכָה (נ)
golpe (m) militar	mahapaχ tsva'i	מַהֲפָך צבָאִי (ז)
crisis (m)	maʃber	מַשבֵּר (ז)
recesión (f) económica	mitun kalkali	מִיתוּן כַּלכָּלִי (ז)
manifestante (m)	mafgin	מַפגִין (ז)
manifestación (f)	hafgana	הַפגָנָה (נ)
ley (m) marcial	miʃtar tsva'i	מִשטָר צבָאִי (ז)
base (f) militar	basis tsva'i	בָּסִיס צבָאִי (ז)
estabilidad (f)	yatsivut	יַצִיבוּת (נ)
estable (adj)	yatsiv	יַצִיב
explotación (f)	nitsul	נִיצוּל (ז)
explotar (vt)	lenatsel	לְנַצֵל
racismo (m)	gizʿanut	גִזעָנוּת (נ)
racista (m)	gizʿani	גִזעָנִי (ז)

| fascismo (m) | faʃizm | פָשִׂיזם (ז) |
| fascista (m) | faʃist | פָשִׂיסט (ז) |

245. Los países. Miscelánea

extranjero (m)	zar	זָר (ז)
extranjero (adj)	zar	זָר
en el extranjero	beχul	בְּחוּ"ל

emigrante (m)	mehager	מְהַגֵּר (ז)
emigración (f)	hagira	הֲגִירָה (נ)
emigrar (vi)	lehager	לְהַגֵּר

Oeste (m)	maʿarav	מַעֲרָב (ז)
Este (m)	mizraχ	מִזרָח (ז)
Extremo Oriente (m)	hamizraχ haraχok	הַמִזרָח הָרָחוֹק (ז)

civilización (f)	ʦivili'zaʦya	צִיבִילִיזַציָה (נ)
humanidad (f)	enoʃut	אֱנוֹשוּת (נ)
mundo (m)	olam	עוֹלָם (ז)
paz (f)	ʃalom	שָלוֹם (ז)
mundial (adj)	olami	עוֹלָמִי

patria (f)	mo'ledet	מוֹלֶדֶת (נ)
pueblo (m)	am	עַם (ז)
población (f)	oχlusiya	אוֹכלוּסִיָה (נ)
gente (f)	anaʃim	אֲנָשִים (ז"ר)
nación (f)	uma	אוּמָה (נ)
generación (f)	dor	דוֹר (ז)
territorio (m)	'ʃetaχ	שֶטַח (ז)
región (m)	ezor	אָזוֹר (ז)
estado (m) (parte de un país)	medina	מְדִינָה (נ)

tradición (f)	ma'soret	מָסוֹרֶת (נ)
costumbre (f)	minhag	מִנהָג (ז)
ecología (f)	eko'logya	אֶקוֹלוֹגִיָה (נ)

indio (m)	ind'yani	אִינדִיאָנִי (ז)
gitano (m)	ʦoʿani	צוֹעֲנִי (ז)
gitana (f)	tsoʿaniya	צוֹעֲנִיָה (נ)
gitano (adj)	ʦoʿani	צוֹעֲנִי

imperio (m)	im'perya	אִימפֶּריָה (נ)
colonia (f)	ko'lonya	קוֹלוֹנִיָה (נ)
esclavitud (f)	avdut	עַבדוּת (נ)
invasión (f)	pliʃa	פּלִישָה (נ)
hambruna (f)	'raʿav	רָעָב (ז)

246. Grupos religiosos principales. Las confesiones

| religión (f) | dat | דָת (נ) |
| religioso (adj) | dati | דָתִי |

creencia (f)	emuna	אֱמוּנָה (נ)
creer (en Dios)	lehaʾamin	לְהַאֲמִין
creyente (m)	maʾamin	מַאֲמִין
ateísmo (m)	ateʾizm	אָתֵאִיזם (ז)
ateo (m)	ateʾist	אָתֵאִיסט (ז)
cristianismo (m)	natsrut	נַצרוּת (נ)
cristiano (m)	notsri	נוֹצרִי (ז)
cristiano (adj)	notsri	נוֹצרִי
catolicismo (m)	kaʿtoliyut	קָתוֹלִיוּת (נ)
católico (m)	ka'toli	קָתוֹלִי (ז)
católico (adj)	ka'toli	קָתוֹלִי
protestantismo (m)	protes'tantiyut	פרוֹטֶסטַנטִיוּת (נ)
Iglesia (f) Protestante	knesiya protes'tantit	כְּנֵסִייָה פרוֹטֶסטַנטִית (נ)
protestante (m)	protestant	פרוֹטֶסטַנט (ז)
Ortodoxia (f)	natsrut orto'doksit	נַצרוּת אוֹרתוֹדוֹקסִית (נ)
Iglesia (f) Ortodoxa	knesiya orto'doksit	כְּנֵסִייָה אוֹרתוֹדוֹקסִית (נ)
ortodoxo (m)	orto'doksi	אוֹרתוֹדוֹקסִי
Presbiterianismo (m)	presbiteryanizm	פְּרֶסבִּיטֶרְיָאנִיזם (ז)
Iglesia (f) Presbiteriana	knesiya presviteri"anit	כְּנֵסִייָה פְּרֶסבִּיטֶרִיאַנִית (נ)
presbiteriano (m)	presbiter'yani	פְּרֶסבִּיטֶרְיָאנִי (ז)
Iglesia (f) Luterana	knesiya lute'ranit	כְּנֵסִייָה לוּתֶרָנִית (נ)
luterano (m)	lute'rani	לוּתֶרָנִי (ז)
Iglesia (f) Bautista	knesiya bap'tistit	כְּנֵסִייָה בַּפּטִיסטִית (נ)
bautista (m)	baptist	בַּפּטִיסט (ז)
Iglesia (f) Anglicana	knesiya angli'kanit	כְּנֵסִייָה אַנגלִיקָנִית (נ)
anglicano (m)	angli'kani	אַנגלִיקָנִי (ז)
mormonismo (m)	mor'monim	מוֹרמוֹנִים (ז)
mormón (m)	mormon	מוֹרמוֹן (ז)
judaísmo (m)	yahadut	יַהֲדוּת (נ)
judío (m)	yehudi, yehudiya	יְהוּדִי (ז), יְהוּדִיָה (נ)
Budismo (m)	budhizm	בּוּדהִיזם (ז)
budista (m)	budhist	בּוּדהִיסט (ז)
Hinduismo (m)	hinduʾizm	הִינדוּאִיזם (ז)
hinduista (m)	'hindi	הִינדִי (ז)
Islam (m)	islam	אִיסלָאם (ז)
musulmán (m)	'muslemi	מוּסלְמִי (ז)
musulmán (adj)	'muslemi	מוּסלְמִי
chiísmo (m)	islam 'ʃiʿi	אִסלָאם שִיעִי (ז)
chiita (m)	'ʃiʿi	שִיעִי (ז)
sunismo (m)	islam 'suni	אִסלָאם סוּנִי (ז)
suní (m, f)	'suni	סוּנִי (ז)

247. Las religiones. Los sacerdotes

sacerdote (m)	'komer	כּוֹמֶר (ז)
Papa (m)	apifyor	אַפִּיפִיוֹר (ז)
monje (m)	nazir	נָזִיר (ז)
monja (f)	nazira	נְזִירָה (נ)
pastor (m)	'komer	כּוֹמֶר (ז)
abad (m)	roʃ minzar	רֹאשׁ מִנזָר (ז)
vicario (m)	'komer hakehila	כּוֹמֶר הַקְהִילָה (ז)
obispo (m)	'biʃof	בִּישׁוֹף (ז)
cardenal (m)	χaʃman	חַשׁמָן (ז)
predicador (m)	matif	מַטִיף (ז)
prédica (f)	hatafa, draʃa	הַטָפָה, דרָשָׁה (נ)
parroquianos (m pl)	χaver kehila	חָבֵר קְהִילָה (ז)
creyente (m)	ma'amin	מַאֲמִין (ז)
ateo (m)	ate'ist	אָתֵאִיסט (ז)

248. La fé. El cristianismo. El islamismo

Adán	adam	אָדָם
Eva	χava	חַוָה
Dios (m)	elohim	אֱלוֹהִים
Señor (m)	adonai	אֲדוֹנָי
el Todopoderoso	kol yaχol	כָּל יָכוֹל
pecado (m)	χet	חֵטא (ז)
pecar (vi)	laχato	לַחֲטוֹא
pecador (m)	χote	חוֹטֵא (ז)
pecadora (f)	χo'ta'at	חוֹטֵאת (נ)
infierno (m)	gehinom	גֵיהִינוֹם (ז)
paraíso (m)	gan 'eden	גַן עֵדֶן (ז)
Jesús	'yeʃu	יֵשׁוּ
Jesucristo (m)	'yeʃu hanotsri	יֵשׁוּ הַנוֹצְרִי
Espíritu (m) Santo	'ruaχ ha'kodeʃ	רוּחַ הַקוֹדֶשׁ (נ)
el Salvador	mo'ʃi'a	מוֹשִׁיעַ (ז)
la Virgen María	'miryam hakdoʃa	מִרְיָם הַקדוֹשָׁה
diablo (m)	satan	שָׂטָן (ז)
diabólico (adj)	stani	שׂטָנִי
Satán (m)	satan	שָׂטָן (ז)
satánico (adj)	stani	שׂטָנִי
ángel (m)	mal'aχ	מַלאָך (ז)
ángel (m) custodio	mal'aχ ʃomer	מַלאָך שוֹמֵר (ז)
angelical (adj)	mal'aχi	מַלאָכִי

apóstol (m)	ʃa'liaχ	שָׁלִיחַ (ז)
arcángel (m)	arχimalaχ	אַרְכִימַלְאָךְ (ז)
anticristo (m)	an'tikrist	אַנְטִיכּרִיסט (ז)
Iglesia (f)	knesiya	כְּנֵסִייָה (נ)
Biblia (f)	tanaχ	תַּנַ"ךְ (ז)
bíblico (adj)	tanaχi	תַּנַ"כִי
Antiguo Testamento (m)	habrit hayeʃana	הַבּרִית הַיְשָׁנָה (נ)
Nuevo Testamento (m)	habrit haχadaʃa	הַבּרִית הַחֲדָשָׁה (נ)
Evangelio (m)	evangelyon	אֶוַונְגֶלִיוֹן (ז)
Sagrada Escritura (f)	kitvei ha'kodeʃ	כִּתבֵי הַקוֹדֶשׁ (ז"ר)
cielo (m)	malχut ʃa'mayim, gan 'eden	מַלכוּת שָׁמַיִים (נ), גַן עֵדֶן (ז)
mandamiento (m)	mitsva	מִצווָה (נ)
profeta (m)	navi	נָבִיא (ז)
profecía (f)	nevu'a	נְבוּאָה (נ)
Alá	'alla	אַלְלָה
Mahoma	mu'χamad	מוּחַמַד
Corán (m)	kur'an	קוּרְאָן (ז)
mezquita (f)	misgad	מִסגָד (ז)
mulá (m), mullah (m)	'mula	מוּלָא (ז)
oración (f)	tfila	תְפִילָה (נ)
orar (vi)	lehitpalel	לְהִתפַּלֵל
peregrinación (f)	aliya le'regel	עֲלִיָה לְרֶגֶל (נ)
peregrino (m)	tsalyan	צַלִיָין (ז)
La Meca	'meka	מֶכָּה (נ)
iglesia (f)	knesiya	כְּנֵסִייָה (נ)
templo (m)	mikdaʃ	מִקדָשׁ (ז)
catedral (f)	kated'rala	קָתֶדרָלָה (נ)
gótico (adj)	'goti	גוֹתִי
sinagoga (f)	beit 'kneset	בֵּית כְּנֶסֶת (ז)
mezquita (f)	misgad	מִסגָד (ז)
capilla (f)	beit tfila	בֵּית תְפִילָה (ז)
abadía (f)	minzar	מִנזָר (ז)
convento (m)	minzar	מִנזָר (ז)
monasterio (m)	minzar	מִנזָר (ז)
campana (f)	pa'amon	פַּעֲמוֹן (ז)
campanario (m)	migdal pa'amonim	מִגדַל פַּעֲמוֹנִים (ז)
sonar (vi)	letsaltsel	לְצַלצֵל
cruz (f)	tslav	צלָב (ז)
cúpula (f)	kipa	כִּיפָּה (נ)
icono (m)	ikonin	אִיקוֹנִין (ז)
alma (f)	neʃama	נְשָׁמָה (נ)
destino (m)	goral	גוֹרָל (ז)
maldad (f)	'ro'a	רוֹעַ (ז)
bien (m)	tuv	טוּב (ז)
vampiro (m)	arpad	עַרפָּד (ז)

bruja (f)	maχʃefa	מְכַשֵּׁפָה (נ)
demonio (m)	ʃed	שֵׁד (ז)
espíritu (m)	'ruaχ	רוּחַ (נ)
redención (f)	kapara	כַּפָּרָה (נ)
redimir (vt)	leχaper al	לְכַפֵּר עַל
culto (m), misa (f)	'misa	מִיסָה (נ)
decir misa	laˁaroχ 'misa	לַעֲרוֹך מִיסָה
confesión (f)	vidui	וִידוּי (ז)
confesarse (vr)	lehitvadot	לְהִתוַודוֹת
santo (m)	kadoʃ	קָדוֹשׁ (ז)
sagrado (adj)	mekudaʃ	מְקוּדָשׁ
agua (f) santa	'mayim kdoʃim	מַיִם קדוֹשִׁים (ז"ר)
rito (m)	'tekes	טֶקֶס (ז)
ritual (adj)	ʃel 'tekes	שֶׁל טֶקֶס
sacrificio (m)	korban	קוֹרבָּן (ז)
superstición (f)	emuna tfela	אֱמוּנָה תפֵלָה (נ)
supersticioso (adj)	ma'amin emunot tfelot	מַאֲמִין אֱמוּנוֹת תפֵלוֹת
vida (f) de ultratumba	haˁolam haba	הָעוֹלָם הַבָּא (ז)
vida (f) eterna	χayei olam, χayei 'netsaχ	חַיֵי עוֹלָם (ז"ר), חַיֵי נֶצַח (ז"ר)

MISCELÁNEA

249. Varias palabras útiles

alto (m) (descanso)	hafsaka	הַפסָקָה (נ)
ayuda (f)	ezra	עֶזרָה (נ)
balance (m)	izun	אִיזוּן (ז)
barrera (f)	miχʃol	מִכשוֹל (ז)
base (f) (~ científica)	basis	בָּסִיס (ז)
categoría (f)	kate'gorya	קָטֵגוֹריָה (נ)
causa (f)	siba	סִיבָּה (נ)
coincidencia (f)	hatʾama	הַתאָמָה (נ)
comienzo (m) (principio)	hatχala	הַתחָלָה (נ)
comparación (f)	haʃvaʾa	הַשווָאָה (נ)
compensación (f)	piʦui	פִּיצוּי (ז)
confortable (adj)	'noaχ	נוֹחַ
cosa (f) (objeto)	'χefeʦ	חֵפֶץ (ז)
crecimiento (m)	gidul	גִידוּל (ז)
desarrollo (m)	hitpatχut	הִתפַּתחוּת (נ)
diferencia (f)	'ʃoni	שוֹנִי (ז)
efecto (m)	efekt	אֶפֶקט (ז)
ejemplo (m)	dugma	דוּגמָה (נ)
elección (f)	bχina	בּחִינָה (נ)
elemento (m)	element	אֶלֶמֶנט (ז)
error (m)	taʿut	טָעוּת (נ)
esfuerzo (m)	maʾamaʦ	מַאֲמָץ (ז)
estándar (adj)	tikni	תִקנִי
estándar (m)	'teken	תֶקֶן (ז)
estilo (m)	signon	סִגנוֹן (ז)
fin (m)	sof	סוֹף (ז)
fondo (m) (color de ~)	'reka	רֶקַע (ז)
forma (f) (contorno)	ʦura	צוּרָה (נ)
frecuente (adj)	tadir	תָדִיר
grado (m) (en mayor ~)	darga	דַרגָה (נ)
hecho (m)	uvda	עוּבדָה (נ)
ideal (m)	ideʾal	אִידֵיאָל (ז)
laberinto (m)	mavoχ	מָבוֹך (ז)
modo (m) (de otro ~)	'ofen	אוֹפֶן (ז)
momento (m)	'rega	רֶגַע (ז)
objeto (m)	'eʦem	עֶצֶם (ז)
obstáculo (m)	maχsom	מַחסוֹם (ז)
original (m)	makor	מָקוֹר (ז)
parte (f)	'χelek	חֵלֶק (ז)

partícula (f)	χelkik	חֶלקִיק (ז)
pausa (f)	hafuga	הַפוּגָה (נ)
posición (f)	emda	עֶמדָה (נ)
principio (m) (tener por ~)	ikaron	עִיקָרוֹן (ז)
problema (m)	be'aya	בְּעָיָה (נ)
proceso (m)	tahaliχ	תַהֲלִיך (ז)
progreso (m)	kidma	קִדמָה (נ)
propiedad (f) (cualidad)	tχuna, sgula	תכוּנָה, סגוּלָה (נ)
reacción (f)	tguva	תגוּבָה (נ)
riesgo (m)	sikun	סִיכּוּן (ז)
secreto (m)	sod	סוֹד (ז)
serie (f)	sidra	סִדרָה (נ)
sistema (m)	ʃita	שִיטָה (נ)
situación (f)	maʦav	מַצָב (ז)
solución (f)	pitaron	פִּיתָרוֹן (ז)
tabla (f) (~ de multiplicar)	tavla	טַבלָה (נ)
tempo (m) (ritmo)	'keʦev	קֶצֶב (ז)
término (m)	musag	מוּשָׂג (ז)
tipo (m) (~ de deportes)	sug	סוּג (ז)
tipo (m) (no es mi ~)	min	מִין (ז)
turno (m) (esperar su ~)	tor	תוֹר (ז)
urgente (adj)	daχuf	דָחוּף
urgentemente	bidχifut	בִּדחִיפוּת
utilidad (f)	to''elet	תוֹעֶלֶת (נ)
variante (f)	girsa	גִירסָה (נ)
verdad (f)	emet	אֱמֶת (נ)
zona (f)	ezor	אֵזוֹר (ז)

250. Los modificadores. Los adjetivos. Unidad 1

abierto (adj)	pa'tuaχ	פָּתוּחַ
adicional (adj)	nosaf	נוֹסָף
agradable (~ voz)	na'im	נָעִים
agradecido (adj)	asir toda	אָסִיר תוֹדָה
agrio (sabor ~)	χamuʦ	חָמוּץ
agudo (adj)	χad	חַד
alegre (adj)	sa'meaχ	שָׂמֵחַ
amargo (adj)	marir	מָרִיר
amplio (~a habitación)	meruvaχ	מְרוּוָח
ancho (camino ~)	raχav	רָחָב
antiguo (adj)	atik	עַתִיק
apretado (falda ~a)	ʦar	צַר
arriesgado (adj)	mesukan	מְסוּכָּן
artificial (adj)	melaχuti	מְלָאכוּתִי
azucarado (adj)	matok	מָתוֹק
bajo (voz ~a)	ʃaket	שָקֵט

barato (adj)	zol	זוֹל
bello (hermoso)	yafe	יָפֶה
blando (adj)	raχ	רַך
bronceado (adj)	ʃazuf	שָזוּף
bueno (de buen corazón)	tov	טוֹב
bueno (un libro, etc.)	tov	טוֹב
caliente (adj)	χam	חַם
calmo, tranquilo	ʃaket	שָקֵט
cansado (adj)	ayef	עָיֵיף
cariñoso (un padre ~)	do'eg	דוֹאֵג
caro (adj)	yakar	יָקָר
central (adj)	merkazi	מֶרכָּזִי
cerrado (adj)	sagur	סָגוּר
ciego (adj)	iver	עִיווֵר
civil (derecho ~)	ezraχi	אֶזרָחִי
clandestino (adj)	maχtarti	מַחתַרתִי
claro (color)	bahir	בָּהִיר
claro (explicación, etc.)	barur	בָּרוּר
compatible (adj)	to'em	תוֹאֵם
congelado (pescado ~)	kafu	קָפוּא
conjunto (decisión ~a)	meʃutaf	מְשוּתָף
considerable (adj)	χaʃuv	חָשוּב
contento (adj)	merutse	מְרוּצֶה
continuo (adj)	memuʃaχ	מְמוּשָך
continuo (incesante)	mitmaʃeχ	מִתמַשֵך
conveniente (apto)	mat'im	מַתאִים
correcto (adj)	naχon	נָכוֹן
cortés (adj)	menumas	מְנוּמָס
corto (adj)	katsar	קָצָר
crudo (huevos ~s)	χai	חַי
de atrás (adj)	aχorani	אֲחוֹרָנִי
de corta duración (adj)	katsar	קָצָר
de segunda mano	meʃumaʃ	מְשוּמָש
delgado (adj)	raze	רָזֶה
demasiado magro	raze	רָזֶה
denso (~a niebla)	tsafuf	צָפוּף
derecho (adj)	yemani	יְמָנִי
diferente (adj)	ʃone	שוֹנֶה
difícil (decisión)	kaʃe	קָשֶה
difícil (problema ~)	mesubaχ	מְסוּבָּך
distante (adj)	raχok	רָחוֹק
dulce (agua ~)	metukim	מְתוּקִים
duro (material, etc.)	kaʃe	קָשֶה
el más alto	haga'voha beyoter	הַגָבוֹהַ בְּיוֹתֵר
el más importante	haχaʃuv beyoter	הֶחָשוּב בְּיוֹתֵר
el más próximo	hakarov beyoter	הַקָרוֹב בְּיוֹתֵר
enfermo (adj)	χole	חוֹלֶה

enorme (adj)	anaki	עֲנָקִי
entero (adj)	ʃalem	שָׁלֵם
especial (adj)	meyuχad	מְיוּחָד
espeso (niebla ~a)	samuχ	סָמוּך
estrecho (calle, etc.)	tsar	צַר
exacto (adj)	meduyak	מְדוּיָק
excelente (adj)	metsuyan	מְצוּיָן
excesivo (adj)	meyutar	מְיוּתָר
exterior (adj)	χitsoni	חִיצוֹנִי
extranjero (adj)	zar	זָר
fácil (adj)	kal	קַל
fatigoso (adj)	meʿayef	מְעַייֵף
feliz (adj)	meʾuʃar	מְאוּשָׁר
fértil (la tierra ~)	pore	פּוֹרֶה
frágil (florero, etc.)	ʃavir	שָׁבִיר
fresco (está ~ hoy)	karir	קָרִיר
fresco (pan, etc.)	tari	טָרִי
frío (bebida ~a, etc.)	kar	קַר
fuerte (~ voz)	ram	רָם
fuerte (adj)	χazak	חָזָק
grande (en dimensiones)	gadol	גָדוֹל
graso (alimento ~)	ʃamen	שָׁמֵן
gratis (adj)	χinam	חִינָם
grueso (muro, etc.)	ave	עָבֶה
hambriento (adj)	raʿev	רָעֵב
hermoso (~ palacio)	mefoʾar	מְפוֹאָר
hostil (adj)	oyen	עוֹיֵן
húmedo (adj)	laχ	לַח
igual, idéntico (adj)	zehe	זֶהֶה
importante (adj)	χaʃuv	חָשוּב
imposible (adj)	'bilti efʃari	בִּלתִי אֶפשָׁרִי
imprescindible (adj)	naχuts	נָחוּץ
indescifrable (adj)	'bilti muvan	בִּלתִי מוּבָן
infantil (adj)	yaldi	יַלדִי
inmóvil (adj)	χasar tnuʿa	חֲסַר תנוּעָה
insignificante (adj)	χasar χaʃivut	חֲסַר חֲשִיבוּת
inteligente (adj)	pi'keaχ	פִּיקֵחַ
interior (adj)	pnimi	פּנִימִי
izquierdo (adj)	smali	שׂמָאלִי
joven (adj)	tsaʿir	צָעִיר

251. Los modificadores. Los adjetivos. Unidad 2

largo (camino)	aroχ	אָרוֹך
legal (adj)	χuki	חוּקִי
lejano (adj)	raχok	רָחוֹק

libre (acceso ~)	χofʃi	חוֹפשִׁי
ligero (un metal ~)	kal	קַל
limitado (adj)	mugbal	מוּגבָּל
limpio (camisa ~)	naki	נָקִי
líquido (adj)	nozli	נוֹזלִי
liso (piel, pelo, etc.)	χalak	חָלָק
lleno (adj)	male	מָלֵא
maduro (fruto, etc.)	baʃel	בָּשֵׁל
malo (adj)	ra	רַע
mas próximo	karov	קָרוֹב
mate (sin brillo)	mat	מַט
meticuloso (adj)	kapdani	קַפּדָנִי
miope (adj)	ktsar re'iya	קצַר רְאִייָה
misterioso (adj)	mistori	מִסתוֹרִי
mojado (adj)	ratuv	רָטוּב
moreno (adj)	ʃaχum	שָׁחוּם
muerto (adj)	met	מֵת
natal (país ~)	ʃel mo'ledet	שֶׁל מוֹלֶדֶת
necesario (adj)	daruʃ	דָרוּש
negativo (adj)	ʃlili	שלִילִי
negligente (adj)	meruʃal	מְרוּשָׁל
nervioso (adj)	atsbani	עַצבָּנִי
no difícil (adj)	lo kaʃe	לא קָשֶׁה
no muy grande (adj)	lo gadol	לא גָדוֹל
normal (adj)	nor'mali	נוֹרמָלִי
nuevo (adj)	χadaʃ	חָדָש
obligatorio (adj)	heχreχi	הֶכרֵחִי
opuesto (adj)	negdi	נֶגדִי
ordinario (adj)	ragil	רָגִיל
original (inusual)	mekori	מְקוֹרִי
oscuro (cuarto ~)	χaʃuχ	חָשוּך
pasado (tiempo ~)	ʃe'avar	שֶׁעָבַר
peligroso (adj)	mesukan	מְסוּכָּן
pequeño (adj)	katan	קָטָן
perfecto (adj)	metsuyan	מְצוּיָן
permanente (adj)	ka'vu'a	קָבוּעַ
personal (adj)	prati	פּרָטִי
pesado (adj)	kaved	כָּבֵד
plano (pantalla ~a)	ʃa'tuaχ	שָׁטוּחַ
plano (superficie ~a)	χalak	חָלָק
pobre (adj)	ani	עָנִי
indigente (adj)	ani	עָנִי
poco claro (adj)	lo barur	לא בָּרוּר
poco profundo (adj)	radud	רָדוּד
posible (adj)	efʃari	אֶפשָׁרִי
precedente (adj)	kodem	קוֹדֵם
presente (momento ~)	noχeχi	נוֹכְחִי

principal (~ idea)	ikari	עִיקָרִי
principal (la entrada ~)	raʃi	רָאשִׁי
privado (avión ~)	iʃi	אִישִׁי
probable (adj)	efʃari	אֶפשָרִי
próximo (cercano)	karov	קָרוֹב
público (adj)	ʦiburi	צִיבּוּרִי
puntual (adj)	daikan	דַייקָן
rápido (adj)	mahir	מָהִיר
raro (adj)	nadir	נָדִיר
recto (línea ~a)	yaʃar	יָשָר
sabroso (adj)	taʿim	טָעִים
salado (adj)	ma'luaχ	מָלוּחַ
satisfecho (cliente)	mesupak	מְסוּפָּק
seco (adj)	yaveʃ	יָבֵש
seguro (no peligroso)	ba'tuaχ	בָּטוּחַ
siguiente (avión, etc.)	haba	הַבָּא
similar (adj)	dome	דוֹמֶה
simpático, amable (adj)	neχmad	נֶחמָד
simple (adj)	paʃut	פָּשוּט
sin experiencia (adj)	χasar nisayon	חֲסַר נִיסָיוֹן
sin nubes (adj)	lelo ananim	לְלֹא עֲנָנִים
soleado (un día ~)	ʃimʃi	שִמשִי
sólido (~a pared)	muʦak	מוּצָק
sombrío (adj)	koder	קוֹדֵר
sucio (no limpio)	meluχlaχ	מְלוּכלָך
templado (adj)	χamim	חָמִים
tenue (una ~ luz)	amum	עָמוּם
tierno (afectuoso)	raχ	רַך
tonto (adj)	tipeʃ	טִיפֵּש
tranquilo (adj)	ʃalev	שָלֵו
transparente (adj)	ʃakuf	שָקוּף
triste (adj)	aʦuv	עָצוּב
triste (mirada ~)	aʦuv	עָצוּב
último (~a oportunidad)	aχaron	אַחֲרוֹן
último (~a vez)	ʃeʿavar	שֶעָבַר
único (excepcional)	meyuχad bemino	מְיוּחָד בְּמִינוֹ
vacío (vaso medio ~)	rek	רֵיק
vario (adj)	kol minei	כָּל מִינֵי
vecino (casa ~a)	samuχ	סָמוּך
viejo (casa ~a)	yaʃan	יָשָן

LOS 500 VERBOS PRINCIPALES

252. Los verbos A-C

abandonar (vt)	laʿazov	לַעֲזוֹב
abrazar (vt)	leχabek	לְחַבֵּק
abrir (vt)	lif'toaχ	לִפתוֹחַ
aburrirse (vr)	lehiʃtaʿamem	לְהִשתַעֲמֵם
acariciar (~ el cabello)	lelatef	לְלַטֵף
acercarse (vr)	lehitkarev	לְהִתקָרֵב
acompañar (vt)	lelavot	לְלַווֹת
aconsejar (vt)	leyaʿets	לְייַעֵץ
actuar (vi)	lifʿol	לִפעוֹל
acusar (vt)	lehaʾaʃim	לְהַאֲשִים
adiestrar (~ animales)	leʾalef	לְאַלֵף
adivinar (vt)	lenaχeʃ	לְנַחֵש
admirar (vt)	lehitpaʿel	לְהִתפַּעֵל
adular (vt)	lehaχnif	לְהַחנִיף
advertir (avisar)	lehazhir	לְהַזהִיר
afeitarse (vr)	lehitga'leaχ	לְהִתגַלֵחַ
afirmar (vt)	litʿon	לִטעוֹן
agitar (la mano)	lenafnef	לְנַפנֵף
agradecer (vt)	lehodot	לְהוֹדוֹת
ahogarse (vr)	lit'boʿa	לִטבּוֹעַ
aislar (al enfermo, etc.)	levoded	לְבוֹדֵד
alabarse (vr)	lehitravrev	לְהִתרַברֵב
alimentar (vt)	lehaʾaχil	לְהַאֲכִיל
almorzar (vi)	leʾeχol aruχat tsaha'rayim	לֶאֱכוֹל אֲרוּחַת צָהֳרַיִים
alquilar (~ una casa)	liskor	לִשׂכּוֹר
alquilar (barco, etc.)	liskor	לִשׂכּוֹר
aludir (vi)	lirmoz	לִרמוֹז
alumbrar (vt)	lehaʾir	לְהָאִיר
amarrar (vt)	laʿagon	לַעֲגוֹן
amenazar (vt)	leʾayem	לְאַייֵם
amputar (vt)	lik'toʿa	לִקטוֹעַ
añadir (vt)	lehosif	לְהוֹסִיף
anotar (vt)	lesamen	לְסַמֵן
anular (vt)	levatel	לְבַטֵל
apagar (~ la luz)	leχabot	לְכַבּוֹת
aparecer (vi)	leho'fiʿa	לְהוֹפִיעַ
aplastar (insecto, etc.)	lirmos	לִרמוֹס
aplaudir (vi, vt)	limχo ka'payim	לִמחוֹא כַּפַיִים

apoyar (la decisión)	litmoχ be...	לִתמוֹך בְּ...
apresurar (vt)	lezarez	לְזָרֵז
apuntar a ...	leχaven	לְכַוֵון
arañar (vt)	lisrot	לִשׂרוֹט
arrancar (vt)	litloʃ	לִתלוֹש
arrepentirse (vr)	lehitsta'er	לְהִצטַעֵר
arriesgar (vt)	la'kaχat sikun	לָקַחַת סִיכּוּן
asistir (vt)	la'azor	לַעֲזוֹר
aspirar (~ a algo)	liʃ'of	לִשאוֹף
atacar (mil.)	litkof	לִתקוֹף
atar (cautivo)	likʃor	לִקשוֹר
atar a ...	likʃor	לִקשוֹר
aumentar (vt)	lehagdil	לְהַגדִיל
aumentarse (vr)	ligdol	לִגדוֹל
autorizar (vt)	leharʃot	לְהַרשוֹת
avanzarse (vr)	lehitkadem	לְהִתקַדֵם
avistar (vt)	lir'ot	לִראוֹת
ayudar (vt)	la'azor	לַעֲזוֹר
bajar (vt)	lehorid	לְהוֹרִיד
bañar (~ al bebé)	lirχots	לִרחוֹץ
bañarse (vr)	lehitraχets	לְהִתרַחֵץ
beber (vi, vt)	liʃtot	לִשתוֹת
borrar (vt)	limχok	לִמחוֹק
brillar (vi)	lizhor	לִזהוֹר
bromear (vi)	lehitba'deaχ	לְהִתבַּדֵחַ
bucear (vi)	litslol	לִצלוֹל
burlarse (vr)	lil'og	לִלעוֹג
buscar (vt)	leχapes	לְחַפֵּשׂ
calentar (vt)	leχamem	לְחַמֵם
callarse (no decir nada)	liʃtok	לִשתוֹק
calmar (vt)	lehar'gi'a	לְהַרגִיעַ
cambiar (de opinión)	leʃanot	לְשַנוֹת
cambiar (vt)	lehaχlif	לְהַחלִיף
cansar (vt)	le'ayef	לְעַייֵף
cargar (camión, etc.)	leha'amis	לְהַעֲמִיס
cargar (pistola)	lit'on	לִטעוֹן
casarse (con una mujer)	lehitχaten	לְהִתחַתֵן
castigar (vt)	leha'aniʃ	לְהַעֲנִיש
cavar (fosa, etc.)	laχpor	לַחפּוֹר
cazar (vi, vt)	latsud	לָצוּד
ceder (vi, vt)	levater	לְווַתֵר
cegar (deslumbrar)	lisanver	לְסַנווֵר
cenar (vi)	le'eχol aruχat 'erev	לֶאֱכוֹל אֲרוּחַת עֶרֶב
cerrar (vt)	lisgor	לִסגוֹר
cesar (vt)	lehafsik	לְהַפסִיק
citar (vt)	letsatet	לְצַטֵט
coger (flores, etc.)	liktof	לִקטוֹף

coger (pelota, etc.)	litfos	לִתפּוֹס
colaborar (vi)	leʃatef peʿula	לְשַׁתֵף פְּעוּלָה
colgar (vt)	litlot	לִתלוֹת
colocar (poner)	laʿaroχ	לַעֲרוֹך
combatir (vi)	lehilaχem	לְהִילָחֵם
comenzar (vt)	lehatχil	לְהַתחִיל
comer (vi, vt)	leʾeχol	לֶאֱכוֹל
comparar (vt)	lehaʃvot	לְהַשווֹת
compensar (vt)	lefatsot	לְפַצוֹת
competir (vi)	lehitχarot	לְהִתחָרוֹת
compilar (~ una lista)	lena'seaχ, laʿaroχ	לְנַסֵחַ, לַעֲרוֹך
complicar (vt)	lesabeχ	לְסַבֵּך
componer (música)	lehalχin	לְהַלחִין
comportarse (vr)	lehitnaheg	לְהִתנַהֵג
comprar (vt)	liknot	לִקנוֹת
comprender (vt)	lehavin	לְהָבִין
comprometer (vt)	lehav'iʃ et reχo	לְהַבאִיש אֶת רֵיחוֹ
comunicar (algo a algn)	leya'deʿa	לְייַדֵעַ
concentrarse (vr)	lehitrakez	לְהִתרַכֵּז
condecorar (vt)	lehaʿanik	לְהַעֲנִיק
conducir el coche	linhog	לִנהוֹג
confesar (un crimen)	lehodot be…	לְהוֹדוֹת בְּ...
confiar (vt)	liv'toaχ	לִבטוֹחַ
confundir (vt)	lehitbalbel	לְהִתבַּלבֵּל
conocer (~ a alguien)	lehakir et	לְהַכִּיר אֶת
consultar (a un médico)	lehityaʿets im	לְהִתייַעֵץ עִם
contagiar (vt)	lehadbik	לְהַדבִּיק
contagiarse (de …)	lehibadek	לְהִידָבֵק
contar (dinero, etc.)	lispor	לִספּוֹר
contar (una historia)	lesaper	לְסַפֵּר
contar con …	lismoχ al	לִסמוֹך עַל
continuar (vt)	lehamʃiχ	לְהַמשִיך
contratar (~ a un abogado)	lehaʿasik	לְהַעֲסִיק
controlar (vt)	liʃlot	לִשלוֹט
convencer (vt)	leʃaχ'neʿa	לְשַכנֵעַ
convencerse (vr)	lehiʃtaχ'neʿa	לְהִשתַכנֵעַ
coordinar (vt)	letaʾem	לְתָאֵם
corregir (un error)	letaken	לְתַקֵן
correr (vi)	laruts	לָרוּץ
cortar (un dedo, etc.)	laχtoχ	לַחתוֹך
costar (vt)	laʿalot	לַעֲלוֹת
crear (vt)	litsor	לִיצוֹר
creer (vt)	lehaʾamin	לְהַאֲמִין
cultivar (plantas)	legadel	לְגַדֵל
curar (vt)	letapel be…	לְטַפֵּל בְּ...

253. Los verbos D-E

dar (algo a alguien)	latet	לָתֵת
darse prisa	lemaher	לְמַהֵר
darse un baño	lehitraχets	לְהִתרַחֵץ
datar de ...	leta'areχ	לְתַאֲרֵך
deber (v aux)	lihyot χayav	לִהיוֹת חַייָב
decidir (vt)	lehaχlit	לְהַחלִיט
decir (vt)	lomar	לוֹמַר
decorar (para la fiesta)	lekaʃet	לְקַשֵט
dedicar (vt)	lehakdiʃ	לְהַקדִיש
defender (vt)	lehagen	לְהָגֵן
defenderse (vr)	lehitgonen	לְהִתגוֹנֵן
dejar caer	lehapil	לְהַפִּיל
dejar de hablar	lehiʃtatek	לְהִשתַתֵק
denunciar (vt)	lehalʃim	לְהַלשִין
depender de ...	lihyot talui be...	לִהיוֹת תָלוּי בְּ...
derramar (líquido)	liʃpoχ	לִשפּוֹך
desamarrar (vt)	lehaflig	לְהַפלִיג
desaparecer (vi)	lehe'alem	לְהֵיעָלֵם
desatar (vt)	lehatir 'keʃer	לְהַתִיר קֶשֶר
desayunar (vi)	le'eχol aruχat 'boker	לֶאֱכוֹל אֲרוּחַת בּוֹקֶר
descansar (vi)	la'nuaχ	לָנוּחַ
descender (vi)	la'redet	לָרֶדֶת
descubrir (tierras nuevas)	legalot	לְגַלוֹת
desear (vt)	lirtsot	לִרצוֹת
desparramarse (azúcar)	lehiʃapeχ	לְהִישָפֵך
despedir (olor)	lehafits	לְהָפִיץ
despegar (el avión)	lehamri	לְהַמרִיא
despertar (vt)	leha'ir	לְהָעִיר
despreciar (vt)	lezalzel be...	לְזַלזֵל בְּ...
destruir (~ las pruebas)	leχasel	לְחַסֵל
devolver (paquete, etc.)	liʃ'loaχ baχazara	לִשלוֹחַ בַּחֲזָרָה
diferenciarse (vr)	lehibadel	לְהִיבָּדֵל
difundir (panfletos)	lehafits	לְהָפִיץ
dirigir (administrar)	lenahel	לְנַהֵל
dirigirse (~ al jurado)	lifnot el	לִפנוֹת אֶל
disculpar (vt)	lis'loaχ	לִסלוֹחַ
disculparse (vr)	lehitnatsel	לְהִתנַצֵל
discutir (vt)	ladun	לָדוּן
disminuir (vt)	lehaktin	לְהַקטִין
distribuir (comida, agua)	leχalek	לְחַלֵק
divertirse (vr)	lehanot	לֵיהָנוֹת
dividir (~ 7 entre 5)	leχalek	לְחַלֵק
doblar (p.ej. capital)	lehaχpil	לְהַכפִּיל

dudar (vt)	lefakpek	לְפַקְפֵּק
elevarse (alzarse)	lehitromem	לְהִתרוֹמֵם
eliminar (obstáculo)	lehasir	לְהָסִיר
emerger (submarino)	lat͡suf	לָצוּף
empaquetar (vt)	leʼeroz	לֶאֱרוֹז
emplear (utilizar)	lehiʃtameʃ be…	לְהִשתַמֵש בְּ...
emprender (~ acciones)	linkot	לִנקוֹט
empujar (vt)	lidχof	לִדחוֹף
enamorarse (de …)	lehitʼahev	לְהִתאַהֵב
encabezar (vt)	laʻamod beroʃ	לַעֲמוֹד בְּרֹאש
encaminar (vt)	leχaven	לְכַוֵון
encender (hoguera)	lehadlik	לְהַדלִיק
encender (radio, etc.)	lehadlik	לְהַדלִיק
encontrar (hallar)	limt͡so	לִמצוֹא
enfadar (vt)	lehargiz	לְהַרגִיז
enfadarse (con …)	lehitragez	לְהִתרַגֵז
engañar (vi, vt)	leramot	לְרַמוֹת
enrojecer (vi)	lehasmik	לְהַסמִיק
enseñar (vi, vt)	lelamed	לְלַמֵד
ensuciarse (vr)	lehitlaχleχ	לְהִתלַכלֵך
entrar (vi)	lehikanes	לְהִיכָּנֵס
entrenar (vt)	leʼamen	לְאַמֵן
entrenarse (vr)	lehitʼamen	לְהִתאַמֵן
entretener (vt)	levader	לְבַדֵר
enviar (carta, etc.)	liʃloaχ	לִשלוֹחַ
envidiar (vt)	lekane	לְקַנֵא
equipar (vt)	let͡sayed	לְצַייֵד
equivocarse (vr)	litʻot	לִטעוֹת
escoger (vt)	livχor	לִבחוֹר
esconder (vt)	lehastir	לְהַסתִיר
escribir (vt)	liχtov	לִכתוֹב
escuchar (vt)	lehakʃiv	לְהַקשִיב
escuchar a hurtadillas	lehaʼazin be'seter	לְהַאֲזִין בְּסֵתֶר
escupir (vi)	lirok	לִירוֹק
esperar (aguardar)	lehamtin	לְהַמתִין
esperar (anticipar)	let͡sapot	לְצַפוֹת
esperar (tener esperanza)	lekavot	לְקַווֹת
estar (~ sobre la mesa)	lihyot munaχ	לִהיוֹת מוּנָח
estar (vi)	lihyot	לִהיוֹת
estar acostado	liʃkav	לִשכַּב
estar basado (en …)	lehitbases	לְהִתבַּסֵס
estar cansado	lehitʻayef	לְהִתעַייֵף
estar conservado	lehiʃtamer	לְהִשתַמֵר
estar de acuerdo	lehaskim	לְהַסכִּים
estar en guerra	lehilaχem	לְהִילָחֵם
estar perplejo	lit'moha	לִתמוֹהַּ

estar sentado	la'ʃevet	לָשֶׁבֶת
estremecerse (vr)	lirʿod	לִרעוֹד
estudiar (vt)	lilmod	לִלמוֹד
evitar (peligro, etc.)	lehimana	לְהִימָנַע
examinar (propuesta)	livχon	לִבחוֹן
excluir (vt)	lesalek	לְסַלֵק
exigir (vt)	lidroʃ	לִדרוֹשׁ
existir (vi)	lehitkayem	לְהִתקַייֵם
explicar (vt)	lehasbir	לְהַסבִּיר
expresar (vt)	levate	לְבַטֵא
expulsar (ahuyentar)	legareʃ	לְגָרֵשׁ

254. Los verbos F-M

facilitar (vt)	lehakel al	לְהָקֵל עַל
faltar (a las clases)	lehaχsir	לְהַחסִיר
fascinar (vt)	lehaksim	לְהַקסִים
felicitar (vt)	levareχ	לְבָרֵך
firmar (~ el contrato)	laχtom	לַחתוֹם
formar (vt)	leʿatsev	לְעַצֵב
fortalecer (vt)	leχazek	לְחַזֵק
forzar (obligar)	lehaχ'riaχ	לְהַכרִיחַ
fotografiar (vt)	letsalem	לְצַלֵם
garantizar (vt)	lehav'tiaχ	לְהַבטִיחַ
girar (~ a la izquierda)	lifnot	לִפנוֹת
golpear (la puerta)	lidfok	לִדפּוֹק
gritar (vi)	litsʿok	לִצעוֹק
guardar (cartas, etc.)	liʃmor	לִשמוֹר
gustar (el tenis, etc.)	leʾehov	לֶאֱהוֹב
gustar (vi)	limtso χen beʿei'nayim	לִמצוֹא חֵן בְּעֵינַיִים
habitar (vi, vt)	lagur	לָגוּר
hablar con ...	ledaber	לְדַבֵּר
hacer (vt)	laʿasot	לַעֲשׂוֹת
hacer conocimiento	lehakir	לְהַכִּיר
hacer copias	leʃaχpel	לְשַכפֵּל
hacer la limpieza	lesader	לְסַדֵר
hacer una conclusión	lehasik	לְהַסִיק
hacerse (vr)	lahafoχ le...	לַהֲפוֹך לְ...
hachear (vt)	liχrot	לִכרוֹת
heredar (vt)	la'reʃet	לָרֶשֶת
imaginarse (vr)	ledamyen	לְדַמייֵן
imitar (vt)	leχakot	לְחַקוֹת
importar (vt)	leyabe	לְייַבֵּא
indignarse (vr)	lehitraʿem	לְהִתרַעֵם
influir (vt)	lehaʃpiʿa	לְהַשפִּיעַ
informar (vt)	leho'dia	לְהוֹדִיעַ

informarse (vr)	levarer	לְבָרֵר
inquietar (vt)	lehad'ig	לְהַדאִיג
inquietarse (vr)	lid'og	לִדאוֹג
inscribir (en la lista)	lehosif	לְהוֹסִיף
insertar (~ la llave)	lehaχnis	לְהַכנִיס
insistir (vi)	lehit'akeʃ	לְהִתעַקֵש
inspirar (vt)	lehalhiv	לְהַלהִיב
instruir (enseñar)	lehadriχ	לְהַדרִיך
insultar (vt)	leha'aliv	לְהַעֲלִיב
intentar (vt)	lenasot	לְנַסוֹת
intercambiar (vt)	lehitχalef	לְהִתחַלֵף
interesar (vt)	le'anyen	לְעַניֵין
interesarse (vr)	lehit'anyen	לְהִתעַניֵין
interpretar (actuar)	lesaχek	לְשַׂחֵק
intervenir (vi)	lehit'arev	לְהִתעָרֵב
inventar (máquina, etc.)	lehamtsi	לְהַמצִיא
invitar (vt)	lehazmin	לְהַזמִין
ir (~ en taxi)	lin'so'a	לִנסוֹעַ
ir (a pie)	la'leχet	לָלֶכֶת
irritar (vt)	le'atsben	לְעַצבֵּן
irritarse (vr)	lehitragez	לְהִתרַגֵז
irse a la cama	liʃkav liʃon	לִשכַּב לִישוֹן
jugar (divertirse)	lesaχek	לְשַׂחֵק
lanzar (comenzar)	lehaf'il	לְהַפעִיל
lavar (vt)	liʃtof	לִשטוֹף
lavar la ropa	leχabes	לְכַבֵּס
leer (vi, vt)	likro	לִקרוֹא
levantarse (de la cama)	lakum	לָקוּם
liberar (ciudad, etc.)	leʃaχrer	לְשַחרֵר
librarse de ...	lehipater mi...	לְהִיפָּטֵר מִ...
limitar (vt)	lehagbil	לְהַגבִּיל
limpiar (~ el horno)	lenakot	לְנַקוֹת
limpiar (zapatos, etc.)	lenakot	לְנַקוֹת
llamar (le llamamos ...)	likro	לִקרוֹא
llamar (por ayuda)	likro	לִקרוֹא
llamar (vt)	likro le...	לִקרוֹא לְ...
llegar (~ al Polo Norte)	lehasig	לְהַשִׂיג
llegar (tren)	leha'gi'a	לְהַגִיעַ
llenar (p.ej. botella)	lemale	לְמַלֵא
llevarse (~ consigo)	lehotsi	לְהוֹצִיא
llorar (vi)	livkot	לִבכּוֹת
lograr (un objetivo)	lehasig	לְהַשִׂיג
luchar (combatir)	lehilaχem	לְהִילָחֵם
luchar (sport)	lehe'avek	לְהֵיאָבֵק
mantener (la paz)	leʃamer	לְשַמֵר
marcar (en el mapa, etc.)	lesamen	לְסַמֵן

matar (vt)	laharog	לַהֲרוֹג
memorizar (vt)	lizkor	לִזכּוֹר
mencionar (vt)	lehazkir	לְהַזכִּיר
mentir (vi)	leʃaker	לְשַקֵר
merecer (vt)	lihyot ra'ui	לִהיוֹת רָאוּי
mezclar (vt)	leʿarbev	לְעַרבֵּב
mirar (vi, vt)	lehistakel	לְהִסתַכֵּל
mirar a hurtadillas	lehaʦiʦ	לְהָצִיץ
molestar (vt)	lehatrid	לְהַטרִיד
mostrar (~ el camino)	lenatev	לְנַתֵב
mostrar (demostrar)	lehar'ot	לְהַראוֹת
mover (el sofá, etc.)	lehaziz	לְהָזִיז
multiplicar (mat)	lehaχpil	לְהַכפִּיל

255. Los verbos N-R

nadar (vi)	lisχot	לִשׂחוֹת
negar (rechazar)	lesarev	לְסָרֵב
negar (vt)	liʃlol	לִשלוֹל
negociar (vi)	laset velatet	לָשֵׂאת וְלָתֵת
nombrar (designar)	lemanot	לְמַנוֹת
notar (divisar)	lasim lev	לָשִׂים לֵב
obedecer (vi, vt)	leʦayet	לְצַייֵת
objetar (vt)	lehitnaged	לְהִתנַגֵד
observar (vt)	liʦpot, lehaʃkif	לִצפּוֹת, לְהַשקִיף
ofender (vt)	lifgoʿa	לִפגוֹעַ
oír (vt)	liʃmoʿa	לִשמוֹעַ
oler (despedir olores)	leha'riaχ	לְהָרִיחַ
oler (percibir olores)	leha'riaχ	לְהָרִיחַ
olvidar (dejar)	lehaʃ'ir	לְהַשאִיר
olvidar (vt)	liʃkoaχ	לִשכּוֹחַ
omitir (vt)	lehaʃmit	לְהַשמִיט
orar (vi)	lehitpalel	לְהִתפַּלֵל
ordenar (mil.)	lifkod	לִפקוֹד
organizar (concierto, etc.)	le'argen	לְאַרגֵן
osar (vi)	lehaʿez	לְהָעֵז
pagar (vi, vt)	leʃalem	לְשַלֵם
pararse (vr)	laʿaʦor	לַעֲצוֹר
parecerse (vr)	lihyot dome	לִהיוֹת דוֹמֶה
participar (vi)	lehiʃtatef	לְהִשתַתֵף
partir (~ a Londres)	laʿazov	לַעֲזוֹב
pasar (~ el pueblo)	laʿavor	לַעֲבוֹר
pecar (vi)	laχato	לַחֲטוֹא
pedir (ayuda, etc.)	levakeʃ	לְבַקֵש
pedir (en restaurante)	lehazmin	לְהַזמִין
pegar (golpear)	lehakot	לְהַכּוֹת

peinarse (vr)	lehistarek	לְהִסתָרֵק
pelear (vi)	lehitkotet	לְהִתקוֹטֵט
penetrar (vt)	laχdor	לַחדוֹר
pensar (creer)	lisbor	לִסבּוֹר
pensar (vi, vt)	laχʃov	לַחשוֹב
perder (paraguas, etc.)	leʾabed	לְאַבֵּד
perdonar (vt)	lis'loaχ	לִסלוֹחַ
permitir (vt)	leharʃot	לְהַרשוֹת
pertenecer a …	lehiʃtayeχ	לְהִשתַייֵך
pesar (tener peso)	liʃkol	לִשקוֹל
pescar (vi)	ladug	לָדוּג
planchar (vi, vt)	legahets	לְגַהֵץ
planear (vt)	letaχnen	לְתַכנֵן
poder (v aux)	yaχol	יָכוֹל
poner (colocar)	lasim	לָשִׂים
poner en orden	lesader	לְסַדֵר
poseer (vt)	lihyot 'baʿal ʃel	לִהיוֹת בַּעַל שֶל
predominar (vi)	ligbor	לִגבּוֹר
preferir (vt)	lehaʿadif	לְהַעֲדִיף
preocuparse (vr)	lidʾog	לִדאוֹג
preparar (la cena)	levaʃel	לְבַשֵל
preparar (vt)	lehaχin	לְהָכִין
presentar (~ a sus padres)	lehatsig	לְהַצִיג
presentar (vt) (persona)	lehatsig	לְהַצִיג
presentar un informe	leda'veaχ	לְדַווֵחַ
prestar (vt)	lilvot	לִלווֹת
prever (vt)	laχazot	לַחֲזוֹת
privar (vt)	liʃlol	לִשלוֹל
probar (una teoría, etc.)	leho'χiaχ	לְהוֹכִיחַ
prohibir (vt)	leʾesor	לֶאֱסוֹר
prometer (vt)	lehav'tiaχ	לְהַבטִיחַ
pronunciar (vt)	levate	לְבַטֵא
proponer (vt)	leha'tsiʿa	לְהַצִיעַ
proteger (la naturaleza)	liʃmor	לִשמוֹר
protestar (vi, vt)	limχot	לִמחוֹת
provocar (vt)	lehitgarot	לְהִתגָרוֹת
proyectar (~ un edificio)	letaχnen	לְתַכנֵן
publicitar (vt)	lefarsem	לְפַרסֵם
quedar (una ropa, etc.)	lehatʾim	לְהַתאִים
quejarse (vr)	lehitlonen	לְהִתלוֹנֵן
quemar (vt)	lisrof	לִשׂרוֹף
querer (amar)	leʾehov	לֶאֱהוֹב
querer (desear)	lirtsot	לִרצוֹת
quitar (~ una mancha)	lehasir	לְהָסִיר
quitar (cuadro de la pared)	lehorid	לְהוֹרִיד
quitar (retirar)	lefanot	לְפַנוֹת

rajarse (vr)	lehisadek	לְהִיסָדֵק
realizar (vt)	lehagʃim	לְהַגשִׁים
recomendar (vt)	lehamlits	לְהַמלִיץ
reconocer (admitir)	lehakir be...	לְהַכִּיר בְּ...
reconocer (una voz, etc.)	lezahot	לְזַהוֹת
recordar (tener en mente)	lizkor	לִזכּוֹר
recordar algo a algn	lehazkir	לְהַזכִּיר
recordarse (vr)	lehizaχer	לְהִיזָכֵר
recuperarse (vr)	lehaχlim	לְהַחלִים
reflexionar (vi)	liʃkoʿa bemaχʃavot	לִשקוֹעַ בְּמַחשָבוֹת
regañar (vt)	linzof	לִנזוֹף
regar (plantas)	lehaʃkot	לְהַשקוֹת
regresar (~ a la ciudad)	laʃuv	לָשוּב
rehacer (vt)	laʿasot meχadaʃ	לַעֲשׂוֹת מֵחָדָש
reírse (vr)	litsχok	לִצחוֹק
reparar (arreglar)	letaken	לְתַקֵן
repetir (vt)	laχazor al	לַחֲזוֹר עַל
reprochar (vt)	linzof	לִנזוֹף
reservar (~ una mesa)	leʃaryen	לְשַרייֵן
resolver (~ el problema)	liftor	לִפתוֹר
resolver (~ la discusión)	lesader	לְסַדֵר
respirar (vi)	linʃom	לִנשוֹם
responder (vi, vt)	laʿanot	לַעֲנוֹת
retener (impedir)	lerasen	לְרַסֵן
robar (vt)	lignov	לִגנוֹב
romper (mueble, etc.)	liʃbor	לִשבּוֹר
romperse (la cuerda)	lehikara	לְהִיקָרַע

256. Los verbos S-V

saber (~ algo mas)	la'daʿat	לָדַעַת
sacudir (agitar)	lenaʾer	לְנַעֵר
salir (libro)	latset leʾor	לָצֵאת לְאוֹר
salir (vi)	latset	לָצֵאת
saludar (vt)	lomar ʃalom	לוֹמַר שָלוֹם
salvar (vt)	lehatsil	לְהַצִיל
satisfacer (vt)	lesapek	לְסַפֵּק
secar (ropa, pelo)	leyabeʃ	לְייַבֵּש
seguir ...	laʿakov aχarei	לַעֲקוֹב אַחֲרֵי
seleccionar (vt)	livχor	לִבחוֹר
sembrar (semillas)	liz'roʿa	לִזרוֹעַ
sentarse (vr)	lehityaʃev	לְהִתייַשֵב
sentenciar (vt)	ligzor din	לִגזוֹר דִין
sentir (peligro, etc.)	laχuʃ	לָחוּש
ser (vi)	lihyot	לִהיוֹת

ser causa de ...	ligrom le...	לִגרוֹם לְ...
ser indispensable	lehidareʃ	לְהִידָרֵש
ser necesario	lehidareʃ	לְהִידָרֵש
ser suficiente	lehasmik	לְהַסמִיק
servir (~ a los clientes)	leʃaret	לְשָׁרֵת
significar (querer decir)	lomar	לוֹמַר
significar (vt)	lomar	לוֹמַר
simplificar (vt)	lefaʃet	לְפַשֵׁט
sobreestimar (vt)	leha'ariχ 'yeter al hamida	לְהַעֲרִיך יָתֵר עַל הַמִידָה
sofocar (un incendio)	leχabot	לְכַבּוֹת
soñar (durmiendo)	laχalom	לַחֲלוֹם
soñar (fantasear)	laχalom	לַחֲלוֹם
sonreír (vi)	leχayeχ	לְחַייֵך
soplar (viento)	linʃov	לִנשוֹב
soportar (~ el dolor)	lisbol	לִסבּוֹל
sorprender (vt)	lehaf'ti'a	לְהַפתִיעַ
sorprenderse (vr)	lehitpale	לְהִתפַּלֵא
sospechar (vt)	laχʃod	לַחשוֹד
subestimar (vt)	leham'it be"ereχ	לְהַמעִיט בְּעֶרֶך
subrayar (vt)	lehadgiʃ	לְהַדגִיש
sufrir (dolores, etc.)	lisbol	לִסבּוֹל
suplicar (vt)	lehitχanen	לְהִתחַנֵן
suponer (vt)	leʃa'er	לְשַעֵר
suspirar (vi)	lehe'anaχ	לְהֵיאָנַח
temblar (de frío)	lir'od	לִרעוֹד
tener (vt)	lehaχzik	לְהַחזִיק
tener miedo	lefaχed	לְפַחֵד
terminar (vt)	lesayem	לְסַייֵם
tirar (cuerda)	limʃoχ	לִמשוֹך
tirar (disparar)	lirot	לִירוֹת
tirar (piedras, etc.)	lizrok	לִזרוֹק
tocar (con la mano)	lin'go'a	לִנגוֹעַ
tomar (vt)	la'kaχat	לָקַחַת
tomar nota	lirʃom	לִרשוֹם
trabajar (vi)	la'avod	לַעֲבוֹד
traducir (vt)	letargem	לְתַרגֵם
traer (un recuerdo, etc.)	lehavi	לְהָבִיא
transformar (vt)	leʃanot tsura	לְשַנוֹת צוּרָה
tratar (de hacer algo)	lenasot	לְנַסוֹת
unir (vt)	le'aχed	לְאַחֵד
unirse (~ al grupo)	lehitstaref	לְהִצטָרֵף
usar (la cuchara, etc.)	lehiʃtameʃ be...	לְהִשתַמֵש בְּ...
vacunar (vt)	leχasen	לְחַסֵן
vender (vt)	limkor	לִמכּוֹר
vengar (vt)	linkom	לִנקוֹם

verter (agua, vino)	limzog	לִמזוֹג
vivir (vi)	liχyot	לִחיוֹת
volar (pájaro, avión)	la'uf	לָעוּף
volver (~ fondo arriba)	lahafoχ	לַהֲפוֹך
volverse de espaldas	lehafnot 'oref le...	...לְהַפנוֹת עוֹרֶף לְ
votar (vi)	lehats'bi'a	לְהַצבִּיעַ

Made in the USA
Monee, IL
22 June 2022

ecf4783b-4945-4f71-8d36-b2a60cb3f537R01